서울대학교 사회혁신총서 07

사회적 가치 패러다임

서울대학교 사회과학대학
8개 전공 연구 프로젝트

정치학 김의영·미우라 히로키
경제학 주병기·홍현우
인류학 이승철
사회복지학 박정민
지리학 신혜란
심리학 최인철·구자일
언론정보학 김수민·이준환
사회학 권현지·황세원

Social Value Paradigm

박영사

서 문

   이 책은 사회적 가치에 대한 서울대학교 사회과학대학 소속 연구자들의 학제 간 연구 결과다. 1장에서 자세히 살펴보고 있지만, 그동안 사회적 가치에 대한 수많은 학술적 연구뿐 아니라 각종 관련 법·제도·정책 및 목표·지표·사례가 발표·축적되어 오면서 이제 가히 '사회적 가치 패러다임'이라고 부를 수 있는 단계에 이르렀다. 한마디로 '외형적 경제발전이나 물질적 이익을 넘어 인간다운 삶이나 공동체적 규범에 초점을 둔 보다 확대·심화한 목표나 가치의 추구를 위해 개인, 조직, 공동체 등 여러 주체가 능동적이며 상호 협력적으로 대응하는 것을 중요시하는 시대적 관점'이 통념으로 받아들여지고 있다.

   이제 사회적 가치 연구에 있어 다음 단계로 나아가기 위한 학술적 과제로 사회적 가치 세부 분야에 관한 보다 심층적이고 비판적인 연구가 필요한 시점이다. 이 책에서는 이러한 문제의식 하에 서울대 사회대의 경제학, 인류학, 정치학, 지리학, 사회복지학, 심리학, 사회학, 언론정보학 분야에 속한 13명의 연구자가 모여 '각 분야에서 사회적 가치를 어떻게 이해하며, 활용할 수 있는가?'를 주제로 사회적 가치에 대한 분야별 논의를 전개하고 있다. 핵심적인 논점만 제시하자면, 사회적 기업의 사회 후생 효과(2장. 경제학), 사회적 가치 지표의 사회적·정치적 구성 과정과 그 수행적(perfomative) 효과(3장. 인류학), 사회적 가치 구현을 위한 시민정치학(4장. 정치학), 사회적 가치와 사회복지의 연관성과 교차성(5장. 사회복지학),

서 문 i

사회적 가치의 공간·장소적 측면과 공간적 역량(6장. 지리학), 사회적 가치에 대한 사람들의 심리적 태도(7장. 심리학), 알고리즘이 가지는 사회적 가치의 긍정적 요인과 위협 요소(8장. 언론정보학), 도구적 가치뿐 아니라 내재적 가치를 충족시킬 수 있는 일터의 경험과 사회적 신뢰(9장. 사회학)를 분석한다.

서울대 사회대의 사회적 가치 관련 학제적 연구는 이 책이 첫 시도는 아니다. 일찍이 2016년 지금은 고인이 된 사회학과 한신갑 교수와 이 책의 저자 일부(김의영, 최인철) 포함 총 9명의 사회대 소속 교수가 사회적 경제의 혼종성과 다양성에 관한 연구서를 펴낸 적이 있다(김의영 외, 2016). 동시에 필자가 센터장을 맡은 <사회혁신교육연구센터>를 중심으로 사회적 가치 관련 연구를 진행해왔다. 예를 들어 그동안 『한·중·일 사회적경제 Mapping』(2015), Social Economy in Asia: Realities and Perspectives (2021) "Mapping the Social and Solidarity Economy Landscape in Asia: Setting the Scene." ILO Policy Brief (2021) 등의 연구를 발표해왔다. 센터에서 학생들과 함께 수행한 지역참여형 교육·연구·실천 프로젝트 결과를 『동네 안의 시민경제: 서울대생들이 참여 관찰한 사회적경제 사례』라는 책으로 발표한 적도 있다.

이러한 연구 흐름은 우선 사회적 기업, 사회적경제, 사회혁신, 사회적 가치로 이어지는 일련의 현상이 사회과학자라면 당연히 관심을 가져야 할 주요 사회적 이슈로 부상했기 때문이다. 나아가 사회적 가치라는 주제가 사회대 모든 전공이 참여하여 지속적으로 같이 연구할 수 있는 좋은 학제 간 연구주제였기 때문이기도 하다. 이 책도 이러한 흐름의 연속선상에서 사회대 소속 연구진들의 본격적인 분야별 연구를 모아 사회혁신센터의 사회혁신 총서로 출판되게 되었다.

이 책이 출판되기까지 많은 분의 도움이 있었지만, 우선 집필진으로 참여한 13명의 사회대 동료 교수와 연구진께 감사한다. 참여 연구진 중 많은 분께서 이 책뿐 아니라 사회혁신교육연구센터에서 진행하는 지역참여형 교육·연구·실천 프로젝트에도 동참하고 있다. 센터의 각종 사업에 대한 참여와 지지에 특히 감사한다. 이 외에도 이전 그리고 현 사회대 학장단, 본부 기획처 등 여러분들의 도움에 감사한다. 끝으로 필자와 함께 공저자로 참여하면서 이 책의 모든 편집 및 제작 과정을 통해 세심한 도움을 준 사회혁신교육연구센터의 선임연구원, 미우라 히로키 박사께 각별한 감사의 마음을 전하고 싶다.

2023년 9월
집필진을 대신하여
김의영

차 례

CHAPTER 01
사회적 가치 패러다임

[김의영, 미우라 히로키]

CHAPTER 04

사회적 가치와 시민정치학: 이슈와 이론

[김의영, 미우라 히로키]

CHAPTER 05
사회적 가치와 사회복지 특징의 교차

[박정민]

CHAPTER 08

알고리즘의 사회적 가치

[김수민, 이준환]

CHAPTER 09
한국인의 일 가치 지향과 사회적 신뢰

[권현지, 황세원]

CHAPTER 01

사회적 가치 패러다임

01 사회적 가치 패러다임

김의영(서울대학교 정치외교학부 교수)
미우라 히로키(서울대학교 사회혁신교육연구센터 선임연구원)

I 사회적 가치의 세부적 이해 심화와 활용을 향하여

사회적 가치(social value)가 국내에서 본격적으로 주목받기 시작한 지 15년에서 20년이 지났다. 비교적 긴 기간 동안 국내 학술연구와 사업·정책들을 통해 이 개념에 대한 기본적 이해와 공감대 형성이 이루어졌다고 볼 수 있다. 이제 기존 논의를 정리하고 다음 단계의 논의를 시도해야 할 시점이다. 다음 절에서 세부적으로 소개하겠지만, 이 '1단계' 과정으로서 사회적 가치가 국내에서 논의되기 시작한 것은 2000년대 초기이다. 해외의 선진적 연구의 유입과 사회적 공헌과 같은 유사 개념들에 관한 국내 연구가 나타나면서 그 흐름이 시작되었다고 볼 수 있다. 이후 포괄적이고 체계적인 연구와 실천적 정책·사업을 통해 사회적 가치에 관한 공감대가 형성되었다. 특히 연구의 흐름에 관해서는 2019년이 절정기였다고 볼 수 있는데, 이 한 해에만 이른바 '사회적 가치의 교과서' 수준의 책이나 연구 보고서가 10권 이상 발간되고, 전국 규모의 국민 의식조사가 이루어지며, 기업이나 공공기관의 실천 사례집도 발간되었다. 이 해를 전후하여 기업이나 공공기관이 추구하는 사회적 가치의 측정 지표 체계나 지자체가 추구하는 지속가능발전목표 등도 고도화되었다. 이처럼 1단계 논의는 개념에 대한 공감대 형성을 이루면서 2019~2020년을 전후로 마무리되었다고 볼 수 있다.

이 책은 이러한 1단계 논의의 성과를 성찰하면서 향후 시작할 2단계에 대비한 '예비적 연구'의 성격을 가진다. 특히, 포괄적이고 체계적인 개념 수립 이후에 등장하는 학술적 과제로서, 사회적 가치의 세부 분야에 관한 이해의 심화를 목적으로 한다. 이 책은 정치학, 경제학, 사회학, 인류학, 심리학, 지리학, 사회복지학, 언론정보학 분야에 속한 13명의 연구자가 "각 분야에서 사회적 가치를 어떻게 이해하며, 활용할 수 있는가?"를 기본적 주제로 학문 분야별 논의를 통해 더욱 구체적인 문제와 과제를 발견·제시하는 것을 목표로 한다.

각 챕터에 앞서 이하 II절에서는 사회적 가치 1단계 논의를 정리하는 것을 목적으로, 1) 학술연구의 흐름과 개념 정의, 2) 기업의 사회적 가치 측정의 주요 동향, 3) 정부 차원의 사회적 가치 법제도화와 정책화, 4) 정부와 지자체 차원의 사회적 가치 추진 주요 정책으로 간주할 수 있는 지속가능발전목표를 정리한다. 이어서 III절에서는 1단계 논의의 특징과 과제를 재정리하고 2단계 이후를 전망해 본다. IV절에서는 각 챕터를 요약한다.

II 사회적 가치에 관한 기존 연구와 개념 활용 동향 (2000-2021)

1. 사회적 가치 개념의 다각적 전개

국내에서 사회적 가치 개념을 적극적으로 논의·활용하고 있는 상황을 전체적으로 개관하면, 주요 네 가지 영역을 도출할 수 있다(그림 1-1). 이는 개념 자체의 특징과 국내적 상황이 반영된 특수한 전개 양상이라고 할 수 있다. 예를 들어 이 개념은 기본적인 학술 연구 영역뿐만 아니라 등장 초기부터 계량화나 지표화를 통한 평가·측정 영역을 수반했으며, 국내에서는 정부나 입법 차원의 대응 노력(법제도화, 정책화)도 비교적 일찍 진행되었다. 이하 네 가지 영역에 대해서 정리하면서 사회적 가치 패러다임의 의미와 1단계 논의의 특징을 요약한다.

그림 1-1 국내에서 사회적 가치 개념의 다각적 전개

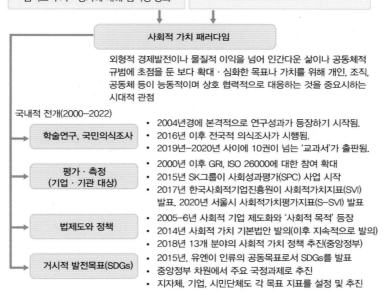

등장과 확산의 배경(국제적 동향)
- 사회적 난제의 등장과 생활양식 · 가치관의 변화, 기존 신자유주의적 정치경제 모델의 실패(양극화, 취약계층 증가, 과도한 도시화, 인구 구조 변화 등)
- 지구환경 악화, 생태계, 에너지 위기의 지속
- 혁신, 기업가정신, 시민정신 등의 발전
- 2009-10년 세계금융위기 이후 사회적 임팩트 투자 · 평가에 대해 엄격성 강화

등장과 확산의 배경(국내적 동향)
- 90년대 후반-2000년대 초기에 공공가치론, 사회적경제론, 사회혁신론 등의 이론 유입
- 기업 연구소나 시민단체의 정책 제안 능력 향상에 따른 국제적 흐름 유입 속도의 가속
- 1998년 금융위기 이후 실업 극복을 위한 민관협력 형태의 사회적 일자리 정책 도입

사회적 가치 패러다임

외형적 경제발전이나 물질적 이익을 넘어 인간다운 삶이나 공동체적 규범에 초점을 둔 보다 확대 · 심화한 목표나 가치를 위해 개인, 조직, 공동체 등이 능동적이며 상호 협력적으로 대응하는 것을 중요시하는 시대적 관점

국내적 전개(2000-2022)

학술연구, 국민의식조사
- 2004년경에 본격적으로 연구성과가 등장하기 시작됨.
- 2016년 이후 전국적 의식조사가 시행됨.
- 2019년-2020년 사이에 10권이 넘는 '교과서'가 출판됨.

평가 · 측정 (기업 · 기관 대상)
- 2000년 이후 GRI, ISO 26000에 대한 참여 확대
- 2015년 SK그룹이 사회성과평가(SPC) 사업 시작
- 2017년 한국사회적기업진흥원이 사회적가치지표(SVI) 발표, 2020년 서울시 사회적가치평가지표(S-SVI) 발표

법제도와 정책
- 2005-6년 사회적 기업 제도화와 '사회적 목적' 등장
- 2014년 사회적 가치 기본법안 발의(이후 지속적으로 발의)
- 2018년 13개 분야의 사회적 가치 정책 추진(중앙정부)

거시적 발전목표(SDGs)
- 2015년, 유엔이 인류의 공동목표로서 SDGs를 발표
- 중앙정부 차원에서 주요 국정과제로 추진
- 지자체, 기업, 시민단체도 각 목표 지표를 설정 및 추진

2. 학술연구의 흐름과 개념 정의

(1) 사회적 가치의 국내적 등장 배경

사회적 가치에 대한 본격적인 관심은 1990년대에서 2000년대 초기에 나타난 것으로 볼 수 있다. 한마디로, 모든 사회기관이 지닌 '사회적'이라

는 일반적인 의미를 넘어 개인과 공동체의 관계 그리고 경제적 이익과 사회의 발전·번영의 관계를 재인식, 재구성하는 맥락에서 규범적이고 종합적 성격이 강한 용어인 '사회적 가치'가 등장한 것이다.

이 변화 배경에는 여러 가지 요인이 있을 것이다. 우선, 잘 알려진 거시적인 요인으로 1) 기존 정치경제 체제의 위기나 실패, 특히 양극화나 취약계층의 증가 등 신자유주의적 경제발전 모델의 실패나 부작용, 2) 과도한 도시화나 인구 구조의 변화 등으로 인한 다양한 사회적 난제의 등장과 사람들의 생활양식(life style)과 가치관의 변화, 그리고 3) 지구환경의 악화에 따른 자연환경이나 생태계, 에너지 등의 위기 등이다(박명규 2018; 장용석 외 2018; 김태용 외 2019; 정창기 2019). 이 밖에도 국내적 학술연구의 동향에 직접 영향을 준 세부적 요인으로 4) 국제적인 학술 지식과 정책 모델의 발전(1987년 지속가능발전론, 1994년 TBL(triple-bottom line) 경영론, 1995년 공공가치론(public value), 1990년대 말에서 2000년대 초기의 사회적 경제론(social economy)과 사회혁신론(social innovation), 2002년 영국의 사회적 기업 정책의 도입 등), 5) 기업 연구소나 시민단체의 발전에 따른 옹호(advocacy) 기능이나 대안적 정책 제안 기능의 발전, 그리고 6) 1998~1999년의 금융위기 이후 실업 극복의 일환으로 도입된 '사회적 일자리' 정책과 민간 차원의 일자리 창출 노력 등도 중요한 배경 요인일 것이다. 이러한 요인들이 2000년대 초기에 복합적으로 결합하면서 독특한 의미를 가진 사회적 가치 개념이 발전했다.

한편, 용어적 특징과 의미의 확대라는 관점에서 보면, '사회적 ○○'이나 '○○가치' 등 다양한 유사 이론이나 개념은 이미 80~90년대에 등장하면서 실질적인 내용을 구성했으며, 2010년을 전후하여 '사회적 가치'라는 용어가 구체적으로 등장했다. 대표적 사례가 2012년 영국의 공공서비스법(Public Service (Social Value) Act)이며 사회적 가치가 법령명에 병기된 것이다. 같은 시기에, 기업경영이나 투자 영역에서 사회적 임팩트 투자나 사회적 투자 수익률(SROI)의 확산을 위해 노력해 온 국제적 운동도 사회적 가치를 명시적으로 사용하기 시작했다. 예를 들어 국제조직인 'SROI network'는 2012년에 'Social Value International'로 명칭을 변경했다.

(2) 사회적 가치 패러다임의 1단계 논의

국내에서 발간된 주요 논문이나 단행본, 보고서 등을 개관해보면 사회적 가치 패러다임은 대략 다음과 같은 단계를 거치며 부상한 것으로 보인다.

첫째, 2000년대 초기부터 개념의 유입과 내용적 구성이 시작되었다고 볼 수 있다. 80~90년대에 이미 해외 이론 동향을 소개하거나 활용하는 형태로 특히 기업의 사회적 책임(CSR)에 관한 연구가 있었으나, 이것이 사회적 가치의 이름으로 기업 외 다양한 사회 주체로 대상을 확대하면서 논의되기 시작한 것은 2000년대 초기다. 대표적 사례로서 다음과 같은 연구, 논문 등이 발표되었다.

> • "기업의 사회적 성과와 기업가치"(홍길표. 2004. 『울산발전』 5호)
> • "사회공헌활동의 가치창출 전략"(도은진. 2005. 『POSRI경영연구』)
> • "사회적 일자리(기업)의 가치평가 및 국민경제적 파급효과분석"(정영호, 노대명, 고숙자 2005. 『보건사회연구』 제25권 1호)
> • "사회적 일자리 비용편익분석: 간병사업을 중심으로"(정영호, 노대명, 고숙자, 김신양, 장원봉, 민동세. 2006. 『사회보장연구』 제22권 3호)

둘째, 2007년경에서 2015년경을 개념의 발전기로 볼 수 있다. 이 시기에는 사회적 경제론이나 사회적 기업론 형태로 사회적 가치 개념이 설명되기 시작했으며, 동시에 가치 측정과 평가를 위한 기초적 논의가 나타났다. 서울, 충남, 경기 등 지방 차원에서는 사회적 경제 지원센터나 연구소가 설립되었으며, 개념·이론적인 연구뿐만 아니라 정책적인 개입과 지원에 관한 논의도 크게 발전했다. 이러한 흐름과 영국의 사회적 가치법 도입(2012년)을 직접적인 계기로 제19대 국회에서 2014년 6월에 공공기관 사회적 가치 기본법이 발의되었다.

- 『사회적 경제의 이론과 실제』(장원봉. 2007)
- 『영국 NICE의 사회적 가치 판단(Social Value Judgement) 원칙』(노영숙. 2008)
- 『사회적 기업 가치 측정 및 평가』(이승규·라준영. 2009)
- 『사회적 경제: 이론, 제도, 정책』(주성수. 2010)
- 『사회적 기업 사회적 가치 측정 지표개발에 관한 연구』(한국사회적기업진흥원. 2011)

셋째, 2017년경에서 2020년의 시기는 개념의 '완성기'라 할 수 있을 것이다. 즉, 사회적 가치에 관한 국내적 논의가 크게 확산했으며 일련의 초기 논의가 집대성된 시기이다. 김용회·한창근(2020)에 따르면 이 개념·용어를 다룬 신문 기사 수는 2011~2015년 1,682건에서 2016~2019년 6,263건으로 증가한 것으로 나타났다. 학술연구의 측면에서 보면 이 시기는 사회적 가치 연구의 Big Bang이라고 할 수 있다. 관련 논의를 종합적으로 정리한 사회적 가치의 '교과서'가 무려 10권 이상 등장했으며, 단행본이나 보고서, 종합적인 정책 안내서와 같은 형태로 사회적 가치 개념을 포괄적이고, 체계적으로 정리했다. 사례집이나 전국적인 의식조사도 이루어졌다. 김경동(2020, 48)에 따르면 "'사회적 가치 운동'이라 일컬어도 손색이 없을 정도"로 국내에서의 논의가 발전한 것이다.

사회적 가치 종합 해설서:
- 『한중일 사회적경제 Mapping』(김의영·미우라 히로키. 2015)
- 『사회적경제의 혼종성과 다양성』(김의영 외. 2016)
- "사회 발전과 사회적 가치 평가의 프레임."(이재열·고도현·문명선. 2016)
- 『사회적 가치 실현을 위한 평가 방안 연구』(한국행정학회. 2017)
- 『사회적 경제와 사회적 임팩트』(주성수. 2017)
- 『사회적 가치의 재구성: 대한민국 사회문제 지도로 사회적 기업의 미래를 그리다』(장용석·조희진·김보경·황정윤·이영동. 2018)

- 『사회적 가치 실현을 위한 정부혁신 방안 연구』(한국행정연구원. 2018)
- 『국민 중심의 정부혁신을 위한 '사회적 가치'의 이해』(행정안전부. 2018)
- 『사회적경제의 사회·경제적 가치 측정을 위한 통합 지표 개발 연구』(임성은·문철우·이은선·윤길수·김진희. 2018)
- 『사회적 가치와 사회혁신: 지속가능한 상생공동체를 위하여』(박명규·이재열. 2018)
- 『사회적 가치: 문명론적 성찰과 비전』(김경동. 2019)
- 『왜 사회적 가치인가: 사회적 가치의 등장 배경과 실현 조건』(정창기. 2019)
- 『사회적 가치 중심의 주민서비스 강화방안』(김필두·최인수. 2019)
- 『가치를 만드는 사람들 = Social value makers』(진희선. 2019)
- 『사회적 가치: 이해와 평가』(국가공무원인재개발원. 2019)
- 『사회적 가치와 공공가치에 관한 연구』(한국행정학회. 2019)
- 『사회적 가치 시대를 연다』(한국사회복지협의회. 2020)
- 『사회적 가치, 임팩트 투자』(주성수. 2020)
- 『지방자치단체의 공적가치 실현방안 연구: 지방자치단체 사회적 가치의 측정지표 개발을 중심으로』(최지민·강영주·박현욱. 2021)

사회적 가치 실천 사례집:
- 『주요 기업의 사회적 가치 보고서』(전국경제인연합회. 2019)
- 『공공기관 사회적 가치 안내서』(공공기관 사회적 가치 협의체. 2019)
- 『기업의 사회적 가치 측정』(사회적가치연구원. 2021)

전국적 사회적 가치 조사:
- "사회적 가치 서베이"(사회적가치연구원. 2016 – 2018)
- "사회적가치 관련 대국민 인식조사"(한국사회적기업진흥원, LAB2050. 2019)

• "한국인이 바라본 사회문제"(사회적가치연구원, 트리플라리트. 2020 및 2021)

(3) 사회적 가치의 개념 정의와 관련 영역

위의 대표적 학술연구에서는 사회적 가치의 개념 정의를 시도했거나 각 정의에 대한 비교를 시도하고 있는데, 이에 관해서 몇 가지 특징이 나타나고 있다. 첫째, 사회적 가치가 광범위한 의미를 가진다는 공통된 인식이며, 엄격한 수준의 개념적 합의를 추구하거나 필요로 하지는 않는다. 둘째, '개념 정의'는 추상적이고 포괄적인 총론적 성격으로 규정되며, 세부적 가치 유형이나 창출 방법, 관련 주체 등이 각론적으로 규정된다. 즉, 연구자 간의 실질적 견해 차이는 각론 수준에서 나타난다. 셋째, '가치'의 의미에 관해서는 심층적인 '가치론'이나 철학적 접근보다는 현실적 과제로서 이해하는 경향이 있으며, 구체적으로 국내의 논의는 크게 규범적 접근(인간의 삶에 관한 규범적 목표)과 실증적 접근(현실적 문제 해결의 생산물)으로 나타나고 있다(김태영 외 2019, 36).

이러한 유의점과 관련해서 박명규(2018, 23)는 다음과 같이 지적하고 있다. "사회적 가치는 현상을 이론적으로 설명하기 위한 논리적 개념이라기보다 바람직한 가치를 구현하려는 전략적이고 정책적인 함의가 강하게 내포된 개념이다." 개념을 다루는 방식에 관한 이러한 이해에 관해서는 어느 정도 공감대가 형성되고 있다고 할 수 있다(장용석 외 2018; 한국정보화진흥원 2018; 공공기관 사회적 가치 협의체 2019; 정창기 2019).

표 1-1 ▌ 사회적 가치의 개념 정의

연구	개념 정의
송용한(2014)	개인을 넘어선 공동체가 중요하게 생각하는 것에 관심을 가지거나 그것을 지향하는 것
양동수(2017)	공공 부문의 공공성을 증진하고, 국민주권을 실질적으로 구현하며, 모든 국민이 더불어 잘 사는 미래 사회로 나아가는 데 있어 우리 사회가 회복, 지향해야 할 핵심 가치로서 헌법적 가치 중에서 국민의 자유와 권리를 실질적으로 보장하고 국민 전체의 복리를 향상시키는데 있어 긴요하고 핵심적인 가치
김현회 등(2018)	일정한 사회 또는 집단에서 중요하거나 타당하다고 공유되고 있거나 지향하는 가치
임동수 외(2019)	경제, 사회, 환경 영역의 다양한 가치, 그리고 개인, 사회 공동체, 미래 세대를 함께 고려하는 행동 규범이자 의사 결정의 기준
김필두·최인수(2019, 15)	공공의 이익과 공동체의 발전에 기여할 수 있는 가치(공동체의 성격 및 상황, 그리고 다양한 경제적 특성 등에 따라 상이하게 나타날 수 있고, 또한 사회변화에 따라 다양하게 나타날 수 있음을 전제로 하며, 변화 가능성과 다양성을 내재함)
사회적가치 기본법안 (2014-2020)*	사회, 경제, 환경, 문화 등 모든 영역에서 공공의 이익과 공동체의 발전에 기여할 수 있는 가치
공공기관 사회적 가치 협의체(2019, 31)	사회, 경제, 환경, 문화 영역의 여러 문제를 해결하고, 개인의 이익을 넘어서서 공동체와 사회의 발전과 변화를 가져올 수 있는 가치 및 그 활동
김경동(2020, 67)	인간의 사회생활에서 구성원들이 희구하는 삶의 가치를 사회가 구현하기를 바라는 가치
Walzer(1998)	사회구조에 의해 직접적으로 다뤄지는 권리와 자유, 권한 및 기회 그리고 소득과 재산 등과 같은 가치들. 공동체에 의해서 부여되고 공유되는 가치. 사회에 의해서 의미가 부여되는 것.
Social Value International	이해관계자들이 삶의 변화를 거치면서 겪게 되는 가치
The Oxford Dictionary	환경적 및 경제적 가치와 비교되는 개념으로 사회 전반에 가치가 있거나 가치가 있는 사회의 가치

Law Dictionary	사회자본과 시민복리 그리고 그들에게 영향을 주는 의사결정 능력을 포함하는 개념
Business Dictionary	사회자본뿐만 아니라 시민복리의 주관적 측면 예를 들어 자신에게 영향을 미치는 의사결정에 참여할 수 있는 능력 등을 포함하는 보다 포괄적 개념
영국 사회적가치법(2012)	지역사회의 경제적, 사회적, 환경적 복리

*사회적가치 기본법안은 19대 문재인 의원, 김경수 의원, 양경숙 의원, 윤호중 의원, 홍익표 의원, 박관온 의원 각 대표 발의안에서 공통적으로 사용된 개념 정의임.
출처: 국가공무원인재개발원(2019), 공공기관 사회적 가치 협의체(2019), 서울특별시 사회적경제지원센터(2020)의 정리를 재인용.

이처럼 어느 정도 공감대가 형성된 개념적 윤곽을 바탕으로, 심층적 차원에서 개념의 체계화를 시도한 대표적 국내 연구 사례 두 가지를 소개하면 다음과 같다.

첫째, 박명규(2018)는 국내외적 담론 차원에서 현실적으로 주목받고 있는 사회적 가치의 핵심 내용을 네 가지로 정리한다. 즉, 1) 안전과 일자리, 2) 혁신과 역능성, 3) 공동체와 공동선, 4) 상생과 지속가능성이다. 다만 그는, 사회적 가치 개념이 등장한 근본적 이유가 가치의 다양성이나 상호긴장성에 대한 성찰이기 때문에 형식적인 가치 리스트 뿐만 아니라 실행영역, 수행 주체, 실천전략 등을 포함한 다차원적 이해가 중요함을 주장한다(표 1-2). 결국 그는 사회적 가치란 "상충되어 보이는 여러 가치요소들이 함께 어우러져 역동적 효과를 가져오는 복합적용시스템(complex adaptive system)"의 작동 문제로 지적한다(박명규 2018, 52). 이러한 관점은 이재열(2018)도 어느 정도 공유하고 있다. 사회적 가치의 구체적 유형화에 관해서는 국제사회나 정부, 기업 등에서 다양한 견해나 지표화가 제기되었는데, 결국 '초연결 시대'를 특징으로 하는 현대에서는 열린 네트워크 거버넌스, 다른 표현으로 복합적용시스템의 작동이 효과적인 가치 창출을 위해 공통적으로 중요하다고 본다(이재열 2018, 393-395). 정부, 기업,

학교, 언론, 개인 그리고 기타 사회구성 요소들의 독립적, 자율적으로 빈번하게 상호작용하면서 순환적으로 가치를 창출하게 된다.

표 1-2 ▌ 사회적 가치 개념의 다차원적 구성: 핵심, 영역, 주체, 전략

분류	항목	세부 항목
핵심 요소	안전과 일자리	빈곤퇴치, 일자리 창출, 소수자 배려, 양극화 완화, 고용안정
	혁신과 역능성	역능성, 자율, 도전, 창의, 개성들의 네트워크, 혁신적 심성
	공동체와 공공성	신뢰, 협력, 공유, 사회적 자본, 소통, 참여, 공공성
	상생과 지속가능성	사회적 포용, 배려, 환경정의, 지속가능한 발전, 선행과 자선
실행 영역	사회적 경제	사회적 기업, 협동조합, 마을기업의 활성화, 지역 중심 참여와 협업 확대
	공공구매와 공적 서비스	공공구매, 공공가치를 고려한 예산집행, 최소 지출이 아닌 최적 지출
	사회책임과 사회공헌	기업의 사회적 책임, 공유가치 창출, 사회공헌, 공익재단
	사회혁신과 시민적 역능성	혁신적 플랫폼, 이질성의 융합, 혁신선도자의 양성, 연결재의 사회화
수행 주체	사회적 기업과 협동조합	협동조합, 사회적 기업, 생산자 조합, 마을공동체, 사회적 경제주체
	중앙정부 및 지방정부	정부의 각 부처, 지자체, 유관부처기관, 공공기관
	기업, 노조, 공익재단	기업, 노조, 공익재단, 사회공헌조직, 복지법인, 공익성을 띤 문화기구
	학교, 종교, 시민단체	학교, 종교, 비영리적 시민단체, 환경단체, 인권단체, 학술조직, 문화단체
실천 전략	가치구조의 재구성	가치구조의 전환을 위한 교육, 문화, 평가 시스템의 개혁

협력의 제도화	사회적 경제, 사회공헌, 사회적 책임을 위한 민간, 정부, 기업의 협력
혁신의 제도화	데이터의 사회화, 혁신적 플랫폼, 네트워크의 사회 자본화
책임의 제도화	학교, 종교, 시민단체, 공공기관의 사회적 가치 지향 프로그램 공유

출처: 박명규 · 이재열(2018, 51).

둘째, 김의영 · 미우라(2015)는 사회적 경제가 추구하는 가치나 원칙 · 원리가 독자적 혹은 독립적으로 존재하는 것이 아니라 보다 넓은 범위의 다양한 가치 · 원칙들의 아우러진 상태로 새로운 섹터 또는 대안적인 정치 경제 모델을 역동적으로 형성하고 있는 것으로 보았다. 즉, 여러 형태의 조직이나 개인, 정책이나 사업 등이 여러 가지 방법을 통해 사회적 경제나 사회적 가치의 핵심적인 내부 다양성을 구축함과 동시에 가치창조의 포괄적인 생태계 조성에 기여한다는 것이다. 기여의 수준이나 내용, 효과와 같은 실질적 동태는 이러한 주체나 방법, 협업 방식에 따라 달라지는 것이며, 사회적 가치의 획일적이고 배타적인 창조 방법이 존재하는 것은 아니다. 이러한 이해에 따라 사회적 경제 · 가치의 '혼종성'에 주목하여 정치학, 경제학, 사회학, 심리학, 지리학 등 학제적 관점에서 사회적 경제의 동태를 연구했다(김의영 외 2016). 또한 구체적으로 민주성, 사회성, 경제성이라는 세 가지 영역에 걸쳐 6가지의 세부적인 조직 운영 원리를 현실의 다양한 조직 제도에 적용하여, 이들의 조합에 따라 다양한 가치 구현 패턴이 나타난다는 조직생태계(organizational ecosystem)의 관점을 제시했다(김의영 · 미우라 2015; Kim and Miura 2021). 사회적 경제나 가치의 담론에서 일반적으로 주목받는 이러한 원칙들은 현실의 제도화나 조직 운영 과정에서 어떤 경우에 상호 배타적인 관계가 될 수도 있다(예를 들어 공익을 지향하지만, 민주적으로 운영되지 않은 조직 등). 나아가, 담론에서 일반적으로 주목받지 못한 조직이 어떠한 주요 가치의 구현에 기여하는 경우도 있

다(예를 들어 노동조합이나 주민조직이 민주적 가치의 구현에 일부 기여
함). '사회적 가치'란 결국 중요한 가치를 추구하는 각 사회구성 주체들의
상호작용이나 집합적 목표로 이해할 수 있다.

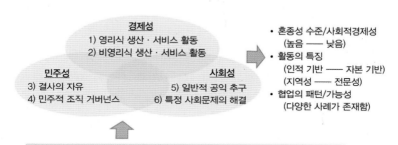

그림 1-2 3가지 영역, 6가지 원칙으로 본 조직생태계

출처: Kim and Miura(2021)에서 재구성.

위의 주요 국내 연구들에서 공통적으로 볼 수 있는 사회적 가치의 개
념적 이해에 관한 기본적 사항을 정리하면 다음과 같다. 1) 정부, 기업,
비영리조직, 시민 등 사회를 구성하는 모든 주체나 섹터가 사회적 가치의
창출 주체가 될 수 있다. 2) 인간과 사회 공동체가 지향하는 근본적 가치
가 사회적 가치의 주요 내용을 구성한다. 다만, 가치 리스트의 구체적 세
분화나 이들의 위계관계에 관한 견해는 다양하다. 3) 관념적인 차원의 가
치 이해가 아니라 현실적인 차원의 가치 구현 방법의 다각적, 복합적 시도
가 실질적으로 중요하다.

이러한 담론 전개의 결과 사회적 가치는 단순한 개념적 이해 혹은 학
술 차원의 문제가 아니라 이해와 실천이 동반되는 현실적이며 복합적 이

슈로서 확산해 왔다고 할 수 있다. 즉, '사회적 가치 패러다임'의 등장이다. 위의 대표적 연구들이 던진 메시지를 종합적으로 재해석하면 이 패러다임이란 구체적으로 다음 같이 요약할 수 있을 것이다. 외형적 경제발전이나 물질적 이익을 넘어 인간다운 삶이나 공동체적 규범에 초점을 둔 보다 확대·심화한 목표나 가치의 추구를 위해 개인, 조직, 공동체 등 여러 주체가 능동적이며 상호 협력적으로 대응하는 것을 중요시하는 시대적 관점이다. 사회적 가치 패러다임이란 경제적 가치와 사회적 가치를 동시에 구현해 가는 개인이나 조직, 공동체의 혁신적 활동이며, 이러한 활동을 각 주체가 협력해서 추진하는 과정에서 인간과 사회에 대한 보다 근본적인 이해와 가치를 구현해 가고자 하는 문화적 현상이라 할 수 있다.

3. 기업이 추구하는 사회적 가치의 체계적 지표화와 측정

사회적 가치 개념의 발전에서 특징적인 것은 다른 일반적인 개념 발전과 달리 학술적 발전에 앞서 특정 실천 영역에서 이미 활발하게 실천된 점이다. 대표적 영역으로서 기업의 사회적 가치 측정과 정부의 사회적 가치 법제화를 들 수 있다.

우선, 기업 경영의 맥락에서 사회적 가치가 등장한 배경과 맥락을 간략하게 정리하면 다음과 같다.[1] 기업을 단순한 영리 추구 사업체가 아니라 사회를 구성하는 일원으로 보는 시각, 즉 기업시민(corporate citizen) 개념이 경영학에서 1980년대에 등장했으며, 이를 실천으로 옮기는 방식으로서 기업의 사회적 책임(corporate social responsibility, CSR) 개념이 등장하고 보편화된 것은 주지한 바이다. 1990년대에는 투자·금융섹터의 입장에서도 이러한 사회 친화적 기업이나 경영에 호응하는 실천적 방법으로서 사회투자(social investment)나 자선적 벤처 투자(venture philanthropy)가 등장했

---

1) 관련된 광범위한 흐름에 대해서 다음 문헌들을 참조. 주성수(2017), 사회적가치연구원(2021).

다. 이후, 사회 친화적인 기업경영 전략과 투자 전략은 상호보완적으로 발전했으며, 전자에 관해서 이해관계자 경영모델(stakeholder engagement), 지속가능경영, TBL(tripple bottom line - 환경, 사회, 고용 중시 경영), 공유가치창출(CSV) 그리고 최근에는 ESG(경제, 사회, 거버넌스 중시 경영) 등의 개념이나 경영모델이 발전했다. 후자에 관해서는 사회적 금융(social finance), 임팩트 투자(impact investment), 사회적 투자수익률(SROI) 등의 투자 전략이나 개념이 전개되었다. 이러한 흐름에 호응하는 방식으로 각종 국제기구의 운동도 전개되었는데, 1999년 유엔 글로벌콤팩트(사회친화적 기업의 연대운동),[2] 2000년 GRI(global reporting initiative, 지속가능경영의 보고체계 표준화),[3] 2010년 ISO 26000(기업사회적책임의 표준화)[4] 등이 대표적이다. 한편, 보다 풀뿌리 차원의 사회친화적 기업활동에 관해서는 협동조합이라는 조직 모델이 이미 19세기에 등장했으며, 특히 1990년대를 전후하여 이러한 사업체의 존재와 의의를 설명하고 발전시키기 위해 사회적 경제(social economy)나 연대경제(solidarity economy), 제3섹터(third sector)와 같은 개념 틀이 세계적으로 확산했다(Restakis 2010; Utting 2015).

2000년대에 들어 이와 같은 경영, 투자, 국제 및 풀뿌리 운동의 흐름이 기존의 자본주의 경제질서의 개선이 필요하다는 합의로부터 그 대안을 모색하는 역동적 흐름으로 강화되면서 등장한 것이 사회적 가치 패러다임이라 할 수 있다.

사회적 가치 개념이나 의미의 '원형'은 이미 1980년대의 CSR 이론·실천이나 19세기에 등장한 협동조합 개념에 포함되었다고 볼 수 있다. TBL 경영론이나 사회적 경제론은 사회적 가치라는 용어를 명시적으로 사용했으며, 경제적 가치와 구별되는 의미로, 각종 기업이 근본적 미션으로 삼아

---

2) UB Global Compact 홈페이지. https://www.unglobalcompact.org.
3) GRI 홈페이지. https://www.globalreporting.org.
4) ISO 홈페이지. https://www.iso.org/iso-26000-social-responsibility.html.

야 할 사회적인 가치나 목표를 제시했다. 현대적으로 사회적 가치가 특정 이론의 일부 구성 요소가 아니라 통합적 패러다임이자 '측정 모델'로 사용되기 시작한 것은 2000년대 SROI과 임팩트 경영 분야의 발전과 깊이 관련되었다고 볼 수 있다. 기업의 근본적 미션이자 투자를 통해 얻고자 하는 실체를 설명하는 용어로서 문제해결(solution)이나 사회적 성과(outcome), 영향(impact), 사회혁신(social innovation) 등이 있었는데, 이를 아우르는 의미로 사회적 가치가 사용되기 시작한 것이다. 예를 들어 1990년대 후반에 미국과 영국의 싱크탱크를 중심으로 SROI의 구체적 실천·평가 가이드라인 등이 개발되었는데, 이를 실천하는 운동체로서 2008년에 SROI Network가 설립되었다. 이후 이러한 활동이 세계적으로 확산됨과 동시에 2009~10년의 세계 금융위기의 영향으로 사회적 투자 섹터가 더욱 강화된 모델을 필요로 하게 되면서 2012년에 조직명을 Social Value International로 수정했다.[5] 이에 따라 사회적 가치의 측정 원칙이나 방법을 보다 구체적으로 세계에 발표하기 시작했다. 2010년에는 영국 내각부가 Public Service Act(공공서비스법)을 발의했는데, 법률안의 별명을 Social Value Act(사회적 가치법)로 명시적으로 제시했다.[6] 법률안은 2012년에 제정되었으며 이후 사회적 가치가 공공 및 기업섹터의 공통 용어로서 확산했다.

2014년경부터 한국 내에서도 기업의 사회적 가치 측정의 움직임이 시작되었다. 이에 관한 내용은 본 책의 제2장과 제3장에서 자세히 다루고 있다. SK그룹은 2015년에 SPC(social progress credit)라는 이름으로 4개 영역, 25개 지표로 구성된 사회적 기업의 사회성과 측정체계를 마련하고, 평가 결과에 따른 보상 사업을 시작했다(첨부자료 1). 이어 2017년에 정부기관인 한국사회적기업진흥원도 사회적 기업에 적용하는 14개 지표로 구성된 사회성과지표(social value index, SVI)를 개발했다(첨부자료 2). 2020

5) Social Value International 홈페이지. https://www.socialvalueint.org.
6) 영국 정부의 사회적가치법 안내 홈페이지.
    https://www.gov.uk/government/publications/social-value-act-information-and
    -resources/social-value-act-information-and-resources.

년 서울시는 지자체 차원에서 10개 영역, 47개 지표로 구성된 서울형 사회적 가치 측정 지표(S－SVI)를 발표했다(첨부자료 3). 이와 같은 국내외적 흐름을 배경으로, 2015년 이후 국내에서 기업, 특히 사회적 기업의 성과를 측정하는 지표 모델이 등장하였고 사회적 가치 개념에 관한 주요 영역 중 하나로 정착되었다.

4. 법제도 및 거시적 차원의 체계화: 사회적 가치 정책과 공공 가치 그리고 SDGs

사회적 가치 개념의 또 다른 실천 영역은 법제도와 정책이다. 사회적 기업에 관한 영국이나 이탈리아의 제도를 참고로 국내에서도 2005년 말에서 2006년 초에 사회적 기업의 법제도화에 관한 논의가 시작했다. 이때 여야당에서 각각 '공익적 사업'과 '사회서비스'가 그 목적으로 제시되었으며,[7] 이를 통합하면서 '사회적 목적'이라는 용어가 법률안에 명시되었다.[8] 이후 사회적 기업의 발전과 함께 자연스럽게 그 원리이자 목표로서 경제적 가치와 구별되는 사회적 가치 개념이 주목을 받아왔다. 나아가 사회적 목적의 범위도 확대되었으며 사회적 기업 개념보다 넓은 영역을 의미하는 용어로서 사회적 경제가 점차 확산하였다. 예를 들어 2007년 이후 사회적기업지원센터나 사회적기업지원조례가 각각 사회적경제지원센터, 사회적경제지원조례로 개편된 사례가 다수 존재한다. 이 시기(2010년경에서 2014년까지) 법제도 차원에서 사회적 가치 개념은 사회적 경제와 매우 유사하거나 이와 긴밀하게 관련된 용어로 사용되었다.

이러한 흐름의 연장에서 2014년에 '공공기관의 사회적 가치 기본법'안

---

7) "사회적기업의 설립 및 육성에 관한 법률안"(진영 의원 대표발의. 2005. 12. 9.), "사회적기업 지원법안"(우원석 의원 대표발의. 2006. 3. 23.).
8) '사회적 목적'은 구체적으로 "사회적기업 육성법 시행령" 제9조에서 1) 취약계층에게 사회서비스, 2) 취약계층에게 일자리를 제공, 3) 지역사회에 공헌(빈곤, 소외, 범죄 등 사회문제, 지역주민의 삶의 질, 수익의 지역사회 환원) 등으로 규정되었다.

과 '사회적 경제 기본법'안이 거의 동시에 국회에서 발의되었다. 양 법안에서 사회적 가치의 법적 개념과 사회적 경제의 법적 목적이나 사업 범위는 상당히 유사한 것으로 규정되었다. 구체적으로 사회적 가치는 '사회, 경제, 환경, 문화 등 모든 영역에서 공공의 이익과 공동체의 발전에 기여할 수 있는 가치'로 규정되며, 각 법안에 따라 8개에서 13개의 세부 영역 또는 관련 사업체 유형들이 분류되었다. 양 법안 모두 제정에는 실패하고 폐기 또는 계류되었으나, 이후 정부 차원에서 중요한 정책 및 평가 기준으로 활용되었다. 특히 정부는 2018년 3월에 발표한 '정부혁신 종합추진계획'에서 지향하는 정부의 성격을 '사회적 가치 중심 정부'로 명명했다. 이와 같이, 법제도적 측면에서는 국제적 흐름을 바탕으로 하면서도 사회적 가치의 개념 정의나 실천 영역에 관해서 독특한 한국적 특징이 나타났다. 법제도적 측면의 전개는 본 책의 제4장에서 보다 자세히 다루고 있다.

또한, 2010년대 후반기에 사회적 가치의 주체가 사회적 경제 사업체를 넘어 공공기관이나 정부 기관으로 확대되는 맥락에서 공적 가치(public value) 개념이 등장한다. 이 개념 자체는 거버넌스 시대의 정부 운영 원리로서 이미 1990년대에 서구에서 제기된 것이지만, 2018년을 전후하여 '공적 가치와 사회적 가치의 관계'를 중심으로 특히 행정학 분야에서 집중적으로 연구되었다.[9] 구체적으로 이러한 공적 가치의 맥락, 즉 공공기관이 추구하는 공공가치로서의 사회적 가치 유형화의 사례를 정리하면 다음과 같다(표 1-3).

---

9) 대표적인 연구는 다음과 같다. 한국행정학회(2017), 행정안전부(2018), 한국행정연구원(2018), 국가공무원인재개발원(2019), 한국행정학회(2019), 최지민·강영주·박현욱(2021).

표 1-3 ▌공공가치의 분류와 사회적 가치 중심의 정부혁신

공공가치체계			세부적 의미
정부혁신 과제	하위 가치	연관 가치	
정부 혁신의 목표	보편적 선	공익 사회통합	공공부문은 특정 계급, 집단의 이익이 아닌 모두의 이익을 위해 기능함. 상호갈등하는 집단과 문화로 분열되지 않고 소속감(certain bonds)에 의해 통합되어 있는 상태
	이타심	인간 존엄성	타인의 이익을 위해 행동(도움이 필요한 개인을 보호)
	지속가 능성	미래의 이해	미래 세대의 목소리/이해관계를 반영하여 현재 세대와 미래 세대간 불공정성 해소
	레짐 존엄성	레짐 연관성	공공부문의 책임성 있는 권한 사용이 있을 때 국민의 신뢰를 바탕으로 정권 안정
내부관리 혁신	견고성	적용성 안정성 공신력 시의적정 성 대표성	외부 영향에 대한 통제가능성 및 유연한 대응 vs 합법성, 연속성에 따른 안정성 효과성, 시의적절성 → 신뢰성
	혁신	열정	선례나 실패에 대한 두려움에 의해 억눌리지 않는 조직 정책대상에 대한 이타심 목표를 성취하는데 따르는 기회와 위험을 포착
	생산성	효율성 경제성 기업가적 접근	–
	책임	전문성 정직 도덕적 규범 윤리적	공무원은 진지한 자세, 성찰하는 자세, 역량을 갖추고 업무에 임해야 함(serious, reflective, and competent manner). 진실성을 가진 공무원은 사리사욕, 부정부패, 유행 등에 영향을 받지 않음

		양심 진실성 대응성 책무성	
행정 서비스 혁신 (행정과 시민간 관계)	개방	대응성 여론경청	소극적(정보공개, 의견 투입) → 행정수요에 대한 적극적 대응성 언론, 여론조사 결과에 대한 경청 → 권한남용 방지, 공론화의 시발점, 행정에 대한 국민의 통제 강화 개인정보 보호
	합법성	개인권리 보호 동등 대우 법의 지배 정의	행정과 시민의 관계는 자의적 권력이 아닌 법으로 규정법에 의한 지배 → 개인권리 보호, 동등한 대우 → 정의 실현
	공평성	온당함 공정성 전문성	비인격적으로 동등하게 했을 경우 정의가 실현되지 않은 상황을 고려해야 하며 이는 전문적 판단에 근거해야 함
	사용자 지향	기민성 사용자 편의성	신공공관리론이 지향하는 행정-시민간의 관계
정책과정 혁신 (이해 관계자 및 일반 시민의 정책과정 참여)	민주성	민주적 절차 집합적 선택 개인권리 보호	다수의 국민이 정책에 영향을 받으므로 국민은 정책과정에 영향을 미칠 권리가 있음 다수결 원칙에 의해 배제되는 소수의 기본권 보장
	사용자 민주주 의	지역 거버넌스 시민 참여	지방정부의 자치권한 지역사회 문제에 개인이 참여할 권리
	공론	응답성 사용자 민주주의 시민 참여 시민의 성숙	시민의식은 공공부문과 접하면서 성장함 시민영역 성장에 대한 행정의 적극적 책임 행정-시민의 민주적 관계로의 변화

옹호 vs. 중립 vs. 사회적 조정	협치 이해관계의 조정	조직의 미션에 부합하는 정책노선에 대한 옹호 vs 형식적 합리성/몰인격성 개방성 → 이해관계의 균형 → 조직 안정성 대화, 경청 → 상대방에 대한 적응 → 타협 이해관계자의 가치를 반영하기 위한 경제적 효율성 vs 협업에 의한 조정

출처: 한국행정연구원(2018, 35-37, 41)에서 재구성
*이 연구에서는 특히 Jørgensen and Bozeman (2007)에 의한 7개 영역으로 분류된 공공가치 이론을 활용하고 있으며, 이를 4개로 재구성한 것이다.

한편으로, 사회적 가치 개념과 공공가치 개념이 긴밀하게 관련된 종합적 정책적 영역으로 유엔이 주도하는 2015−2030 지속가능발전목표 (sustainable development goals, SDGs)가 있다. 2012년경에 시작한 전 세계적인 토론과 논의, 이른바 post−2015 개발 아젠더를 통해 유엔 차원의 개발·경제발전 프로젝트에 환경, 사회 분야 그리고 이행 수단의 다양화·다층화 등이 추가되면서 17개 목표와 169개의 기준으로 구성된 SDGs가 유엔에서 채택되었다. 전 지구 차원에서 인류가 달성해야 할 목표로서 각 국가와 지방 차원 그리고 기업이나 대학, 시민단체 등 각종 기관 차원의 추진을 포함, 전 지구사회의 중요한 흐름이 되었다.[10] SDGs는 사회와 조직, 공동체가 추구해야 할 보편적이고 근본적이면서도 현실적인 목표와 기준, 지표들을 설정해서 공동의 노력을 장려한다는 점에서 사회적 가치 개념과 유사한 틀이다. 실질적으로 양자가 제시하고 있는 가치 내용도 상당히 유사하다. 국내에서도 2015년 이후 중앙정부뿐만 아니라 지방정부, 기업, 대학 등 각자의 관점에서 어떻게 SDGs에 기여할 것인지에 대한 정책이나 협의체, 보고서 등이 등장하기 시작했다. SDGs에 관해서도 제4장에서 보다 자세히 다룰 것이다.

---

10) UN SDGs 홈페이지. https://sdgs.un.org.

사회적 가치 패러다임의 2단계: 학문 분야별
세부화에 대한 비판적 점검

1. 사회적 가치 패러다임의 발전 단계와 1단계 논의의 특징 정리

이상에서 개괄했듯이 사회적 가치 개념은 세계적 동향을 배경으로 2000년대에 들어 본격적으로 주목을 받으면서 국내에서 학술, 지표화, 정책 등 영역에서 급속히 확산했다. 그동안 전개된 일련의 과정, 즉 개념의 등장에서 패러다임의 부상까지를 1단계로 본다면, 향후의 발전 단계에 관해서 다음과 같이 전망해 볼 수 있다(그림 1-3). 이미 지적한 바와 같이 사회적 가치 개념은 등장 초기부터 실천적으로 구체화하면서 활용된 점이 중요한 특징이기 때문에 향후의 단계에서도 이로 인해 야기되는 문제나 과제를 중심으로 논의가 전개될 것으로 예상된다.

그림 1-3 사회적 가치 패러다임의 발전 전망

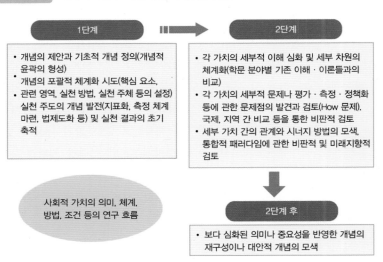

이러한 발전 단계에 비추어 볼 때 1단계의 특징(중요한 달성 사항과 남긴 과제)을 비판적으로 점검해보면 다음과 같다.

- 광범위한 내용에도 불구하고 사회적 가치의 개념 자체에 관해서는 어느 정도 일치된 이해나 의미 있는 공감대가 형성되고 있다. 등장 초기부터 이루어진 정부, 기업, 시민사회 각 섹터 그리고 전문가의 지지와 공감대에 기초하여 향후 지속적인 연구와 실천이 이루어질 수 있다. 그러나 공감대 형성 수준을 넘어 다양하고 때로는 상호 모순적일 수도 있는 관점을 통합할 수 있는 공통의 정책과 지표 체계 및 실질적 가치를 창출해 내는 일은 쉽지 않은 과제다. 개념 형성과 실천 결과의 초기 축적을 넘어 현실적인 촉진·장애·갈등 요인이나 부작용 등을 점검하는 작업이 향후 필요할 것이다.
- 또한 학술적 연구와 실천·활용이 동시에 진행되면서 독특하고 복합적인 개념 체계가 만들어졌다. 사회적 가치 개념은 정량과 정성의 양 성격을 동시에 가지면서 기본적 개념 정의 아래 세부적 영역이나 분야, 원칙, 실천 방식 등이 종합적으로 구성되었다. 이러한 복합적이고 의욕적인 개념 체계가 향후 세부적 실천이나 학문 분야별 검토 과정에서 일관적으로 유지될 수 있을지 또한 미지수이다.
- 국제적인 지식이나 실천의 흐름이 국내적 동향에 큰 영향을 미쳤다고 할 수 있으나, 동시에 국내에서 일어난 능동적인 대응의 결과 한국화된 개념 체계가 만들어졌다. 구체적으로 위에서 소개한 학술적 모델, 정부 정책, 법률안, 기업 평가 체계 등은 모두 국제적으로 발표된 것을 그대로 적용한 것이 아니라 각 주체나 섹터의 숙의와 협의의 결과 독창적인 내용을 지니고 있다. 이러한 사회적 가치 개념의 한국화 현상이 과연 선구적이며 모범적인지, 아니면 국제적 주류 흐름을 벗어나거나 심지어 왜곡할 가능성은 없는지에 대한 비판적 점검이 필요하다. 이를 위해서는 현재까지의 국내적 전개 과정과 내용을 국제사회의 동향과 정밀하게 비교하는 연구가 필요할 것이다.
- 개념의 국내화 과정에서 나타난 특징으로 실천 주도적 동향이 초래할 수 있는 부작용을 지적할 수 있다. 가치나 사회, 인간적 삶 등 핵심 용어에 대한 이론적 혹은 사상이나 철학적 의미에 대해서 충분한 이해가 공유되었는가의 문제이다. 가령 사회적 가치와 사회적 목표, 사

회적 성과, 사회적 영향, 사회적 변화 등의 용어가 모두 유사한 맥락에서 사용된 결과 '가치'의 의미는 불분명한 상태로 남아 있다. 이에 따라 가치창조나 가치 창출, 가치관, 가치체계 등 응용 개념도 종종 불분명한 것이 돼 버린다. 사회와 가치 개념은 인간적 삶과 깊이 연결되기 때문에 이에 대한 심도 있는 사상·철학적 발전도 남아 있는 중요한 과제이다.

2. 2단계 논의와 주요 연구과제

상기한 문제들은 단계적으로 해소·해결해가는 것이 현실적일 것이다. 사회적 가치 패러다임 2단계의 주요 연구과제를 정리하면 다음과 같다.

- 체계적으로 정리된 개별 분야 혹은 세분된 각 가치에 관한 심화 연구가 필요하다. 기존 연구나 법제도, 평가체계에서 제시된 가치 리스트는 하향식(top-down)으로 설정된 경향이 있다. 그런데, 각 세부 가치는 기존의 개별 학문 분야에서 오랫동안 논의된 것이기도 하고, 각 분야에는 이미 다양한 관련 이론이나 실천 모델, 사례가 존재한다. 예를 들어 양질의 노동, 지역공동체의 발전, 민주적 가치, 삶의 질, 모두를 위한 교육 등은 개별 학문 분야나 실천에 있어서 매우 중요한 키워드로서 이미 학문별로 심층적인 이론이나 모델, 실천전략이 시도되고 있다. 이러한 세분된 맥락에서 최근 등장한 사회적 가치 개념의 의의나 역할, 차별성이나 과제 등을 자세히 검토하는 것이 중요할 것이다.
- 세부 학문 차원에서 사회적 가치에 대한 비판적 검토도 중요할 것이다. 기존의 논의를 보면 대체로 개념의 이해와 실천에 있어서 비교적 낙관적 관점과 전망이 우세하다. 즉 우리가 충분히 이해할 수 있고 실천할 수 있으며, 실천의 과정이나 결과는 대체로 긍정적일 것이라는 입장이다. 그러나 개별 학문별로 사회과학 본연의 비판적·회의적 관점에서 가치나 목표의 충돌이나 실천적 어려움, 한계 등의 문제를 민감하게 보고 본격적으로 분석할 필요가 있다.
- 사회적 가치의 한국적 특징에 대한 검토도 중요하다. 법률안이나 평가체계의 수립과정이나 수행과정을 세부적으로 분석하거나 이들의 내용

을 국제적으로 비교하는 방법 등을 통해 한국적 모델의 특성을 이해하기 위한 유익한 지식을 제공하는 연구가 요망된다. 이 과제에 관해서도 역시 기존의 실천에 대해서 긍정적 시각만으로 바라보는 것이 아니라 세부적이며 비판적인 관점에서 균형 있게 접근하는 것이 필요할 것이다.

- 개념 차원의 세분화와 비판적 검토와 함께 경험 차원의 실천적 논의를 보다 발전시킬 수 있을 것이다. 이론이나 개념 차원에서 특정 가치창조의 세부적인 구조나 메커니즘, 장단점이나 긴장 관계 등을 이해한 상황에서, '현실적으로 어떻게(how) 가치를 촉진할 수 있는가'와 문제, 가령 가치 창출의 촉진 요인이나 장애 요인, 유효한 정책이나 제도 및 구조 등을 보다 구체적으로 도출할 수 있어야 할 것이다. 이를 위해 다양한 사례가 축적되어야 함은 물론이다.

- 학문 분야별 세부적이고 비판적인 이론적·경험적 논의, 한국적 특징에 대한 국제적 비교와 균형 있는 시각, 엄밀한 사례 분석에 기초한 세부적인 실천전략의 모색을 넘어 궁극적으로 사회적 가치에 대한 사상이나 철학적인 심화 또한 필요할 것이다. 가령 현대사회에서 가치창조란 무엇을 의미하며 인간―사회―가치가 구체적으로 어떻게 연결되며, 한국적 실험이 어떤 인류사적 의의를 제공하는가와 같은 심층적인 논의를 기대할 수 있다.

Ⅳ　책의 구성과 각 챕터의 요약

이 책은 이상에서 개략적으로 소개한 사회적 가치 패러다임의 2단계 논의를 발전시키는 것을 목적으로 사회적 가치 논의에 대한 세분화와 건설적 비판을 시도하고자 했다. 특히 이미 언급한 바와 같이 이러한 논의를 학제적으로 전개한다. 정치학, 경제학, 사회학, 인류학, 심리학, 지리학, 사회복지학, 언론정보학 분야의 전문가 13명이 함께 연구 프로젝트에 참여하면서 사회적 가치 패러다임의 현황과 문제의식을 공유하되, 각 학문분야의 전문적 지식이나 관점, 접근 방법 등을 활용하면서 흥미롭고 다각적인 논의와 개별적 연구 결과를 제공하기 위해 노력했다. 각 챕터의 학문분야와 주요 내용을 요약하면 다음과 같다.

제2장 경제학적 논의: 이 장에서는 사회적 기업의 활동과 영리기업의 CSR 경영을 비교·검토하고 사회적 가치를 강조하는 기업경영의 경제학적 의의에 대하여 살펴본다. 특히 사회적 기업(혹은 CSR 경영)이 포함된 시장경제의 자원배분이 사회후생의 관점에서 영리기업만으로 이루어진 시장경제에 비하여 우월하다는 점을 강조한다. 이러한 우월성의 배경에는 시장의 실패가 있다. 사회적 기업이 목표하는 사회적 성과는 대부분 시장의 실패가 존재하는 영역에서 이루어지기 때문이다. 특히 신용제약에 처한 취약계층의 기초재 소비와 고용에서 발생하는 복지효과는 사회적 기업이 추구하는 가장 대표적인 사회적 성과이다. 이를 추구하는 기업활동이 기초재의 배분을 둘러 싼 시장경제의 불완전성을 극복하여 사회후생을 높이게 된다. 바로 이 점이 정부와 민간부문의 사회적 기업에 대한 지원정책이 필요한 이유라 할 수 있다. 그러나 정부의 사회적 기업 지원정책 자료를 분석하면 정부지원이 사회적 성과를 확대하는 효과가 확인되지 않는 것으로 나타난다. 이는 정부지원이 사회적 성과에 따라 이루어지지 않는 지원방식의 문제라고 볼 수 있다. 사회적 성과에 비례하여 지원이 이루어지는 SK그룹의 사회적 성과지원(SPC) 프로그램의 경우 사회적 기업 지원이 사회적 성과에 대한 인센티브를 강화하고 실제 사회적 성과를 높이는 정책효과가 존재함을 확인할 수 있다.

제3장 인류학적 논의: 이 장은 고용노동부와 한국사회적기업진흥원에서 개발한 사회적 가치 지표(SVI)의 사례를 통해, 하나의 '시장장치'로서 지표가 구성되는 과정에서 사회적 가치에 대한 상이한 입장들이 어떻게 조정되며, 어떠한 이해관계들이 개입되는지, 그리고 구성된 지표가 사회적 가치와 사회적 경제라는 대상과 현실을 어떻게 수행적으로 생산해내는지 살펴본다. 특히 10여년에 걸친 SVI의 개발 및 운용과정을 대상으로, 최근 가치연구의 '수행적 전환'을 이론적 자원으로 삼아, 인터뷰 방법을 활용해

분석했다. 연구 결과로서 이 장은 다음과 같은 점들을 지적한다. 첫째, 사회적 가치에 대한 행위자들의 상이한 관점이 어떠한 형태로 SVI에 반영되었는지 살펴봄으로써, 가치지표 뿐 아니라 '사회적 가치' 자체도 정치적·사회적 과정을 통해 형성되는 사회적 구성물이라는 점을 밝힌다. 둘째, SVI 개발과정을 상이한 행위자들 간의 '동맹관계 형성'이라는 관점에서 검토하고, 이에 따라 하나의 시장장치가 안정화되고 작동하기 위해서는 시장 참여자 간의 이해관계의 연합 및 동맹이 필수적이라고 주장한다. 셋째, SVI 측정과정에서 사회적 가치라는 대상과 사회적 경제 행위자들의 관계가 어떻게 재구성되는지 분석함으로써, 지표 및 시장장치들은 현실의 투명한 재현을 넘어 시장 자체를 구성하고 새로운 사회적 관계를 생산하는 수행적 힘을 가지고 있음을 보여준다.

　　제4장 정치학적 논의: 이 장은 사회적 가치 패러다임의 정치학적 관점과 함의를 다룬다. "도대체 사회적 가치 패러다임이 정치학과 무슨 상관이 있는가?"가 이 장의 논의를 이끄는 질문이다. 우선 최근 등장한 사회적 가치 관련 정책이나 프로젝트 중에서 구체적으로 어떤 부분이 정치학적으로 관련되는지, 즉 사회적 가치의 정치학적 이슈를 개략적으로 소개한다. 보다 구체적으로 사회적 가치 패러다임의 정치적 함의를 1) 조직 차원, 2) 정책 및 법제도 차원, 3) 교육 차원으로 나누어 정리한다. 특히 사회적 가치를 창조하는 핵심적 주체가 시민임에 주목하여, 시민이 사회적 가치를 창조해가는 기술이나 과정이라는 관점에서 관련 이론들을 정리하고 이러한 이론들의 체계를 통합적으로 시민정치학으로 부른다. 마지막으로 이러한 시민정치의 현실적 사례를 예시적으로 소개한다.

　　제5장 사회복지학적 논의: 이 장에서는 사회적 가치에 대한 이해를 높이기 위하여 개념의 주요 특징, 목표와 필요성, 활동의 주체, 활동의 영역을 살펴봄과 동시에 이것이 사회복지와 어떻게 교차되는지를 탐색한다. 사회적 가치는 사회적(social) 지향, 사회문제의 해결과 공익의 추구, 활동의 주체로서 정부와 비영리기구 및 기업을 포괄하는 점 등 여러 측면에서

사회복지와 유사한 특징을 가지지만 그 둘 사이의 연관성을 살펴본 연구는 부재하기 때문이다. 연구결과로서 사회복지와 사회적 가치의 두드러지는 교차성은 다음과 같다. 첫째, 상생하는 공동체의 추구라는 지향과 목표의 공통성이다. 공동체의 강화를 위해서는 소속감, 규범과 가치의 공유, 변화를 위한 공동의 노력과 행동 등이 필요하며 이는 사회적 약자를 포함한 구성원을 위한 자원배분의 공평성과 역량의 증대라는 목표로 이어진다. 둘째, 물질적 이익과 경제적 가치 추구를 최우선으로 하는 세태에 대한 문제의식의 공유이다. 물질적 성장이나 경제적 안정과 더불어 사회적 관계, 사회적 신뢰, 관용과 포용, 자율성 등 비물질적 요인들이 개인의 삶의 질과 사회의 질을 높이는데 중요함을 강조한다. 셋째, 정부와 공공기관, 비영리기관, 기업, 지역사회 등 다양한 주체 참여의 중요성과 상호보완성 그리고 협력의 필요성을 제시한다. 공공기관 및 비영리기관과 함께 영리활동을 하는 기업도 사회문제의 해결과 같은 공익 추구의 주체로 간주되고, 우리가 직면한 사회문제의 해결 가능성을 높이기 위해 다양한 주체들 사이의 소통, 협력, 협치가 필요하다는 것을 시사한다. 사회적 가치와 사회복지는 우리가 그것을 추구하는 이유, 성취하고자 하는 사회의 모습, 그 목표를 달성하기 위해 활용하는 수단에서 많은 것을 공유한다. 사회적 가치와 사회복지에 관한 학술 및 실천 활동에서의 상호협력과 혁신을 통해 지속가능하고 상생하는 공동체의 구현을 위한 상승효과를 촉발하는 접근이 필요하다.

제6장 지리학적 논의: 이 장은 사회적 가치, 사회혁신 개념에 대해 공간적 관점에서 탐색한다. 사회적 가치 논의에서 다소 소홀히 다루어진 공간·장소적 측면을 이론적으로 고찰하고 기존의 비판적 공간연구 논의를 사회적 가치, 사회혁신 개념과 연결시키는 것이다. 그 연결고리를 위해, 이 장은 장소 만들기와 공간 이용에 있어서 가용적 기회와 자유를 뜻하는 지리학의 공간적 역량(spatial capability) 개념을 제안한다. 그리하여 이 장은 사회적 가치와 비판적 공간연구가 공통적으로 가지는 궁극적인 목적이

공간적 역량 강화임을 밝힘과 동시에 사회적 가치, 사회혁신을 공간 이론화하여 정치성과 지역성을 살리고자 한다. 공간적 역량은 다음 세 가지 분야의 역량을 뜻한다. 첫째, 장소 만들기에 참여할 수 있는 역량, 둘째, 거주, 노동, 휴식을 위해 공간을 이용할 수 있는 역량, 셋째, 공간을 가로지르면서 이동할 수 있는 역량이다. 사회적 가치와 공간적 역량 개념은 비판적 공간연구의 지향점을 밝혀주고 개혁 방법의 유연함과 창조성을 가져다줄 것이다.

제7장 심리학적 논의: 이 장은 '사회적 가치 추구는 어떠한 가치의 반영인가?'라는 매우 기본적인 문제 제기에 대한 답을 심리학적으로 탐색한다. 세부적으로, 이 장은 전문가들의 견해가 아닌 일반 사람들의 인식을 알아보는 데 초점을 두며, 특히 사회적 가치의 개념적 정의 중 하나인 비화폐성의 특성에 대해 일반 사람들이 어떻게 인식하고 있으며 이러한 인식이 사회적 가치에 대한 태도에 어떠한 영향을 미치는가를 검증한다. 이러한 연구의 의의를 정리하면 다음과 같다. 첫째, 이 연구는 사회적 가치 연구를 정치학, 경제학, 법학, 사회복지학의 등의 영역으로부터 심리학의 영역으로 확장함으로써, 사회적 가치에 대한 보다 깊이 있는 논의가 가능해질 것으로 보인다. 둘째, 심리학 이론과 방법론을 바탕으로 사회적 가치에 대한 사람들의 태도를 확인한 연구가 부족한 실정에서, 이 연구가 이를 밝힘으로써 학술적 함의를 제공할 수 있을 것이다. 셋째, 개인의 가치관이 정치적 성향 및 경제적 가치 vs. 사회적 가치의 관계 인식을 통해 사회적 가치에 대한 지지를 유의하게 예측한다면, 사회적 가치와 관련된 이슈가 지나치게 진보-보수의 정치적 프레임을 통해서만 논의되고 있는 현 상황 속에서 사람들에게 또 다른 생각의 프레임을 제공할 수 있을 것으로 예상된다.

제8장 언론정보학적 논의: 우리 사회의 여러 곳에 컴퓨터 알고리즘과 인공지능이 도입되면서 사람들은 과거 그 어느 때보다 알고리즘과 긴밀하게 교류하고 상호영향력을 행사하며 살게 되었다. 정확도나 성능과 같

은 기계 중심의 객관적 지표를 넘어, 알고리즘의 사회적 가치, 공정성, 설명 가능성과 같은 인간 중심의 요소들이 중요해짐에 따라 알고리즘의 연구에 있어서도 사회과학적인 접근이 적극적으로 이루어지고 있다. 디지털 기술 개발 초기에는 많은 사람들이 정보와 기술을 활용할 수 있는 능력에 따라 계층이 나뉘게 될 것이라는 '디지털 정보 격차'에 대해 우려하였다. 그러나, 정보화가 진행됨에 따라 발전된 알고리즘은 사람들이 정보와 기술에 보다 손쉽게 접할 수 있게 만들었고, 우려되었던 격차는 크게 줄어들었다. 디지털 기술과 알고리즘은 보다 많은 사회적 기회를 창출했으며 여러 사회 문제를 해결하는데 활용되고, 다양하고 광범위한 소통과 공론의 장을 만들어 냈다. 그럼에도 불구하고 알고리즘이 가진 가치가 항상 긍정적으로 발현되는 것은 아니다. 정보접근성의 개선에 따른 수동적인 사용자를 양산해 냈으며 최근에는 자발적이고 양방향적인 정보 생산의 부작용으로 거짓 정보가 확산되는 사례가 많이 보고되고 있다. 이 장은 알고리즘이 가지는 사회적 가치를 높이 평가하는 것과 동시에 사용자가 느끼는 위협요소와 부정적인 측면 또한 면밀하게 검증되어야 함을 지적한다.

제9장 사회학적 논의: 이 장은 일(노동)의 경제적, 비경제적 가치를 제고할 수 있는 기업의 책임 있는 행동이 사회적 신뢰에 미치는 영향에 주목한다. 구체적으로 노동자들이 일터 안에서 경험하는 정당한 대우와 양질의 사회적 관계의 구축은 조직에 대한 노동자의 신뢰를 높이고, 나아가 사회신뢰 수준에 긍정적인 영향을 미칠 것이라는 가정을 경험적으로 검증한다. 연구의 결과, 국제 사회조사 자료는 한국인의 사회적 신뢰 수준이 높지 않은 편이며 일에 대한 도구적 성향이 강한 편이라는 점을 보여준다. 반면, 한국인 중에도 일에서 내재적 가치를 중시하는 성향과 직장에서 관리자(상사)와 좋은 관계를 맺을 개연성 간에 긍정적인 상관관계를 찾을 수 있다. 또한, 직장에서 관리자(상사)와의 좋은 관계는 '사회에 기여하는 일'을 중시하는 성향에도 영향을 미치는 것으로 나타났다. 높은 비중의 노동자가 경제적, 비경제적으로 질 낮은 일자리를 경험한다면, 사회 전반에서

다양한 가치를 증진하고 사회적 신뢰를 축적할 모멘텀을 만들어내기가 어렵다. 일에 대한 가치는 사람들이 부여하는 가치를 반영할 뿐 아니라 삶을 살아가는 목표와 열망, 관계에 통찰을 제공하기도 한다. 도구적 가치 뿐 아니라 내재적 가치를 충족시킬 수 있는 일터 경험의 확산이 한국사회 전반에 사회적 신뢰를 높이는 근간이 될 수 있다는 것이 연구의 결과이다.

<참고문헌>

고동현·이재연·문명선·한솔. 2016. 『사회적 경제와 사회적 가치: 자본주의의 오래된 미래』. 파주: 한울아카데미.

국가공무원인재개발원. 2019. 『사회적 가치: 이해와 평가』.

김경동. 2019. 『사회적 가치: 문명론적 성찰과 비전』. 파주: 푸른사상사.

김동헌. 2018. 『성공하는 사회적 기업가는 어떻게 혁신하는가: 혁신으로 사회적 가치와 올바른 성공을 이룬 사회적기업 36』. 남양주: 세영물산.

김용회·한창근. 2020. "사회적 가치이슈를 다룬 언론기사의 의미연결망 분석: 2006년부터 2019년까지 국내 중앙지 언론보도를 중심으로."『한국사회복지학』 72(2).

김의영·구양미·권헌익·안도경·안상훈·이준웅·이옥연·최인철·한신갑. 2016. 『사회적경제의 혼종성과 다양성』. 성남: 푸른길.

김의영·미우라 편. 2015. 『한·중·일 사회적 경제 Mapping』. 과천: 진인진.

김의영·미우라. 2020. "지역기반 시민정치교육을 통한 대안적 지식 창출: 성격, 한계, 과제에 관한 탐색적 연구."『한국정치연구』 29(1).

박명규. 2018. "사회적 가치의 다차원적 구조." 박명규·이재열 엮음『사회적 가치와 사회혁신: 지속가능한 상생공동체를 위하여』. 파주: 한울아카데미.

박명규·이재열 엮음. 2018. 『사회적 가치와 사회혁신: 지속가능한 상생공동체를 위하여』. 파주: 한울아카데미.

사회적가치연구원. 2021. 『기업의 사회적 가치 측정: 사회적 가치 측정 체계 개발을 위한 한-중 공동의 여정』. 서울: 메이킹북스.

서울시. 2020. 『서울형 사회가치지표 개발 및 측정연구』.

서울시마을공동체종합지원센터. 2017. 『대학과 지역사회 연계 사업 성과자료집: 마을을 펴다 대학을 품다』. 서울: 서울시마을공동체종합지원센터.

이재열. 2018. "시대적 전환과 가치의 다차원적 구조." 박명규·이재열 엮음. 『사회적 가치와 사회혁신: 지속가능한 상생공동체를 위하여』. 파주: 한울아카데미.

장용석·조희진·김보경·황정윤·이영동. 2018.『사회적 가치의 재구성: 대한민국 사회문제 지도로 사회적 기업의 미래를 그리다』. 고양: 문우사.

주성수. 2017.『사회적 결제와 사회적 임팩트』. 서울: 한양대학교출판부.

_____. 2020.『사회적 가치 임팩트 투자 = Social value impact investment』. 서울: 한양대학교출판부.

충청남도. 2018.『충청남도 지속가능발전목표(SDGs) 2030』. 홍성군: 충청남도.

최지민·강영주·박현욱. 2021.『지방자치단체의 공적가치 실현방안 연구: 지방자치단체 사회적 가치의 측정지표 개발을 중심으로』.

한국사회학회. 2017.『사회적 가치: 협력, 혁신, 책임의 제도화』. 서울대 사회공헌교수협의회.

한국사회적기업진흥원. "사회적 성과 측정(SVI)." https://www.socialenterprise.or.kr/social/ente/evalSVI.do?m_cd=E032.

한국행정연구원. 2018.『사회적 가치 실현을 위한 정부혁신 방안 연구』.

한국행정학회. 2017.『사회적 가치 실현을 위한 평가 방안 연구』.

_____. 2019.『사회적 가치와 공공가치에 관한 연구』.

행복나래 2021. "사회혁신 인재양성." https://www.happynarae.com/happy2/sv/sv_human.jsp(검색일: 2021. 2. 16.).

행정안전부. 2019. "국민 중심의 정부혁신을 위한 '사회적 가치'의 이해."

홍성민·김현정·김태호. 2019.『사회적 가치 실현을 위한 입법화 기초연구』. 세종: 한국법제연구원.

환경부. "지속가능발전 포털" https://www.ncsd.go.kr.

Melinda T. Tuan 지음. 조영복, 류정란 옮김. 2013.『사회적 가치 창출의 평가와 측정』. 서울: 시그마프레스.

Brandsen, Taco, Trui Steen and Bram Verschuere. 2018. *Co−production and Co−creation: Engaging Citizens in Public Services.* New York, NY: Routledge.

Fitzgerald, Hiram E., Cathy Burack, and Sarena D. Seifer eds. 2010.

Handbook of Engaged Scholarship: Contemporary Landscapes, Future Directions: Volume 1: Institutional Change. Lansing: Michigan State University Press.

Hall, Budd L. 2013. "Introduction." Hall, Budd L., Edward T. Jackson, Rajesh Tandon, Jean−Marc Fontan, and Nirmala Lall eds. *Knowledge, Democracy and Action: Community− University Research Partnerships.* Manchester: Manchester University Press. 3−16.

Hall, Budd L., Edward T. Jackson, Rajesh Tandon, Jean−Marc Fontan, and Nirmala Lall eds. *Knowledge, Democracy and Action: Community−University Research Partnerships.* Manchester: Manchester University Press.

Hunter, Susan, and Richard A. Brisbin. 2000. "The Impact of Service Learning on Democratic and Civic Values." *PS: Political Science and Politics.* 33(3): 623−626.

Hess, Charlotte and Elinor Ostrom. 2007. *Understanding Knowledge as a Commons: From Theory to Practice.* MA: Cambeidge. the MIT Press.

Jenkins, Shannon. 2010. "Service Learning and Simulations." *PS: Political Science and Politics.* 43(3): 541−545.

Jørgensen, T.B. & R. B. Bozeman. 2007. "Public Values: An Inventory." *Administration Society* 39(3): 354−381.

Lindgreen, Adam. 2019. *Public Value: Deepening, Enriching, and Broadening the Theory and Practice.* New York, NY: Routledge.

Kim, Euiyoung and Hiroki Miura. 2021. "Mapping the Social and Solidarity Economy Landscape in Asia: Setting the scene." *ILO Policy Brief.* https://www.ilo.org/global/topics/cooperatives/sse/WCMS_830306/lang—en/index.htm.

Moore, Mark H. 2013. *Recognizing Public Value.* Cambridge, MA: Harvard University Press.

Restakis, John. 2010. *Humanizing the Economy: Co−operatives in the Age of Capital.* Canada: New Publishers Societies.

Wieland, Josef. 2017. *Creating Shared Value: Concepts, Experience, Criticism.* Cham, Switzerland: Springer.

UN. 2018. *Promoting Inclusion through Social Protection: Report on the World Social Situation 2018.* New York, NY: United Nations Publication.

Utting, Peter ed. 2015. *Social and Solidarity Economy: Beyond the Fringe.* London: Zed Books.

〈첨부 자료 1〉 사회성과평가지표(SPC)의 평과 영역과 지표

사회성과 영역	사회성과 창출방식		세부 성과지표
사회서비스 성과	동일 제품의 할인/무료제공		일반시장가격 대비 할인 성과
	시장배제집단을 위해 해당 집단에 특화된 제품 및 서비스 제공		공급의사가격 대비 할인성과
	사회문제 해결의 효율성을 높일 수 있는 신규 제품 및 서비스 제공		지불의사가격 대비 할인성과
	가격 및 원가가 통제된 시장에서 품질을 높이기 위해 추가적인 생산비용 투입		일반시장 대비 품질제고 성과
고용 성과	직접 고용		고용을 통한 근로자 소득증대 성과
	경과성 일자리(이직기회)		취약계층 근로자의 일반노동시장 진입 성과
환경 성과	재사용(reuse)		소비자원 절감 성과
			환경오염 저감 성과
	재제조(remanufacturing)		소비자원 절감 성과
			환경오염 저감 성과
	재활용(recycle)		소비자원 절감 성과
			환경오염 저감 성과
	대체자원 및 대체기술의 사용		환경오염 저감 성과
	생태계 복원력 강화: 나무식재		온실가스 감축 성과
사회생태계 성과	추가 가격 지불	농산물 직거래(국내 소농)	국내 소농의 소득증진 성과
		공정무역(해외 소농)	해외 소농의 소득증진 성과
		크라우드 펀딩(단순기부형)	공익사업을 위한 기부액 증대 성과
	추가	공정무역(농업 외 공/상업)	취약국가 생산자의 소득증진

			성과
	공정여행(국내/해외)	취약지역 주민의 소득증대 성과
거래기회	크라우드 펀딩(리워드형)	공익사업을 위한 기부액 증대 성과
	고용에 준하는 일자리 기회 제공	창업 지원 등을 통한 소득증대 성과
	취약생산자에게 추가 거래기회 제공	취약생산자의 소득증대 성과
시민 공공 자산 증대	문화예술 자산보호	신진작가의 작품을 통한 소득 증대 성과
	비영리 조직 지원	공익활동 지원 성과
	시민자산 형성 및 확대	공공예산 효율성 증대 성과

출처: 사회적가치연구원. 2020. 『사회성과인센티브: 사회성과 측정 매뉴얼』.

〈첨부 자료 2〉 한국사회적기업진흥원의 사회성과지표(SVI)

관점	범주	영역	측정지표	배점
사회적 성과 (60점)	조직 미션	사회적 미션	1. 사회적 가치 추구 여부	2
			2. 사회적 성과 관리체계 구축여부	5
	사업 활동	주사업활동의 사회적 가치	3. 사업활동의 사회적 가치 지향성(비계량 지표)	15
		사회적경제 생태계 구축	4. 사회적경제기업과의 협력 수준	5
			5. 지역사회와의 협력 수준	5
		사회적 목적 재투자	6. 사회적 환원 노력도(비계량 지표)	10
	조직 운영	운영의 민주성	7. 참여적 의사결정 비율	5
		근로자 지향성	8. 근로자 임금수준	8
			9. 근로자 역량강화 노력	5

			10. 고용성과	10
경제적 성과 (30점)	재정 성과	고용창출 및 재정성과	11. 매출성과	10
			12. 영업성과	5
		노동성과	13. 노동생산성	5
혁신 성과 (10점)	기업 혁신	기업 활동의 혁신성	14. 혁신노력도(비계량 지표)	10
합계	14개 지표			100

*각 관점에 대한 설명

관점	주요 측정내용
사회적 성과	조직이 사회적 성과를 실현하기 위해서 각종 기제를 설정하고 실행하고 있는지 여부를 측정(사회적 미션의 관리, 주사업활동의 사회적 성과, 사회적 경제 생태계 구축 노력, 이윤의 사회적 목적 재투자, 조직 운영의 민주성, 근로자 지향성 등)
경제적 성과	조직이 효율적으로 인적·물적 자원을 투입하여 나타난 사업활동의 경제적인 결과를 측정(고용창출 및 재정성과, 노동성과 등)
혁신 성과	기업활동에서 제품 및 서비스의 혁신성이 제대로 발현되고 있는지 여부를 측정(기업활동의 혁신성)

출처: 한국사회적기업진흥원. "사회적 성과 측정(SVI)."

〈첨부 자료 3〉 서울형 사회적 가치 지표(S-SVI): 총 100점 만점으로 자기평가

영역	항목(각각 5점 만점 평가)	세부 지표(Y/N 평가)
미션 실천 성과 영역	1. 미션기반 기획 활동	소셜미션을 반영하여 연간 사업계획을 수립한다.
		소셜미션을 연중 구성원과 공유한다.
		소셜미션을 반영한 사업계획의 실행과정에서 중간점검을 한다.
		당해 미션실천활동의 개선필요점을 익년도 사업계획에 반영한다.

		소셜미션을 비전, 중장기 사업전략 및 사업목표 등에 반영한다.
	2. 자원 확보 활동	기업 미션 수행에 필요한 차별화된 인적자원을 확보하고 있다.
		기업 미션 수행에 필요한 차별화된 물적자원을 확보하고 있다.
		기업 미션 수행에 필요한 차별화된 지적자원을 확보하고 있다.
		기업 미션 수행에 필요한 차별화된 재무자원을 확보하고 있다.
		기업 미션 수행에 필요한 기본자원을 확보하고 있다.
	3. 민주적 운영 활동	평등한 직무수행의 역할 및 범위가 규정화 되어 있거나 운영 되고 있다.
		민주적 권한과 책임이 규정화 되어 있거나 운영되고 있다.
		민주적 소유구조가 규정화 되어 있거나 실행되고 있다.
		기업 성과에 대한 이익 분배가 규정화 되어 있거나 실행되고 있다.
		민주적 의사결정을 위한 규정이 문서화 되어 있거나 운영되 고 있다.
	4. 환경 친화적 활동	친환경 조직문화 실천계획을 수립하고 있다.
		친환경 조직문화를 권고하고 실천하고 있다.
		친환경 활동을 위하여 투자를 한 실적이 있다.
		친환경 경영활동을 통한 사업실적을 만들어냈다.
	5. 사회적 자산 확보 활동	공동구매·생산을 통해 원가관리 효과성 있는 자산을 확보하 고 있다.
		공동개선·혁신을 통해 품질관리 효율성 있는 자산을 확보하 고 있다.
		상호거래 활동을 통해 공급수요 안전성 있는 자산을 확보하 고 있다.
		공동 자원관리·시스템 구축을 통해 신뢰성 있는 자산을 확 보하고 있다.
	6. 윤리	불공정채용, 차별, 청탁, 금품/접대 제공·수수 등 조직부패

		를 방지한다.
	경영 활동	세금납부, 상품 및 서비스 개발/생산/판매 관련 법규 등을 준수한다.
		개발/생산/유통 등 사업 전개 과정에서 품질과 적정이윤을 추구한다.
		소비자와 지역사회의 피드백, 영향평가 등을 경영에 반영한다.
		재정, 경영, 윤리강령 등을 내외부에 공개하여 경영 투명성을 높인다.
	7. 사회적 성과 달성 활동	소셜미션(해결하려는 사회문제와 우리 기업의 역할)이 구체적이다.
		사회문제 해결을 위해 실현 가능한 단계별 목표를 수립한다.
		사회문제와 연관된 사회적성과에 대해 성과관리를 한다.
		해결하는 사회문제가 외부로부터 인정받고 있다.
지역 협력 성과 영역	8. 지역 협력 활동	지역협력사업을 발굴(또는 공모 참여)하여 사업을 수행하였다.
		지역협력사업을 추진하여 목적했던 결과를 창출하였다.
		지역협력사업의 추진 결과 시민 체감 및 수혜자 만족도를 높였다.
		지역협력사업의 추진결과 외부로부터 우수하다는 평가를 받았다.
	9. 공동체 성장 활동	지역협력사업에서 지역주민(시민)에게 홍보하여 인식 수준을 높였다.
		지역협력사업에서 지역주민(시민)과의 쌍방향 소통을 반영하였다.
		지역협력사업 수행 과정에서 지역주민(시민) 주체를 발굴하였다.
		지역협력사업에서 지역주민(시민)들이 조직을 구성하도록 지원하였다.
		지역협력사업에서 지역주민 조직이 추가사업을 계획하거나 실행하였다.
	10. 지역	지역협력사업에서 이해관계 조직과 간담회 등 쌍방향 소통을

		하였다.
	네트 워크 협력 활동	협력한 네트워크 조직과 추가사업을 계획·실행하였다.
		지역협력을 위한 정책 및 사업을 개발하고 관련 기관 등에 제안하였다.
		지역협력사업에서 자원을 발굴·연계, 지역 호혜적 시장을 조성하였다.
		지역협력사업 수행 과정에서 지역자산을 형성하였다.

*세부 항목에서 4개(혹은 5개)이상이 해당(Y)될 경우 5점을 부여함. 이하 세부 항목의 해당 여부에 따라 4점에서 1점을 평가하는 방식임.

출처: 서울시. 2020. 『서울형 사회가치지표 개발 및 측정연구』.

CHAPTER 02

사회적 가치, 기업의 사회적 책임 그리고 사회적 기업에 대한 경제학적 접근

02 사회적 가치, 기업의 사회적 책임 그리고 사회적 기업에 대한 경제학적 접근[1]

주병기(서울대학교 경제학부 교수)
홍현우(서울대학교 경제연구소 분배정의연구센터; 충남대학교 경제학과 교수)

I 서론

사회적 가치(social value)는 충분한 다수의 사회 구성원들이 선(善)하다고 공감하는 가치라고 정의할 수 있다. 사회적 가치를 창출하는 사회적 성과(social impact)를 추구하는 것이 정부와 공공부문을 비롯한 사회에 존재하는 다양한 규범, 제도 그리고 조직의 목적이다. 시장과 기업은 현대사회에서 가장 중요한 역할을 하는 제도와 조직이다. 기업은 상품과 서비스를 시장에 공급한다. 이러한 재화에 대하여 시장은 가격의 형태로 사회적 가치를 평가한다. 가격으로 표시되는 사회적 가치를 시장가치 혹은 경제적 가치라 한다. 기업은 이런 시장가치 이외에도 다양한 형태의 사회적 가치를 창출한다. 사회 구성원들이 필요로 하는 재화를 공급함으로써 가격을 초과하는 소비자 편익을 창출하고 고용을 통하여 직원의 복지증진과 자기실현에 기여한다. 또한 공급망의 협력업체와 그 종업원, 지역사회 등 다양한 이해관계자들의 복지증진에도 기여한다. 기업과 소비자의 윤리적 생산과 윤리적 소비는 시장에서 거래될 수 없는 다양한 공공선을 창출하기도 한다.

시장가격은 재화의 소비자 편익과 생산비용에 의해 결정된다.[2] 가격을

---

1) 본 장은 필자의 선행연구, 조원기·주병기·홍현우(2018), 주병기(2016), 주병기(2017), 홍현우·주병기(2016, 2017, 2021)의 내용을 재구성하여 작성되었다. 본 장의 연구는 서울대학교 경제연구소 분배정의연구센터의 지원을 받아 진행되었다.

2) 독과점이 없는 이상적인 시장에서 시장가격은 단위 소비에서 발생하는 소비자 편익의

초과하는 소비자의 순편익을 소비자 잉여(consumer surplus) 그리고 생산비용을 초과하여 기업이 얻는 금전적 순이익을 생산자 잉여(producer surplus)라고 부른다. 양자의 총합을 사회적 잉여(social surplus) 혹은 시장잉여(market surplus)라 부른다. 소비자 잉여와 생산자 잉여는 재화가 거래되는 시장에서 영리추구를 위한 소비와 생산의 결과로 발생하는 사회적 가치이다. 개별 소비자 잉여를 추구하는 소비자의 경제활동과 개별 생산자 잉여를 추구하는 기업의 경제활동이 결합되어 시장잉여를 창출한다. 시장에서 거래되는 재화의 수요와 공급을 매개로 창출되므로 소비자 잉여와 생산자 잉여 모두 시장성 있는(marketable) 사회적 가치라 할 수 있다.

통상적인 시장경제에서 기업은 영리를 추구하고 소비자는 재화의 소비에서 얻어지는 개인적 편익을 추구한다. 이런 시장경제에서, 장애인을 고용하는 기업활동이 창출하는 장애인 재활이라는 사회적 가치는 소비자 잉여나 생산자 잉여 어디에도 포함될 수 없다. 이처럼 어떤 재화의 소비와 생산을 통해 발생하는 시장잉여에 속할 수 없는 사회적 가치를 시장성 없는(non-marketable) 사회적 가치라 할 수 있다.[3] 본 장에서는 이렇게 시장성 없는 사회적 가치를 추구하는 민간 기업을 사회적 기업이라 하고 이런 사회적 기업의 집합체를 사회적 경제라 할 것이다.[4]

최솟값과 단위 생산에 필요한 생산자 비용의 최댓값을 나타낸다. 독과점이 있을 경우에도 가격은 단위당 소비자 편익의 최솟값과 단위당 생산자 비용의 최댓값 사이에서 결정된다.

3) 소비자가 사회적 가치라는 편익을 재화의 소비를 통해 얻을 수 있는 이타적 소비자를 고려한 시장경제에서도 장애인 재활이라는 사회적 가치가 소비자의 편익의 형태로 소비자 잉여의 일부를 설명할 수 있지만 장애인 재활(고용된 장애인들의 재활로부터의 복지 증진) 그 자체는 소비자 잉여와 독립적으로 존재하는 사회적 가치인 것은 마찬가지이다. 따라서 이타적 소비자를 고려한 시장경제에서도 여전히 시장성이 없는 사회적 가치라 할 수 있다.

4) '사회적 경제'라는 용어는 사회적 기업, 협동조합 등 특정 형태의 기업조직을 의미하는 경우가 있다. 본 장에서 '사회적 경제'는 이들 기업형태 뿐 아니라, 공공의 이익과 공동체의 발전을 도모하는 사회적 가치를 추구하는 모든 경제주체를 의미한다. 현재 국회에 제출되어 있는 「사회적경제기본법안」 역시 "양극화 해소, 양질의 일자리 창출과 사회서비스 제공, 지역공동체 재생과 지역순환경제, 국민의 삶의 질 향상과 사회통합 등 공동체 구성원의 공동 이익과 사회적 가치의 실현을 위하여 사회적경제조직이 호

기업의 사회적 책임(corporate social responsibility, CSR)은 글로벌 기업의 표준으로 자리 잡고 있다. 최근에는 기후위기에 대응하기 위해 환경, 사회, 지배구조를 뜻하는 ESG 성과를 중심으로 구체화되고 있는 추세이다. 기업의 사회적 책임은 시장성 없는 사회적 가치를 창출하는 기업 활동을 통해 실현되는 것이 일반적이다. 따라서 영리기업의 CSR 경영은 사회적 기업 경영과 유사한 측면이 있다. 그러나 CSR 경영은 근본적으로 기업의 영리적 성과를 위한 전략으로 보아야 한다는 것이 CSR에 대한 학계의 연구가 강조하고 있는 점이다.

본 장에서는 사회적 기업의 활동과 영리기업의 CSR 경영을 비교·검토하고 사회적 가치를 강조하는 기업경영의 경제학적 의의에 대하여 살펴볼 것이다. 특히 영리기업으로 이루어진 시장경제와 사회적 기업(혹은 CSR 경영)이 포함된 시장경제의 자원배분을 사회후생을 기준으로 비교하여 후자의 우월성을 제시하는 것이 본 장의 핵심이다. 바로 이것이 사회적 경제에 대한 정책적 지원의 근거라 할 수 있다. 본 장에서는 정부와 민간의 사회적 기업 지원 정책 사례에 대한 실증분석 결과를 비교하고 정책의 실효성을 높이기 위한 시사점을 도출할 것이다.

ⅠⅠ   기업의 사회적 책임과 사회적 가치

다국적 의류회사 ZARA, Walmart, Benetton, Mango, H&M 등의 핵심 공급망 방글라데시 다카(Dhaka)지역 공장의 붕괴로 인한 공장 노동자 참사, 나이키의 파키스탄 아동 노동 착취 사건, 석유기업 BP의 석유시추시설 딥워터 호라이즌호 폭발로 인한 멕시코만 원유 유출과 환경재앙 등 초국가적 기업 활동의 비윤리성과 그 사회적 폐해가 지속적으로 발생하고

혜협력과 사회연대를 바탕으로 사업체를 통해 수행하는 모든 경제적 활동"이라고 정의하고 있다.

있다. 이처럼 수많은 대형 사고들이 이어지는 것을 경험하면서 국제사회의 자성과 기업의 사회적 책임의 중요성에 대한 소비자 의식이 확산하였다. 그리고 기업은 단순히 이윤을 추구할 뿐만 아니라 사회가 요구하는 규범과 책임을 지켜야 한다는 공감대가 형성되었다. 사회적 규범에 반하는 기업에 대한 소비자와 시민 단체의 불매운동과 조직적 기업비판 행동은 기업에 심각한 타격을 가하는 위협이 되었고 기업이 자발적으로 사회적 책임(CSR)에 관심을 가질 수밖에 없는 환경이 형성되었다. 1990년대 이후 글로벌 기업들에 대한 신뢰성 위기와 시민사회의 영향력 확대 등으로 인하여 기업의 사회적 책임은 한층 더 중요한 문제로 부각하였다(KOTRA 2018).

기업과 사회는 독립된 존재가 아니고 서로 밀접히 연관되어 있다는 점에서 기업의 사회적 책임의 중요성이 인정된다(Wood 1991). 따라서 다양한 분야에서 CSR에 대한 연구가 진행되었다. 초기 연구는 CSR이 존재해야 하는지에 대한 당위성의 문제에 대해서 중점적으로 다뤘으나 최근 연구는 기업이 왜 CSR을 추구하는지 그리고 CSR이 사회에 어떠한 영향을 미치는지를 다루고 있다(Kitzmueller · Shimshack 2012). 사회적 책임은 사회통념적 규범을 반영한다는 점에서 사회적 가치의 일부로 볼 수 있다. 본 절에서는 CSR의 정의와 기업의 CSR 활동과 기업의 경제적 성과와의 관계에 대한 연구결과들을 개관할 것이다.

1. 기업의 사회적 책임이란?

CSR의 정의에 있어서 통일된 견해는 아직 존재하지 않는다. CSR의 본질에 대한 포괄적인 정의에서부터 실증적 연구에서 자료를 바탕으로 내리는 협의의 정의에 이르기까지 다양한 견해가 존재한다.5)

---

5) 기업의 사회적 책임에 대한 정의는 Howard R. Bowen의 저서 『Social responsibility of the businessman』(1953)에서 처음 이뤄진 것으로 받아들여지고 있다(Carroll 1979).

CSR에 대한 가장 극단적인 보수주의는 오직 이윤을 추구하는 책임만을 강조하는 밀턴 프리드만의 입장이다. Friedman(1970, 2007)은 주주의 이익에 반하는 경영자의 다른 어떤 사회적 책임에 대해서도 부정적인 입장을 취했다. CSR에 대한 다양한 접근을 체계화하기 위해 Carroll(1979)은 경제적, 법적, 윤리적, 재량적 책임이라는 네 가지 범주를 구분하였다.[6] 경제적 책임이란 시장에서 재화 및 서비스를 생산하고 판매하여 이익을 창출하는 가장 기본적인 기업의 경제적 역할에 관한 책임을 말한다. 법적 책임은 경제적 활동을 수행함에 있어서 법과 규제의 영역에서 요구되는 책임을 말한다. 윤리적 책임은 법에 명문화되지 않았지만 사회에 통용되는 윤리에 의해 부여된 책임을 말한다. 마지막으로 재량적(discretionary or volitional) 책임은 기업이 자율적으로 부여하는 책임을 의미한다.

Wood(1991)는 기업의 사회적 성과를 측정하기 위해서 CSR 원칙[7], CSR 절차(processes of corporate social responsiveness), 그리고 CSR 결과(outcomes of corporate behavior)를 종합적으로 고려해야 한다고 주장했다. CSR 원칙은 제도(institutional), 조직(organizational), 개인(individual)적 측면에서 접근할 수 있다. 제도의 관점에서 합법성이 요구되는데 이는 모든 기업이 법적 한도 내에서 행위를 할 수 있다는 것이다. 조직의 관점에서 요구되는 공적 책임은 기업이 자신의 활동으로 인한 결과에 책임을 져야 한다는 것이다. 기업 활동으로 인한 부정적 외부성을 줄이기 위해 노력하는 것이 공적 책임의 예이다. 경영자 개인의 관점에서 경영자 재량에 의한 책임은 Carroll(1979)의 재량적 책임과 같은 의미로 이해할 수 있다.

Windsor(2006)는 CSR을 경영자가 공공정책과 사회적 문제들을 어떻게 다뤄야 하는지에 대한 개념으로 이해하고, 윤리적 측면과 경제적 측면에서 접근하였다. 윤리적 CSR은 경제적·법적 의무에 순응하는 것과 재량적 활

---

6) Carroll은 네 가지 책임은 서로 배타적이지 않고 중첩되는 부분이 있다고 하였다.
7) Swanson(1995)은 Wood(1991)가 제시한 CSR 원칙은 경제적 측면에 집중되어있음을 지적하고 경제적 측면과 도덕적 측면을 포괄하는 원칙이 필요하다고 하였다.

동 사이에 존재하는 것으로 상황에 따라 다양한 기준이 적용될 수 있으므로 보편적인 기준은 존재하지 않는다. 경제적 CSR은 Friedman(1970)의 부정적 견해가 대표적이었지만, 2000년대에 들어서 CSR에 대한 시장 및 정치적 수요 증대(Baron 2001) 및 장기적 관점의 이윤극대화(Jensen 2002) 등이 논의되면서 재조명되기 시작했다.[8]

CSR은 경제적 관점과 윤리적(혹은 의무론적) 관점을 모두 포함하는 것으로 인식되고 있지만, 두 가지 관점을 포괄하는 개념을 만드는 것은 쉽지 않다. Swanson(1995)은 두 가지 관점을 통합하는 것도 중요하지만, 의무의 이행이 비용측면에서 비효율성을 야기할 수 있음을 간과해서는 안 된다고 하여 통합이 쉽지 않음을 지적하였다.

학계의 CSR에 대한 다양한 견해와 같이 국제기구들도 다양한 방식으로 CSR을 규정하고 있다. 남영숙(2011)은 이런 다양한 정의를 <표 2-1>과 같이 정리하였다. 국제기구들이 공통적으로 강조하는 CSR은 제도적·법적 책임을 넘어서는 윤리적 책임에 있다는 것을 알 수 있다. 경제적 관점과 독립적으로 기업이 광범위한 이해관계자들에게 미치는 영향에 대한 자발적 책임을 강조하고 있다. 법과 제도 혹은 사회관습에 의하여 공식적으로 강제되거나 비공식적 구속력이 존재하는 책임이 아니라 외적인 강제 혹은 구속력 없이 자발적으로 이루어지는 활동을 강조한다.

표 2-1 ▍ 국제기구의 기업의 사회적 책임에 대한 정의

국제기구	용어	정의
UNCTAD	CSR	기업이 사회의 요구와 목표에 어떻게 대응하고 영향을 미치는가에 관한 것
OECD	CR	기업과 사회와의 공생관계를 성숙시키고 발전시키기 위해 기업이 취하는 행동

---

8) Windsor(2006)는 이처럼 2000년대에 등장한 견해들에 대해 경제적 조망이 재부상(revived economic perspective)한 것이라 주장하였다.

EU집행위원회	CSR	사회에 미치는 영향에 대한 기업의 책임
ILO	CSR	기업이 법적 의무를 넘어 자발적으로 전개하는 이니셔티브이며 기업 활동이 모든 이해관계자에게 미치는 영향을 검토할 수 있는 방식
ISO (국제표준화기구)	SR	조직이 경제·사회·환경 문제를 사람·지역공동체 및 사회에 혜택을 줄 수 있도록 추진하는 활동
WBCSD (지속가능발전 세계기업협의회)	CSR	직원·가족·지역사회 및 사회전체와 협력하여 지속가능한 발전에 기여하고 이들의 삶의 질을 향상시키고자 하는 기업의 의지

주: 남영숙(2011)에서 인용함(p.14).

기업의 CSR 성과는 이해관계자와 지역사회 구성원들에 대해 공공재(public goods)와 같은 효과를 발생시키는 경우가 많다. 그래서 많은 연구자들이 공공재 공급의 크기를 통해 CSR을 정량화하고 있다(Arora·Gangopadhyay 1995; Baron 2001, 2009; Bagnoli·Watts 2003; Kotchen 2006; Besley·Ghatak 2007; Calveras et al. 2007). 공공재 공급은 공공재의 직접적 공급은 물론이고 공공악(public bads)의 저감(친환경 기술도입으로 인한 환경오염정도 감소, 즉 부정적 외부성의 감소)도 포함한다. Baron(2007, 2008)은 이윤을 사회적 목적에 사용하는 것이라고 CSR을 정의하였고, McWillams·Siegel(2001)은 기업에 이익이 되거나 법적으로 강제되는 수준 이상으로 사회적 선(social good)을 향상시키는 활동으로 CSR을 정의하였다. 사회적 선을 사회후생으로 본다면 Matsumura·Ogawa(2016)에서처럼 CSR을 추구하는 기업의 목적은 이윤뿐만 아니라 사회후생(이윤과 사회후생의 가중 합)을 반영하게 된다.[9]

실증연구에서 CSR을 정량적으로 다룬 방식을 살펴보면, 우선 기업의

---

9) Matsumura·Ogawa(2016)는 사회적 책임을 행하는 기업의 목적함수를 이윤과 사회후생의 가중평균으로 정의하였는바, 이는 기존의 부분 민영화된 공기업의 목적함수와 동일하므로 CSR과 부분 민영화된 공기업의 차이를 부각시키지 못했다는 점이 한계로 지적될 수 있다.

사회적 성과(corporate social performance; 이하 CSP)[10]와 경제적(혹은 재무적) 성과(corporate financial performance; 이하 CFP)의 관계를 메타 분석을 통해서 살펴본 연구에서 Orlitzky et al.(2003)은 CSP를 환경적 성과와 그 밖의 성과로 구분하였고 Margolis et al.(2009)은 기업정책(설리반 원칙 채용[11], 저소득계층 우대 등), 기업공개 정도, 환경적 성과, 인도적 행위(기부 및 자선단체 설립 등), 부정행위관련 적발(벌금, 유죄판결, 비자발적 리콜 등) 등 분야별 CSP와 기업의 자체평가(self – reported), 외부자 평가, 외부기관의 자체 기준에 따른 지표, 뮤츄얼 펀드 포함 여부 등 광범위한 CSP로 구분하였다. 이밖에도 Brown · Dacin(1997)은 기업의 사회적 기부(corporate giving) 및 지역사회 참여(community involvement)를, Sen · Bhattacharya(2001)는 기업의 다양성 촉진 노력(여성, 소수자, 장애자 우대정책 등)을, Brammer · Millington(2008)은 자선 기부를 CSR의 대리 변수(proxy)로 이용하였다. 또한 CSR 지표를 이용한 연구들도 많은데 대표적인 지표로 Fortune Corporate Reputation Index와 Kynder, Lydenburg, and Domini(KLD)의 KLD 지수[12]가 있다. 전자를 활용한 연구로 Stanwick · Stanwick(1998)[13]이 있고 후자를 활용한 연구로 Hillman · Keim(2001), Siegel · Vitaliano(2007), Chatterji et al.(2009), Barnett · Salomon(2012), Lins et al.(2017) 등이 있다. 국내 연구에서는 CSR 성과자료로 경제정의지

---

10) 많은 실증연구에서 CSP를 CSR의 대리변수로 사용하고 있다. 하지만, CSR과 CSP는 상이한 개념으로 CSR은 CSP을 구성하는 일부분이라는 견해(Wood 1991)도 존재한다.

11) 설리반원칙(Sullivan principles)은 1977년 남아프리카 공화국에서 활동하고 있는 미국 기업들이 인종차별을 하지 못하도록 하기 위한 목적으로 만들어졌다. 그 후, 설리반원칙은 기업이 사업 활동을 함에 있어서 인권과 노동시장 참여의 기회를 보장하는 것은 물론이고 경제적, 사회적, 정치적 정의를 실현할 것을 요구하는 것으로 확대되었다.

12) KLD는 미국의 사회책임경영 투자자문회사이다. 기업의 환경 · 사회 · 지배구조(ESG)이슈를 반영하는 MSCI KLD 400 Social Index는 대표적인 사회책임투자지수(socially responsible investing index)로 알려져 있다.

13) Stanwick · Stanwick(1998)이 사용한 Fortune Corporate Reputation Index는 경영방식, 상품(서비스)의 질, 혁신, 장기투자가치, 재정건전성, 인재 유치 · 발굴의 능력, 자산의 올바른 사용, 사회 및 환경에 대한 책임이라는 8가지 요소를 반영하여 산출되었다.

수(KEJI Index: Korea Economic Justice Institute Index)[14]를 사용한 연구가 상당수 존재한다(장지인·최헌섭 2010; 허미옥·정기한 2010; 신민식 외 2011; 한경희·이계원 2013; 변선영·남현정 2016 등).

2. 사회적 책임 경영과 영리적 성과

CSR 활동과 이윤과 같은 영리적 성과와의 관계에 대하여 전통적인 경제이론은 양자 간의 상충적 관계를 강조하였다. 그러나 최근 이해관계자의 지원에 의한 지속가능한 경영, CSR의 기업 전략적 효과, 장기적 이윤극대화 등의 관점에서 CSR의 필요성이 제기되고 있다.

McWillams et al.(2006)은 CSR에 대한 다양한 이론적 접근방식을 정리하였다. 첫째, 대리인 이론(Agency Theory)으로 CSR 활동은 경영자 자신을 위한 행동으로 주주가치를 하락시킨다는 Friedman(1970)의 견해이다. 둘째, 이해관계자 이론(Stakeholder Theory)이다(Freeman 1984; Donaldson·Preston 1995; Jones 1995 등). 이해관계자 이론에 따르면, 기업은 사회적 책임을 행함으로서 다양한 구성원(근로자, 소비자, 공급자, 지역공동체 등)의 욕구를 충족시키고 그들의 지지를 받아 기업 활동을 지속할 수 있다. 셋째, 자원기반 기업이론(Resource−based view of the firm)이다(Wernerfelt 1984; Barney 1991, Hart 1995 등)은 동질적인 자원을 가진 조직으로서 기업이 지속적인 경쟁우위를 확보하기 위해서는 기업 자원의 대체불가능성을 강화하는 것이 필요하며, CSR 활동이 바로 자원의 대체불가능성을 강화하는 수단이 될 수 있다는 이론이다. 기업의 이윤을 창출하기 위한 사회적 책임활동, 즉 전략적 CSR도 이와 같은 맥락에서 이해할 수 있다(Baron 2001; McWilliams·Siegel 2001).

---

14) 경제정의지수는 경제정의실천시민연합 산하의 경제연구소가 기업의 사회적 책임을 재무적 성과와 함께 객관적인 수치로 나타낸 것으로 평가항목과 방식의 일부가 수정되기도 한다. 2017년 경제정의지수에는 건전성, 공정성, 사회공헌도, 소비자보호, 환경경영, 직원만족의 측면이 반영되었다(경실련 경제정의연구소 2017).

Bénabou · Tirole(2010)은 CSR 활동에 대해서 세 가지 유형을 제시하였다. 첫째는 장기적 이윤극대화를 위해 이루어지는 CSR 활동이다. 둘째, 이해관계자들을 대리하여 이루어지는 독지활동(philanthropy, charity)으로서 CSR이다. 마지막은 기업 내부적으로 결정된 독지활동으로서 CSR이다. 첫째와 둘째는 모두 CSR과 기업의 영리적 성과와의 양립가능성을 말해준다. 둘째의 경우 기업의 이해관계자들이 개인적으로 독지활동을 하는 것보다 기업을 통한 독지활동이 정보, 거래비용, 전문성, 효율성 등 다양한 측면에서 우월하기 때문에 CSR이 행해지고 이런 이해관계자들을 대표하는 독지활동이 장기적 지속가능성에 긍정적인 영향을 미친다. 그러나 기업 내부적으로 경영자나 이사회의 선호로 결정되는 독지활동은 영리 측면에 부정적인 영향을 준다.

3. CSR에 대한 실증연구 동향

CSR 활동이나 기업의 사회적 성과(corporate social performance, CSP)와 기업의 영리적 성과와의 관계 그리고 CSR이 이해관계자에 미치는 영향 등에 대하여 많은 실증연구들이 진행되었다. 이 연구들에서 사용된 CSR 혹은 CSP의 척도는 앞서 말했던 포춘의 기업평판지수(Fortune's Corporate Reputation Index), KLD 지수, 한국의 KEJI 지수 등이다.[15]

CSR과 재무적 성과에 대한 연구는 CSR 활동이 기업의 비용으로 작용하여 기업 가치를 저하시키는지 아니면 투자로 작용하여 기업 가치를 증가시키는지 살펴보는 것이 주요한 목적이다.

Stanwick · Stanwick(1998)은 CSP를 포춘의 기업평판지수를 이용하여

---

15) 각 지수가 CSR의 대리변수로서 타당한지 여부는 CSR관련 실증분석을 위한 선결문제이다. Chatterji et al.(2009)은 CSR에 대한 평가는 사회적 가치 투자자들에게 올바른 정보를 제공하여 비대칭정보 상황을 해소하는 역할을 할 수 있다고 주장하며, KLD Index가 기업의 환경관련 성과를 정확하게 측정하는지를 논의하였다. Bénabou · Tirole(2010)은 사회적 가치의 다양한 측면이 존재하는 경우, 사회적 가치를 통합적으로 고려하는 과정에서 문제가 발생할 수 있다고 지적하였다.

측정하고 CSP와 기업의 규모, 재무적 성과, 환경적 성과(오염물질 배출의 정도)의 관계를 살펴보았다. 5년의 조사기간(1987~1992)동안 재무적 성과는 CSP에 긍정적인 영향, 기업의 규모는 1989년을 제외하고는 긍정적인 영향을 주는 것으로 나타났으나 환경적 성과는 2개년도(1987, 1990)에는 부정적 영향, 나머지 연도에는 유의한 영향이 없는 것으로 나타났다고 보고하였다.

Hillman · Keim(2001)은 KLD 지수를 이용하여 CSP와 주주가치창출과의 관계를 살펴보았다. 전년도 대비 금년도의 자본초과시장가치(시장가치-자본)의 증가를 주주가치창출로 측정하고, CSP를 이해관계자와의 직접적 연관성을 기준으로 이해관계자 경영과 사회문제참여의 두 측면으로 분류하였다.16) CSP는 주주가치창출에 시차를 두고 영향을 줄 것이라고 가정한 후, 이해관계자 경영은 주주가치창출에 긍정적인 영향을 주었으나 사회문제참여는 부정적인 영향을 준다는 결과를 얻었다.

Brammer · Millington(2008)은 CSP를 기업의 기부활동에 한정하고, 기업의 재무적 성과(CFP)는 기업의 주가, 배당, 무위험자산의 수익률 등으로 측정하였다. 매출액 대비 기부활동의 비율은 기업 규모, R&D 비중, 이윤, 광고 집중도, 노동집약도(전체비용에서 노동비용이 차지하는 비율), 레버리지 정도, 현금보유량, 배당수준 등의 영향을 받았고 CSP와 CFP는 U자형의 관계를 보여, CSP가 낮을 때는 CSP가 증가할수록 CFP는 감소하나 CSP가 일정 수준 이상이 되면 CSP가 증가할수록 CFP도 증가하는 것으로 나타났다. CFP를 단기(1년)와 장기(10년)로 구분하면, 단기의 경우에는 CSP가 낮은 기업의 CFP가 가장 높게 나타났으나 장기에는 CSP가 높은 기업의 CFP가 가장 높게 나타나 CSP가 CFP에 미치는 영향은 기간에 따라 상이하다고 하였다. 다만, 저자들은 CSP에 다양한 측면을 포함하지 못한 점과 인과관계에 대한 결론은 내릴 수 없다는 점을 연구의 한계로 지

---

16) 이해관계자경영에는 고용관계, 다양성 문제, 지역사회와의 관계, 환경문제 등이 포함되고 사회문제참여에는 술, 담배, 도박, 무기 관련 사업여부 등이 포함된다.

적하였다.[17)

Barnett · Salomon(2012)은 KLD 지수를 이용하여 CSP를 측정하고, 경제적 성과를 자산수익률(순이익/총자산)과 순이익으로 측정하였다. 종업원수, 부채비율, R&D 및 광고 비중을 통제하고 CFP의 자기회귀(AR(1) process)를 가정하는 경우, CSP와 CFP는 Brammer · Millington(2008)의 연구와 같이 U자형의 관계를 갖는다고 하였다. U자형의 관계는 초기에는 CSP 활동으로 인한 비용이 이득보다 크지만, 장기적으로는 비용보다 CSP를 통한 이윤이 크다는 것을 지지하는 결과라고 주장하였다.

Lins et al.(2017)은 사회적 투자를 통해서 형성되는 기업과 이해관계자의 신뢰에 부정적인 충격이 발생한 상황을 고려하여 CSR이 기업의 영리적 성과에 미치는 영향을 살펴보았다. 예견되지 못한 부정적 충격을 고려하기 위해 금융위기 기간(2008. 8~2009. 3)을 대상으로 연구하였다. 금융위기 기간 동안 CSR은 기업의 이윤에 긍정적인 영향을 주었고, 금융위기가 지난 후에도 CSR은 영업이익률, 총마진률, 판매성장률 등에 유의한 영향을 주었으나 그 정도는 금융위기 기간 동안과 비교할 때 더 작은 것으로 나타났다. CSR의 영향이 평상시 보다는 위기상황에서 더 크다는 것을 보여주는 연구이다.

국내에서도 CSR과 재무적 성과에 대한 많은 연구가 이뤄졌다. 장지인·최헌섭(2010)은 KEJI 지수를 이용하여 CSR을 측정하고, CSR과 회계수익률, 기업가치(토빈의 Q), 자본비용의 관계를 연구하였다. 총자산, 부채비율, 산업을 통제한 회귀분석(OLS) 결과, CSR은 회계수익률 및 기업 가치와 양의 관계를, 자본비용과는 음의 관계를 가진다고 보고하였다.

허미옥·정기한(2010)도 KEJI 지수를 이용하여 CSR을 측정하고, CSR과 기업 가치의 관계, 매개변수로서의 기업 명성에 대해 연구하였다. 부채비율, 외국인투자자지분율, 최대주주지분율, 자기자본순이익률, 총자산, 무형

---

17) Waddock · Graves(1997)는 CSR과 CSP는 서로 영향을 주는 관계라고 해석하였다.

자산비율, 산업, 연도를 통제한 회귀분석(OLS) 결과, CSR은 기업 명성과 기업 가치에 긍정적 영향을 주는 것으로 나타났다. 또한, CSR과 기업 가치의 관계에서 기업 명성의 매개효과가 존재함을 보였다. 즉, CSR 수준이 높을수록 기업 명성이 증가하고 증가된 기업 명성은 기업 가치를 증가시킨다고 볼 수 있다.

신민식 외(2011)는 기업의 CSR 지출이 기업 가치에 미치는 영향에 대해 연구하였다. 매출액성장률, 수익성 비율, 레버리지 비율, R&D투자 비율, 기업규모 및 연령, 산업더미 등을 통제하고 고정효과모형을 통해 회귀분석한 결과, 기업의 기부금 지출과 기업 가치는 역U자형의 비선형 관계가 나타난다고 보고하였다.[18]

변선영·남현정(2016)은 기업의 글로벌화와 CSR 활동이 기업 가치에 미치는 영향을 분석하였다. 글로벌화는 매출액 대비 수출액으로, CSR은 KEJI 지수로, 기업 가치는 토빈 큐를 이용하여 측정하였고, 총자본, 레버리지, 성장성, 자산이익율를 통제하고 고정효과모형을 이용한 회귀분석을 진행하였다. 분석결과 글로벌화와 기업 가치는 역U자형의 관계를 가지며, 글로벌 기업의 CSR은 기업 가치에 긍정적인 영향을 준다고 보고하였다.

앞서 살펴본 것처럼, 다수의 연구들은 CSR과 CFP는 양의 상관관계를 가지는 것으로 보고하고 있다.[19] CSR이 기업에 미치는 영향은 장기적으로 판단할 필요성이 있으므로 Brammer·Millington(2008)과 Barnett·Salomon(2012)의 연구 방식은 주목할 가치가 있다. 국내에서도 장기적 관점에서 CSR과 CFP의 관계를 다루는 연구가 이뤄져야 할 것이다.

Brown·Dacin(1997)은 CSR을 중요한 사회 문제에 대한 기업의 특성

---

18) 대기업과 중소기업으로 분류하는 경우 역U자형의 관계가 모두 관측되었으나, 재벌기업과 비재벌기업으로 분류하는 경우 재벌기업의 사회적 기부금 지출은 기업 가치에 영향이 없는 것으로 나타나 재벌효과가 존재한다고 하였다.

19) Orlitzky et al.(2003)은 52개의 연구를 바탕으로 CSP와 CFP가 긍정적 상관성을 갖고, CSP를 환경적 성과와 그 밖의 성과로 나누는 경우 전자의 경우 상관성이 낮아진다고 하였다. Margolis et al.(2009)도 1972년부터 2007년 사이에 214개의 연구를 바탕으로 메타분석을 하였고 CSP가 CFP에 미치는 효과는 긍정적이지만 크지는 않다고 하였다.

(인식 내지는 태도), 즉 자선사업과 지역사회 참여 등으로 정의한 후, 소비자에게 CSR 활동을 제시하고, 소비자는 해당 기업과 기업 제품에 대해 어떻게 인식하고 있는지 설문조사를 진행하였다. 구조방정식 모형에서 CSR은 기업의 평판에 긍정적인 영향을 주는 것으로 나타났고, 기업 평판이 기업 제품에 미치는 효과를 통해서 CSR이 소비자의 기업제품에 대한 평가에 긍정적인 영향을 준다는 결론을 얻었다.[20)]

Sen·Bhattacharya(2001)는 CSR을 기업의 다양성 촉진 노력[21)]으로 이해하고 CSR이 소비자에게 미치는 영향을 설문조사를 통해 분석하였다. 부정적인 CSR의 경우 모든 소비자가 기업 평가에 반영하였으나 긍정적인 CSR의 경우 CSR을 지지하는 소비자만이 기업 평가에 반영하는 것으로 나타났다. 또한, CSR은 소비자의 제품구매의도에도 직·간접적으로 영향을 주는 것으로 나타났다. 한편, 소비자가 CSR을 지지하는 정도와 기업이 행하는 CSR수준의 일치정도에 따라서 CSR이 소비자에게 미치는 효과도 상이한 것으로 나타났다.

Giuliano et al.(2017)은 근로환경 측면에서 CSR을 정의하였다. 즉, 일자리 특성에 맞는 근로자 채용여부(특히, 교육수준 관련한 매칭문제), 성별 또는 나이 등으로 인한 근로자간 차별 여부, 정규직 고용 여부를 기준으로 CSR을 측정하고 CSR과 근로자 생산성의 관계를 살펴보았다. 세 가지 기준의 CSR이 과잉학력자(over-educated worker)의 생산성에 미치는 효과를 각각 살펴본 결과, CSR을 행하는 기업의 경우 그렇지 않은 경우에 비하여 과잉학력자의 생산성이 높게 나타났다. 이를 바탕으로 CSR을 통한 근로환경 개선은 근로자의 생산성에 긍정적인 효과를 준다고 하였다.

소비자가 제품의 품질을 언제, 얼마나 정확히 인식할 수 있는지 여부에 따라서 탐색재, 경험재, 신뢰재(credence goods)로 구분할 수 있다. 제

---

20) 설문조사에서 실재하는 기업을 사용한 경우와 가상의 기업을 사용한 경우 기업 평판이 기업 제품에 미치는 효과가 달랐고 저자들은 맥락효과(context effect)때문에 결과의 차이가 발생하였다고 하였다.

21) 소수자에 대한 교육지원, 소수자가 소유한 회사의 제품 우선 구매 등이 해당한다.

품을 사용하기 전에 소비자가 제품의 품질을 정확히 파악할 수 있으면 탐색재에 해당하고, 제품을 사용한 후에 비로소 제품의 품질을 파악할 수 있으면 경험재에 해당하며, 제품을 사용한 후에도 제품의 품질을 정확히 파악할 수 없다면 신뢰재에 해당한다.

Siegel · Vitaliano(2007)는 제품의 특성에 따라 CSR정도가 다르게 나타나는지를 분석하였다. 경험재와 신뢰재를 판매하는 기업의 경우 탐색재를 판매하는 기업보다 CSR정도가 더 높게 나타날 가능성이 크다는 것을 발견하였고 소비자와 기업이 비대칭정보 상황에 놓인 경우 CSR이 기업 평판을 높여 기업에 대한 소비자의 신뢰를 얻는 수단으로 작용하므로 이 결과는 전략적 CSR이론을 지지하는 근거라고 볼 수 있다.

4. 영리기업의 CSR과 사회적 기업의 사회적 성과

영리기업의 주된 역할은 재화의 공급을 통하여 소비자와 생산자 잉여라는 시장성 있는 사회적 가치를 창출하는 것이다. 그러나 이와 함께 CSR 경영을 통하여 시장성이 없는 다양한 사회적 가치도 창출한다. 최근 기업 경영보고에 CSR을 포함시키는 기업의 비율이 급격히 높아졌다. 2016년 Fortune 500 기준 세계 최대 250개 기업들을 기준으로 이루어진 2017년 조사에서, 78%가 기업 경영보고에 CSR을 포함시키는 것으로 나타났다. 이 비율이 2011년 44%였던 것에 비추어 볼 때 빠르게 상승한 것을 알 수 있다(KPMG 2017). 미국의 상위 100개 기업의 경우 2015년에 30%만이 재무보고에 CSR을 포함하였는데 2017년에는 두 배를 훌쩍 넘어 81%의 기업이 CSR을 포함하였다(KPMG 2017).

영리기업들이 CSR경영을 통하여 추구하는 사회적 가치에는 공정무역, 환경보호, 취약계층의 복지, 공공재 공급, 사내 복지와 문화를 통한 직원들의 삶의 만족도 증진, 지역공동체 지속성과 유대 강화 등 다양한 종류가 있다. 그러나 이처럼 CSR을 통해 영리기업이 사회적 목적 달성을 추구하는 것은 그 자체가 목적이라기보다는 장기적인 기업이익 극대화와 기업의 지속가능성을 위한 전략의 일환으로 보아야 한다. 앞에서 살펴보았던 CSR 에 대한 많은 실증연구들이 사회적 가치를 추구하는 CSR 경영과 기업의 장기적 이익과의 상관관계를 보여주고 있다. 따라서 영리기업의 CSR 경영을 통해 창출되는 사회적 가치의 영역과 비중은 영리적 목적을 훼손하지 않는 범위로 제한될 수밖에 없다. 바로 이 점에서 사회적 기업과 영리기업이 구분될 수 있다. 사회적 기업은 사회적 가치 그 자체를 목적으로 하므로 영리적 성과에 반하는 영역까지도 포괄할 수 있고 사회적 가치 창출이 기업 활동에서 차지하는 비중도 확연히 높다.

소비자들의 윤리적 소비의식과 환경에 대한 관심이 높아질수록 장기적 영리추구의 관점에서 CSR 경영의 전략적 가치도 높아지고 영리기업의 CSR 경영이 일반화될 수밖에 없다. 영리기업이 도덕적 가치, 자유와 평등의 가치, 환경의 가치 등 다양한 영역에서 시장성 없는 사회적 가치를 창출하게 되는 것이다. 이처럼 CSR의 영역이 확대될수록 기업활동과 성과만으로 영리기업과 사회적 기업을 구분하는 것은 어려워질 것이고 이렇게 구분할 필요성도 줄어들 것이다.

Ⅲ 사회적 기업과 사회적 성과지원의 효과

1. 사회적 기업이란?

사회적 기업(social enterprise)은 사회적 기업가 정신을 바탕으로 기존의 영리기업과는 다른 사업모형을 개발하고 이윤을 창출하는 동시에 "사회적 가치"를 실현한다(Alter 2007). 일반적으로 사회적 기업이 추구하는 사회적 가치는, 경제학적인 시장 잉여와 구분되어, 특정한 취약 집단의 후생과 관련되거나 혹은 특정 목표가치의 실현과 관련된다.[22]

사회적 기업은 영리기업과 비영리조직의 중간 형태로, 사회적 성과를 추구하면서 재화·서비스의 생산·판매 등 영업활동을 수행하는 기업이다. 영리기업이 주주나 소유자를 위해 이윤을 추구하는 것과는 달리, 사회적 기업은 사회서비스를 제공하고 취약계층에게 일자리를 창출하는 등 사회적 성과를 조직의 주된 목적으로 추구한다.[23]

영국의 통상사업부(DTI, 2002)는 이윤극대화를 추구하기 보다는 영리활동을 통해서 얻은 이윤을 사회적 기업이나 지역사회에 재투자하여 사회적 목적을 우선적으로 추구하는 기업을 사회적 기업이라고 정의한다. 유럽의 사회적 기업 연구자 네트워크인 EMES[24]는 경제적 측면(economic and entrepreneurial dimension)과 사회적 측면(social dimension)에서 사회적 기업을 이해한다. 경제적 측면에서 사회적 기업은 지속적으로 재화를 생산하고 서비스를 공급하며 자치의 정도가 높다.[25] 경제적 위험성의 수준이 높고 유급근로자를 최소한으로 고용한다. 사회적 측면에서 사회적 기업은 공동체를 이롭게 한다는 명백한 목표를 갖는다. 시민사회에 의해서 만들어지고 의사결정권한이 자본소유에 의존하지 않으며 사회적 기업의 활동으로부터 영향을 받는 다양한 주체들이 의사결정에 참여한다. 또한 이윤분배가 제한되고 이윤극대화를 추구하지 않으며 지역사회나 특정집단에게 이익을 주는 것이 목적이라는 점도 사회적 기업의 특성으로 강조된다(Defourny et al. 2014).

한국사회적기업진흥원은 영리기업과 비영리기업의 중간 형태로, 사회

---

22) 사회적 가치를 긍정적 외부성으로 인식할 수 있는지에 대한 의문이 제기될 수 있다. 하지만, 긍정적 외부성은 경제주체의 의사결정에 반영되지 않는다는 점에서 사회적 가치와는 다른 것으로 판단해야 한다.

23) 한국사회적기업진흥원 홈페이지(http://www.socialenterprise.or.kr/) 참조.

24) 1996년 사회적 기업 연구를 위해 유럽 각 국의 연구자들이 네트워크를 결성하였고 그것이 EMES Research Network이다.

25) 원문에서는 높은 자치의 정도(a high degree of autonomy)에 대해서 다음과 같이 설명한다. "Social enterprises may depend on public subsidies, but they are not managed, be it directly or indirectly, by public authorities or other organizations(federations, private firms, etc.)."(Defourny et al. 2014)

적 목적을 우선적으로 추구하면서 재화·서비스의 생산·판매 등 영업활동을 수행하는 기업을 사회적 기업으로 정의한다.[26] 사회적기업 육성법(법률 제11275호) 제2조는 취약계층[27]에게 사회서비스[28] 또는 일자리를 제공하거나 지역사회에 공헌함으로써 지역주민의 삶의 질을 높이는 등의 사회적 목적을 추구하면서 재화 및 서비스의 생산·판매 등 영업활동을 하는 기업으로서 고용노동부 장관의 인증을 받은 기관을 사회적 기업으로 정의한다.

---

26) 한국사회적기업진흥원 홈페이지 참조.

27) 사회적기업 육성법 시행령 제2조(취약계층의 구체적 기준) 「사회적기업 육성법」(이하 "법"이라한다) 제2조 제2호에 따른 취약계층(이하 "취약계층"이라 한다)은 다음 각 호의 어느 하나에 해당하는 사람으로 한다.
 1. 가구 월평균 소득이 전국 가구 월평균 소득의 100분의 60 이하인 사람
 2. 「고용상 연령차별금지 및 고령자고용촉진에 관한 법률」 제2조제1호에 따른 고령자
 3. 「장애인고용촉진 및 직업재활법」 제2조제1호에 따른 장애인
 4. 「성매매알선 등 행위의 처벌에 관한 법률」 제2조제1항제4호에 따른 성매매피해자
 5. 「청년고용촉진 특별법」 제2조제1호에 따른 청년 중 또는 「경력단절여성등의 경제활동 촉진법」 제2조제1호에 따른 경력단절여성등 중 「고용보험법 시행령」 제26조제1항 및 별표 1에 따른 신규고용촉진 장려금의 지급대상이 되는 사람
 6. 「북한이탈주민의 보호 및 정착지원에 관한 법률」 제2조제1호에 따른 북한이탈주민
 7. 「가정폭력방지 및 피해자보호 등에 관한 법률」 제2조제3호에 따른 피해자
 8. 「한부모가족 지원법」 제5조 및 제5조의2에 따른 보호대상자
 9. 「재한외국인 처우 기본법」 제2조제3호에 따른 결혼이민자
 10. 「보호관찰 등에 관한 법률」 제3조제3항에 따른 갱생보호 대상자
 11. 다음 각 목의 어느 하나에 해당하는 사람
  가. 「범죄피해자 보호법」 제16조에 따른 구조피해자가 장해를 입은 경우 그 구조피해자 및 그 구조 피해자와 생계를 같이 하는 배우자, 직계혈족 및 형제자매
  나. 「범죄피해자 보호법」 제16조에 따른 구조피해자가 사망한 경우 그 구조피해자와 생계를 같이 하던 배우자, 직계혈족 및 형제자매
 12. 그 밖에 1년 이상 장기실업자 등 고용노동부장관이 취업 상황 등을 고려하여 「고용정책 기본법」 제10조에 따른 고용정책심의회(이하 "정책심의회"라 한다)의 심의를 거쳐 취약계층으로 인정한 사람

28) 사회적기업 육성법 시행령 제3조(사회서비스의 종류) 법 제2조제3호에서 "대통령령으로 정하는 분야의 서비스"란 다음 각 호의 어느 하나에 해당하는 서비스를 말한다.
 1. 보육 서비스
 2. 예술·관광 및 운동 서비스
 3. 산림 보전 및 관리 서비스
 4. 간병 및 가사 지원 서비스
 5. 문화재 보존 또는 활용 관련 서비스
 6. 청소 등 사업시설 관리 서비스
 7. 「직업안정법」 제2조의2제9호에 따른 고용서비스
 8. 그 밖에 고용노동부장관이 정책심의회의 심의를 거쳐 인정하는 서비스

사회적기업 육성법 시행령 제9조는 사회적 목적에 따라서 사회적기업의 유형을 분류한다. 구체적으로 유형을 살펴보면 취약계층에게 사회서비스를 제공하는 것이 주된 목적인 사회서비스 제공형, 취약계층에게 일자리를 제공하는 것이 주된 목적인 일자리 제공형, 지역사회에 공헌하는 것이 주된 목적인 지역사회 공헌형, 취약계층에게 사회서비스와 일자리를 제공하는 것이 주된 목적인 혼합형이 있다. 한국사회적기업진흥원에 따르면 2023년 6월 현재 총 3,597개의 사회적기업이 인증을 받고 활동 중이다. 그 중 일자리제공형이 2,383개로 전체의 약 66%를 차지하고 있다.[29] 사회적기업 육성법에 따라 사회적기업은 경영지원, 교육훈련 지원, 공공기관의 우선 구매, 조세감면 및 사회보험료 지원, 인건비·자문비용 등의 지원을 받는다.

Alter(2007)는 일자리제공형 사회적 기업을 취업이 어려운 장애인, 노숙자, 취약청소년, 범죄자 등에게 일자리를 제공하고 직업훈련의 기회를 주는 기업으로 정의한다. 이러한 일자리제공형 사회적 기업을 Davister et al.(2004)는 노동통합(work integration) 사회적 기업이라 분류하고 그 주된 목적을 취업이 심각하게 어려운 계층의 취업을 통하여 사회적 기업이나 영리기업으로 직업적 통합(professional integration)을 이루는 것으로 보았다. Davister et al.(2004)은 노동통합의 형태를 다음의 네 가지로 분류한다. 첫째, 취약계층이 노동시장에 편입되어 취직될 수 있도록 직업훈련 내지는 근로경험을 제공하는 전환고용(transitional occupation)의 형태이다. 둘째, 초기에는 취약계층의 생산성 부족을 보충하기 위한 보조금에 의존하지만 취약계층의 생산성 향상을 바탕으로 보조금에 의존하지 않고 자체 재원조달이 가능한 일자리를 창출하는 형태이다. 셋째, 영구적인 보조금을 바탕으로 취약계층을 고용하는 형태이다. 마지막으로 생산적 활동을

---

29) 사회서비스제공형은 285개, 지역사회공헌형은 326개, 혼합형은 209개, 기타형은 394개이다. 혼합형은 일자리제공과 사회서비스제공을 함께하는 경우를 말하고, 기타형은 사회적기업의 사회적 목적의 실현여부를 계량화하여 판단하기 곤란한 경우를 지칭한다.

통한 사회화가 주된 목적인 형태이다. 이러한 일자리제공형 사회적 기업에 대한 여러 정의들을 포괄하여 사회적기업육성법은 취약계층에게 일자리를 제공하여 사회적 성과 실현을 주된 목적으로 하는 조직을 일자리제공형 사회적 기업으로 정의한다.

2. 사회적 기업활동의 경제적 효과

사회적 기업에 대한 경제학계의 관심은 매우 낮았고 최근 들어서야 Chu(2015), Besley·Ghatak(2017, 2018) 등의 연구에서 사회적 기업에 대한 경제학적 분석이 시작되었다. 경제학적 연구의 특성은 사회적 기업의 설립과 운영에 대해 사회적 기업의 설립자, 투자자와 경영자 그리고 소비자의 합리적 행동 가정에 기반하여 설명하고 그 경제적 효과에 대하여 연역적 추론을 제시하는 것이다.

홍현우·주병기(2016, 2017)는 사회적 기업과 영리기업이 공존하는 시장경제와 영리기업만 존재하는 시장경제의 자원배분 성과를 비교함으로써 사회적 기업의 출현이 시장경제에 미치는 긍정적인 분배효과에 대해 설명하였다. 사회적 기업이 취약계층에 사회서비스를 제공하거나 취약계층을 고용하는 방식으로 취약계층의 후생을 개선하고 이런 사회적 기업의 역할이 사회전체적인 소비자 후생의 총합을 높이는 순기능을 한다는 것이 이 두 연구의 주요 결과이다.

(1) 신용제약과 공리주의 시장실패

생계유지와 인간으로서 자존감을 가지고 살아가기 위하여 반드시 충족되어야 하는 욕구를 기초적 필요라 한다. 기초적 필요는 어떤 가격과 소득이 주어지더라도 소비자가 항상 충족하고자 하는 필요를 의미한다. 기초적 필요의 예로 생명활동에 필요한 영양 공급, 적절한 수면, 식용 혹은 세척에 필요한 물 공급과 같이 생명유지와 관련된 것뿐만 아니라, 청결, 자녀

교육, 기초의료 보장 등과 같이 최소한의 삶의 질 유지와 관련된 것도 있다. 기초적 필요 충족에 소비되는 재화를 기초재라고 하면, 어떤 가격과 소득 하에서도 소비자가 항상 소득의 일부를 지출하여 소비하고자 하는 그런 재화를 의미한다.

기초적 필요는 아마르티아 센(Amarty Sen)의 "기본적 역량(basic capabilities)"과 밀접한 관계가 있다. 센은 기본적 역량을 "기본적이고 매우 중대한 기능을 일정 수준까지 끌어올릴 수 있는 능력(the ability to satisfy certain elementary and crucially important functions up to a certain levels)"이라고 설명하고 있는데 이런 역량을 갖기 위해 생존을 위하여 혹은 빈곤이나 심각한 결핍으로부터 벗어나기 위하여 필요한 기초재의 소비가 필수적이다(Sen 1987, p.109; 1992, p.45).

기초적 필요와 기초재의 가설은 공리주의와 에피쿠로스 쾌락주의 등의 도덕철학적 전통에서 뿐만 아니라 최근 심리학자들의 경험적 연구에서도 지지되고 있다. 심리학자 아브라함 매스로우(Abraham Maslow)는 이른바 욕구단계이론에서 모든 인간이 보편적으로 추구하는 욕구들이 존재하고 다양한 욕구들이 일정한 위계구조에 따라 충족된다고 주장한다. 욕구의 위계에서 가장 기초적인 욕구로 생리적인 욕구를 그 다음으로 안전에 관한 욕구를 제시하고 있다. 생리적인 욕구는 생존과 관련된 식량, 공기와 물 등의 영양공급과 적절한 의복과 주거를 필요로 한다. 안전에 관한 욕구는 개인의 안전과 건강과 복지, 사고나 재난으로부터의 안전을 통하여 충족된다. 이러한 매스로우의 가설과 기초적인 욕구와 같이 주관적 복지와 삶의 만족도를 결정하는 보편적인 요인에 대한 관심이 최근 심리학계에서 다시 높아지고 있다(Tay·Diener 2011; Konner 2002). 주관적 복지에 미치는 기본적 욕구충족의 영향은 매우 다양한 사회와 문화에서 보편적으로 나타난다(Konner 2002; Ryff·Keyes 1995; Ryan·Deci 2000). Diener et al.(2010)은 주관적 복지에 있어서 기본적 욕구 충족이 최우선적인 가치를 가진다는 것을 보였고, Tay·Diener(2011)는, 매스로우의 가설과 같이, 기본적 욕구충족이 다른 욕구보다 우선적으로 충족되는 경향이 있다는 것을 경험적으로 입증하였다.

주병기(2016)와 홍현우·주병기(2016, 2017)는 이러한 기초재의 소비로부터 발생하는 단위 소비의 편익(한계편익)이 기초재의 소비량이 0에 가까워짐에 따라 무한히 커지는 특성을 갖는다고 가정하였다. 즉 기초재는 결핍이 심할수록 단위 소비의 편익이 무한정 커지는 성질을 가진다. 따라서 소득이 감소할수록 기초재의 단위 소비의 편익은 다른 재화(비기초재)의 (단위 소비의) 편익보다 커질 수밖에 없고, 이처럼 충분히 낮은 소득에서 소비자는 모든 소득을 기초재 소비에 지출할 수밖에 없게 된다. 이렇게 저소득의 소비자가 대출을 받을 수 있다면 빚을 내서라도 소비를 더 해야 할 만큼 기초재 소비의 편익은 커지게 되는데, 통상적인 시장경제에서 저소득자들이 대출을 할 수 없는 처지에 놓이는 것이 일반적이다. 바로 이런 문제를 신용제약이라고 말한다.

이처럼 기초적 필요와 기초재가 존재하는 시장경제에서 신용제약에 처한 저소득층 소비자가 존재할 때 시장경제의 자원배분은 개개인의 후생의 총합을 극대화하는데 실패하게 되는데 이를 공리주의 시장실패라 할 것이다(주병기 2016). 이처럼 공리주의 시장실패가 발생할 수밖에 없는 이유는 저소득자의 기초재로부터의 편익이 고소득자의 편익보다 크지만 이처럼 높은 저소득자의 편익이 실현될 수 있게 하는 금융이 막혀 있기 때문이다. 이 경우 고소득자에서 저소득자로의 소득이전이 저소득자의 높은 편익을 실현하여 개인후생의 총합을 높이게 된다. 즉 시장경제의 자원배분이 공리주의적으로 최적의 자원배분이 될 수 없고 정부의 재분배를 통해 최적에 더 가까워질 수 있다는 것을 의미한다.

(2) 사회적 기업의 공리주의적 순기능

사회서비스 제공형 사회적 기업은 신용제약에 처한 취약계층 소비자에게 무상으로 혹은 저렴한 가격으로 기초재를 공급하는 방식으로 사회적 가치를 창출하는 사회적 성과를 추구한다(홍현우·주병기 2016). 이때 사회적 기업이 1차적으로 인식하는 사회적 가치는 취약계층에게 기초재를 제공함으로써 발생되는 취약계층의 순편익이다. 사회적 기업이 없다면 취약계층은 기초적 필요충족이 부족한 상태에서 신용제약에 처하고 있으므로 사회적 기업의 기초재 공급으로 부터 순편익이 발생하게 되고 이를 사회적 기업의 사회적 성과요소로 보는 것은 당연하다.

이러한 1차적 성과는 2차적 사회적 가치를 만들게 되는데, 가령 보건 및 의료서비스 제공을 통한 취약계층의 건강상태 개선 및 생산성의 향상, 교육서비스 제공을 통한 취약계층의 생산성 향상, 정부가 제공하던 사회서비스를 사회적 기업이 대신 제공하면서 발생하는 정부의 지출 감소 등이 그 예이다. 이러한 2차 사회적 가치의 크기가 1차적 사회적 가치의 크기에 일정한 비율 γ 로 측정된다면 사회적 가치 SV는 아래와 같이 나타낼 수 있다.

사회서비스 제공형 사회적 기업의 사회적 가치:

$$SV = (1+\gamma) \times 취약계층의 \ 사회서비스 \ 순편익.$$

홍현우·주병기(2016)는 사회적 기업이 일반소비자와 취약계층에 기초재를 공급함으로써 경제적 성과(이윤)와 사회적 성과(사회적 가치)를 추구한다고 가정한다. 보다 정확히 말해, 사회적 기업의 목적은 이윤과 사회적 가치의 가중 합, $(1-\alpha) \times 이윤 + \alpha \times SV$을 극대화하는 것이다. 여기서 α는 사회적 가치에 대한 가중치이고 $0 < \alpha < 1$이며 이 값이 0에 가까워질수록 사회적 기업의 선택은 영리기업의 선택과 가까워진다.

일자리 제공형 사회적 기업은 신용제약에 처한 취약계층 노동자의 일자리를 제공하고 이들의 노동생산성을 초과하는 임금 ω를 지불함으로써 이들의 기초적 필요충족을 개선하게 된다. 이로부터 발생하는 사회적 성과에 대하여 Haugh(2006)은 경제적 성과, 사회적 성과, 환경적 성과로 구분하였다. 경제적 성과 중 신규일자리 증가와 임금수입 등은 직접적인 성과이고 기술숙련도 증가, 취업기회의 증대, 현금흐름의 개선 등은 간접적인 성과이다. 사회적 성과 중 삶의 질 증대는 직접적인 성과이고 자신감 및 독립심 고취, 사회신뢰 강화 등은 간접적인 성과이다. 일하기 좋은 지역으로의 변화는 직접적인 환경적 성과이며, 방문하고 싶은 지역, 살고 싶은 지역으로의 변화는 간접적인 환경적 성과에 해당한다. 심상달 외(2015)는 일자리제공형 사회적 기업의 성과를 크게 세 가지로 분류하였다. 첫째, 취약계층이 사회적 기업에 취직하여 근로소득이 증대되는 경우, 소득증가분이 사회적 성과에 해당한다. 둘째, 취약계층이 사회적 기업에 취직하여 그를 보호하던 가족이 경제활동에 참가할 수 있는 경우 취약계층 노동자 가족원의 소득증가분도 사회적 성과에 해당한다. 마지막으로 사회적 기업의 고용계약이 만료된 후 취약계층이 유사직장에 취업하여 소득이 증가하는 경우, 소득증가분도 사회적 성과에 해당한다.

홍현우·주병기(2017)는 일자리창출형 사회적 기업의 사회적 성과를 다음과 같은 두 가지로 한정한다. 첫째는 사회적 기업의 고용으로 인한 취약계층의 복지향상이다. 이를 1차 사회적 가치라 한다. 둘째는 취약계층의 고용과 복지향상이 초래하는 긍정적 파급효과이다. 이를 2차 사회적 가치라 한다. Haugh(2006)의 직접적인 경제적 성과와 심상달 외(2016)의 소득 증가분을 통한 취약계층의 효용증가는 1차 사회적 가치에 해당하고, 그 밖의 성과들은 모두 2차 사회적 가치에 해당한다. 1차 사회적 가치는 사회적 기업에 취업한 취약계층 노동자들의 효용의 변화로 측정한다. 2차 사회적 가치는 1차 사회적 가치의 일정비율 만큼 발생한다고 가정하고 그 비율을 $\eta \geq 0$으로 나타낸다.[30]

---

30) 사회적 가치는 사회적 기업의 의사결정 시 명시적으로 고려된다는 점에서 외부성과 구별된다. 사회적 기업의 존재로 인한 사회적 비용(국민기초생활보장비용, 범죄나 사회적 불안의 증가 등)의 감소는 사회적 가치가 야기하는 긍정적 외부성으로 볼 수 있고, 긍정적 외부성은 정부나 민간단체가 사회적 기업을 지원하는 중요한 이유일 것이다.

1차 사회적 가치, 즉 고용에 따른 취약계층의 복지향상은 취약계층의 임금증가분을 초과하는데 이는 이들이 기초재를 추가 소비하여 얻는 편익이 추가 지출(임금증가분)보다 크기 때문이다. 따라서 1차 사회적 가치를 아래와 같이 나타낼 수 있다.

1차 사회적 가치:

$(1 + \theta)(w - $ '취약계층 노동자의 생산성')

여기서 $\theta > 0$는 신용제약의 크기를 나타내는데 신용제약이 클수록 커져서 1차 사회적 가치는 증가하게 된다. 단 이러한 사회적 성과는 취약계층에게 지급하는 임금 w가 과도할 때는 발생하지 않는데 이는 임금이 과도하게 지급될 경우 더 이상 취약계층 노동자는 신용제약의 상태에 있게 되지 않기 때문이다.

2차 사회적 가치는 1차 사회적 가치의 일정 비율 $\eta > 0$로 발생한다고 가정하면 취약계층을 고용함으로써 창출되는 사회적 가치 SV는 아래와 같이 주어진다.

일자리 창출형 사회적 기업의 사회적 가치:

$SV = (1 + \eta)(1 + \theta)(w - $ '취약계층 노동자의 생산성').

홍현우·주병기(2017)는 일자리창출형 사회적 기업이 취약계층을 고용함으로써 경제적 성과(이윤)와 사회적 성과(사회적 가치)를 추구한다고 가정한다. 홍현우·주병기(2016)와 같은 방식으로 사회적 기업의 목적이 두 성과의 가중합을 극대화하는 것으로 가정하고 사회적 기업이 존재하는 시장에서의 자원배분을 분석한다.

이 두 유형의 사회적 기업에 대한 홍현우·주병기(2016, 2017)의 주요 결론은 신용제약에 처한 취약계층이 있을 때, 사회적 기업이 존재하는 시장경제가 영리기업만으로 이루어진 시장경제보다 더 큰 사회후생(개인후생의 총합)을 달성할 수 있다는 것이다. 따라서 사회적 기업은 시장경제의 공리주의적 가치를 높이는 순기능을 한다고 결론내릴 수 있다.

사회적 기업은 취약계층의 신용제약의 문제를 해소하여 취약계층의 후생을 개선시키는 순기능을 하지만, 한편으로 높은 생산비용으로 비효율성을 야기하는 역기능도 한다. 순기능이 역기능보다 더 클 경우 공리주의적 사회후생을 높이지만 그 반대의 경우 오히려 공리주의적 사회후생을 낮출 수도 있다. 사회적 가치에 대한 가중치 α값이 1에 가까워질수록 순기능과 역기능은 모두 커진다. 가중치가 0에 가까워질 경우, 신용제약이 존재하는 한 순기능은 양의 값을 가지게 되나 역기능은 점차 사라지게 된다. 따라서 사회적 가치에 대한 가중치가 낮을 경우에는 사회적 기업이 공리주의 사회후생을 높이는 역할을 하게 된다. 공리주의 사회후생을 극대화하는 수준의 최적 가중치 α^*를 찾을 수 있고 사회적 기업의 가중치가 이와 상이할 경우 정책을 통해 최적에 가까운 공리주의 사회후생에 도달하도록 할 필요가 있다는 것이 홍현우·주병기(2017)의 결론이다.

(3) 사회적 성과 지원정책의 효과

사회적 기업의 존재만으로 사회후생이 개선되는 것은 아니고, 사회적 기업의 사회적 가치에 대한 가중치가 너무 높아서는 안 된다. 사회적 가치에 대한 가중치가 공리주의 사회후생을 극대화하는 최적 수준과 다를 경우, 최적의 사회후생을 달성하도록 하는 정책적 수단으로 사회적 가치 창출에 대한 보조금 지원 정책을 생각해 볼 수 있다.

사회적 성과 지원금은 사회적 가치를 금전적으로 평가하고 그에 비례하여 보상금을 지원하는 제도를 말한다. 사회적 가치에 대한 보상비율이 β로 주어질 경우, SV라는 화폐단위의 사회적 가치를 생산한 기업에 주어지는 지원금은

사회적 성과 지원금 = βSV.

보상비율 β가 음수가 될 경우 사회적 성과 지원금은 과세로 해석된다. 이와 같은 사회적 성과 지원금 제도가 도입될 경우, $\beta > 0$일 때 사회적 기업은 사회적 성과에 대하여 더 높은 가중치를 갖는 것처럼 행동하게 된다. 반대로 $\beta < 0$일 때 사회적 기업은 사회적 성과에 대하여 더 낮은 가중치를 갖는 것처럼 행동한다. 따라서 사회적 성과에 대한 가중치가 최적 가중치 이하일 경우에는 사회적 성과 지원($\beta > 0$)이 필요하고 반대의 경우에는 사회적 성과에 대한 과세($\beta < 0$)가 필요하다.

홍현우·주병기(2017)는 사회적 기업이 생산하는 사회적 가치에 비례하는 지원금을 사회적 기업에게 지원하여 사회후생을 극대화시킬 수 있음을 보였다. 사회적 가치에 비례하는 지원금($S = \beta SV$)은 사회적 기업의 사회적 성과에 대한 가중치를 변화시키는 것과 같은 역할을 하기 때문에 지원 비율을 조절하여 사회적 기업이 마치 최적의 가중치 α^*를 가진 것처럼 만들 수 있기 때문이다. 사회적 기업의 사회적 성과에 대한 가중치를 α, 최적의 사회적 가치에 대한 가중치를 α^*라고 하면 최적의 보조금 지원 비율 β^*는 다음과 같이 정해진다:

$$\beta^* = \frac{1}{1-\alpha^*} - \frac{1}{1-\alpha}.$$

즉, 최적의 사회적 성과 지원체계, $S = \beta^* SV$ 하에서 사회적 기업이 창출하는 사회적 성과는 공리주의 사회후생을 극대화하는 최적의 수준에 이르게 된다.

4. 사회적 기업에 대한 정부의 재정지원 효과[31]

정부의 재정 지원이 사회적 기업의 경제적·사회적 성과에 미치는 영

---

31) 본 절은 홍현우·주병기(2017)의 실증분석 결과를 재편집하여 작성되었다.

향을 살펴보는 것이 본 절의 목적이다. 인증 사회적 기업에 대해 정부는 다양한 재정 지원을 한다. 일자리창출사업에 대한 인건비 지원, 전문인력 지원, 사업개발비 지원, 세금 및 사회보험료 지원, 사회적 금융 지원(모태펀드 및 정책자금) 등이 그러한 예이다.[32]

분석을 위해 인증 사회적 기업의 자율경영공시자료를 이용하였다. 2014년에는 116개, 2015년에는 218개, 2016년에는 270개, 2017년에는 367개의 사회적 기업이 자율경영공시에 참여하였다. 자율경영공시자료는 사회적 기업이 생산하는 (금전으로 환산된) 사회적 가치의 크기를 제공하지 않는다. 다만, 취약계층 고용인원, 취약계층 평균근로시간, 취약계층 평균임금 등의 정보를 통해서 취약계층을 고용한 사회적 기업이 생산하는 사회적 가치를 측정할 수 있다. 하지만, 사회서비스제공형, 혼합형, 지역사회공헌형, 기타형의 사회적 기업이 생산하는 사회적 가치를 금전으로 환산할 수 있는 정보는 충분하지 못하다. 따라서, 분석의 대상을 일자리제공형 사회적 기업으로 한정하였다. 그 결과 자율경영공시를 수행한 일자리제공형 사회적 기업 중 2014년에는 67개, 2015년에는 150개, 2016년에는 185개, 2017년에는 259개의 사회적 기업이 최종 분석의 대상이 되었다. 분석 대상이 된 일자리제공형 사회적 기업의 기초통계량은 <표 2-2>와 같다.

표 2-2 ▌ 자율경영공시를 수행한 일자리제공형 사회적 기업의 기초통계량

		2013년 (2014년 공시)	2014년 (2015년 공시)	2015년 (2016년 공시)	2016년 (2017년 공시)
관측 수		67	150	185	259
상법상 회사 비율		68.66	69.33	74.59	71.43
일반 근로자	평균고용 인원	15.09	9.93	12.75	9.51
	평균임금	1608.70	1589.02	1675.16	1765.75

---

32) 재정지원 이외의 다양한 지원 제도(판로 지원, 경영 역량 지원, 자원연계 등)에 대해서는 한국사회적기업진흥원 홈페이지 참조.

	평균근로시간	37.36	37.34	37.47	36.20
취약계층근로자	평균고용인원	28.84	17.47	23.17	18.05
	평균임금	1218.21	1277.03	1362.00	1434.19
	평균근로시간	36.40	37.16	36.70	35.58
경제적성과	매출액	2071100	1214369	1717505	1468712
	영업이익	-91497.85	-69855.32	-43611.8	14195.28
	당기순이익	58200.97	45010.75	62897.24	44331.2
사회적 성과		8583.04	3110.26	11449.24	4071.85
정부보조금	인건비	65442.93	52011.03	46616.85	35392.71
	전문인력	10041.18	6211.95	7022.84	9395.79
	사업개발비	16015.75	15767.93	14576.65	11776.57
	사회보험료	9351.85	6598.52	10186.89	5346.05
	기타	64733.87	50140.11	38731.54	45820.14
민간보조금	기업후원	2041.73	1571.66	2353.69	3297.03
	모기관지원	3102.09	1396.07	776.58	1118.07
	일반기부	2197.42	3360.07	1239.01	1337.97
	기타	14172.9	13942.49	16721.28	11548.3

주: 2017년 공시자료의 경우, 이전 공시자료와는 달리 정부보조금 영역에서는 정책자금, 민간보조금에서는 민간금융지원 항목이 따로 존재한다. 이전 공시자료와의 통일성을 위해 2017년 공시자료에 추가된 항목들을 해당 영역의 기타 항목에 포함시켰다.

자료: 사회적기업진흥원, 「사회적 기업 자율경영공시자료」, 각 연도.

(1) 분석모형

홍현우·주병기(2017)는 정부의 지원금을 일자리창출사업 인건비 지원, 전문인력 지원, 사업개발비 지원, 사회보험료 지원, 기타로 구분하고, 정부의 지원금이 일자리제공형 사회적 기업의 경제적 성과 및 사회적 성과에 미치는 영향을 분석하였다.[33] 다만, 사회적 기업의 성과에 중요한 영향을

---

33) 정부재정 지원의 구체적인 방식은 다음과 같다. 일자리창출사업 인건비 지원은 일자

미칠 것으로 예상되는 사회적 가치에 대한 가중치(α)는 직접 관찰하는 것이 불가능하므로 사회적 가치에 대한 가중치를 고정효과로 가정하고 분석하였다. 사회적 기업의 성과에 대한 추정식은 다음과 같다.

$$y_{i,t} = \beta' X_{i,t} + \gamma' Z_{i,t} + \alpha_i + e_{i,t}$$

    $y_{i,t}$: 사회적 기업의 성과

    $X_{i,t}$: (인건비 지원, 전문인력 지원, 사업개발비 지원, 사회보험료
             지원, 기타 지원)

    $Z_{i,t}$: (민간지원총액, 상법상회사여부, 매출액규모)

    α_i: 사회적 기업의 사회적 가치에 대한 가중치

사회적 기업의 경제적 성과로는 영업이익 및 당기순이익을 이용하였다. 사회적 기업의 사회적 성과는 취약계층에게 지급되는 평균임금 및 최저임금, 취약계층 총 고용인원을 이용하여 화폐단위로 측정하였다. 취약계층에게 발생하는 (최소한의) 사회적 가치는 취약계층의 한계생산성을 초과하여 지급되는 임금으로부터 발생하는 소득증가분이지만 취약계층의 한계생산성을 측정할 수 없는 관계로 취약계층의 한계생산성을 최저임금으로 대체하였다. 즉, 사회적 기업이 생산하는 사회적 가치는 '(취약계층의 평균임금 - 최저임금) * 취약계층 총 고용인원'이다.[34] 따라서 분석에서 사용

리창출사업 참여근로자를 대상으로 최저임금 수준의 참여근로자 인건비와 사업주가 부담하는 4대보험료의 일부(9.36%)에 대하여 참여연차별로 지원비율을 차등 적용하여 이뤄진다. 전문인력 지원은 사회적 기업이 고용한 전문인력에 대하여 지원인원 한도 내에서 자격요건에 따라 월 200만원 또는 월 250만원을 한도로 인건비의 일부에 대해 이뤄진다. 사업개발비 지원은 R&D비용, 홍보·마케팅, 제품의 성능 및 품질개선 비용 등에 대해서 연간지원한도 1억(예비사회적 기업은 5천만원) 이내에서 이뤄진다. 사회보험료 지원은 월 50명을 한도로 하여 일자리창출사업 참여근로자가 아닌 자체고용 근로자를 대상으로 4대 사회보험료 중 사업주 부담분의 일부에 대하여 이뤄진다.

34) 월 최저임금을 파악하기 위해서는 주휴수당을 고려해야 한다. 주간 평균근로시간이 40시간 이상인 경우에는 8시간을, 15시간 이상 40시간 미만인 경우에는 주간 평균근로시간을 5로 나눈 시간을 주휴수당으로 고려하였고 15시간 미만인 경우에는 주휴수당을 고려하지 않았다. 초과근로시간은 따로 고려하지 않았다. 예를 들어 2015년에

된 사회적 가치는 사회적 가치의 최솟값이라 할 수 있다.35)

(2) 실증분석결과

고정효과모형을 이용하여 분석한 결과는 <표 2-3>과 같다. 정부의 사회적 기업에 대한 재정지원은 사회보험료 지원을 제외하면 유의한 관계가 존재하지 않는 것으로 나타났다. 반면, 재정지원 중 몇몇의 방식들은 사회적 기업의 경제적 성과와 유의한 관계가 있는 것으로 나타났다. 구체적으로 인건비 지원, 사업개발비 지원, 기타 지원 방식은 사회적 기업의 영업이익과는 부정적 관계가 존재하는 것으로 나타났고, 인건비 지원과 사회보험료 지원은 당기순이익과 긍정적 관계가 존재하는 것으로 나타났다.

표 2-3 ▮ 사회적 기업의 성과에 정부보조금이 미치는 영향(고정효과모형)

	사회적 성과	영업이익	당기순이익
인건비 지원	-.0071	-.4869***	.2152*
	(.0098)	(.1420)	(.1189)
전문인력 지원	.0243	.8381	-.0544
	(.0365)	(.5269)	(.4413)

주간 평균근로시간이 40시간인 경우에는 주휴수당 8시간을 포함한 월 근로시간은 209시간이 되고 최저시급은 5,580원이므로 최저임금은 1,166,220원이다. 만약, 취약계층이 1,500,000원의 월급을 받고 있다면 333,780원이 취약계층 1인에게 발생한 후생 증가분으로 사회적 가치에 해당한다. 사회적 기업이 만약 10명의 취약계층을 고용하고 있다면 333,780*10＝3,337,800원이 사회적 기업이 생산하는 사회적 가치가 된다. 다만, 최저임금보다 낮은 임금을 제공하는 기업이 존재하여 음의 사회적 가치를 생산하는 경우가 존재하였고 분석에서 제외할 것인가 문제가 되었지만, 음의 사회적 가치로 인정하고 분석하였다.

35) 보다 정확한 사회적 가치의 측정을 위하여 취약계층의 기초생계에 필요한 소비재들의 실제 소비량과 신용제약이 없는 일반소비자들의 필요 소비재들에 대한 지불의사를 사용할 수 있을 것이다. 이론 모형의 분석에 따르면 신용제약이 존재하여 이러한 지불의사로 측정된 사회적 가치가 임금의 차이 보다 더 크다. 따라서 실증분석 결과는 사회적 가치를 최소수준으로 상정한 결과임에 유의해야 할 것이다.

사업개발비 지원	.0023	-.8010**	-.1879
	(.0225)	(.3244)	(.2718)
사회보험료 지원	.0325*	-.0839	.7613***
	(.0169)	(.2442)	(.2045)
기타 지원	-.0031	-0.5207***	.0825
	(.0061)	(.0875)	(.0733)
민간지원 총액	.0025	-.1548	.0679
	(.0139)	(.2006)	(.1680)
상법상회사 여부	819.27	-74821.18	-28348.8
	(3145.72)	(45418.51)	(38044.85)
매출액	.0010	.0843***	.0708***
	(.0006)	(.0091)	(.0076)
상수항	4163.29	-53732.55	-55342.72
	(2533.61)	(36580.67)	(30641.9)
Observations	691	691	691
Groups	396	396	396
R-squared	0.2773	0.2736	0.3834
sigma_α	62102.39	232545.84	172285.86
sigma_e	6328.86	91377.29	76542.45
rho	.9897	.8662	.8352

주: ( )은 standard error를 나타냄.
 *, **, ***는 각각 10%, 5%, 1%에서 통계적으로 유의함을 의미함.
자료: 사회적기업진흥원, 「사회적 기업 자율경영공시자료」, 각 연도.

분석결과에 따르면, 정부의 재정 지원은 사회보험료 지원을 제외하고는 일자리제공형 사회적 기업의 사회성과 창출과는 유의한 관련이 없는 것으로 나타났으므로, 사회성과 창출을 유도하는 것이 재정 지원의 주요 목적이라면 지원 방식을 재고할 필요가 있다. 하지만, 정부 재정 지원의 주요 목적이 사회적 기업의 지속가능성을 보전해주는 것이라면, 즉 기업이 양의 순이익을 얻도록 도와주는 것이라면 인건비 지원과 사회보험료 지원은 당기순이익과 긍정적인 상관관계를 보인다는 점에서 정책의 타당성이 인정될 수 있다고 판단된다.

하지만 위의 분석결과는 자율경영공시에 참여한 일자리제공형 사회적 기업만을 분석대상으로 했다는 점에서 분석결과를 모든 사회적 기업에 일반적으로 적용시킬 수 없다. 또한, 홍현우·주병기(2017)는 정부보조금과 당기순이익 간의 유의한 상관관계가 존재하지 않는다고 보고하였다. 이는 분석에 사용한 데이터의 범위가 다르기 때문에 서로 다른 결과를 도출한 것으로 판단된다. 따라서, 향후 더 많은 데이터를 바탕으로 지속적인 분석을 할 필요성이 있다.

정부 지원이 사회적 성과를 높이는데 대체로 성공적이지 못한 것은 지원금이 사회적 성과와 밀접하게 연관되어 설계되지 못했기 때문일 것이다. 인건비 지원의 경우 취약계층과 연계하기 보다는 사업과 연계하여 지원되는 것이 일반적이고 취약계층이 아닌 일반 노동자들의 인건비도 지원되고 있다. 따라서 정부 지원이 사회적 경제를 활성화한다는 정책목표에 더 부합하기 위해서는 앞서 살펴본 홍현우·주병기(2017)의 사회적 성과 지원처럼 사회적 가치에 비례하여 지원금이 지급되도록 설계될 필요가 있다.

5. '사회성과인센티브 프로그램'의 사회적 성과 지원 효과에 대한 실증분석[36]

SK그룹에서 지원하는 SPC 프로그램(social progress credit program)의

---

36) 본 절은 홍현우·주병기(2021)의 실증분석 결과를 재편집하여 작성되었다.

사회적 성과 지원(이하 SPC 지원)은 홍현우·주병기(2017)에서와 같이 사회적 기업의 사회적 성과를 화폐단위의 사회적 가치로 측정하고 이러한 사회적 성과에 비례하여 지원금을 배분하는 방식으로 설계되었다. 2015년부터 시작된 SPC 프로그램은 2015~2019년까지 참여기업의 사회적 성과를 1,682억 원으로 평가하였고, 이를 기준으로 총 339억 원의 지원이 이루어졌다. SPC 프로그램의 또 다른 특징은 동태적 성과 지원을 통해 사회적 성과의 성장을 보상하도록 설계되었다는 점이다. 매기의 사회적 성과에 대한 보상과 함께 전기 대비 증가한 사회적 성과에 대한 보상도 이루어진다. 홍현우·주병기(2021)는 이러한 동태적 지원 방식이 사회적 성과의 동태적 특성에 미치는 영향을 이론적으로 분석하고 이러한 이론적 분석 결과를 실제 자료를 통해 검증하였다.

SPC 지원이 참여기업의 성과에 미치는 영향에 대한 실증연구로, 이정기와 문정빈(2020)은 SPC 프로그램에 참여한 기업의 매출성장률을 참여하지 않은 기업과 비교하였다. 이 연구는 SPC 자료와 인증사회적 기업 자율경영공시자료를 이용하여 SPC 프로그램에 참여한 12개 기업 중 6개 기업에서 매출성장률이 유의하게 높거나 낮게 나타났다는 다소 상반된 결과를 얻었다. 하지만, SPC 프로그램에 참여한 기업의 일부만을 분석의 대상으로 하여 결론을 일반화할 수 없다는 한계가 있다. 홍현우·주병기(2021)는 SPC 프로그램에 3년 이상 참여한 기업 130여개를 대상으로 하였고, SPC 지원이 참여기업의 사회적 성과에 미치는 영향을 분석하였으며 동태적 지원체계가 가지는 효과에 대해서도 분석을 진행하였다.

(1) 사회성과인센티브

SPC 프로그램의 사회성과인센티브는 사회적 기업이 사회문제를 해결한 성과에 비례하여 지급되는 금전적 인센티브로서 기업들의 혁신과 성장을 도모하는 제도이다. 2015년에는 44개, 2016년에는 50개, 2017년에는 36개, 2018년에는 58개, 2019년에는 34개의 기업이 SPC 사업에 선정되었다. 다만, 선정된 기업이 모두 인증받은 사회적 기업인 것은 아니고 예비 사회적 기업과 소셜벤쳐도 포함된다.

SPC의 가장 큰 특징은 참여기업의 사회성과를 화폐단위로 측정한다는 것이다. 측정의 원칙은 다음과 같다.[37] 첫째, 기업 활동의 성과 중 기업의 미션과 핵심 비즈니스에 부합하는 성과만을 측정한다. 둘째, 시장에서 가격 기구와 제도를 통해서 보상받지 못한 미보상 사회성과만을 측정한다. 즉, 개별 기업이 사회성과를 창출함에 있어서 시장에서 보상받거나 외부로부터 지원을 받은 경우 해당 부분은 제외하고 기업의 사회성과를 측정한다. 셋째, 수혜집단이 얻은 편익의 가치를 시장 가격을 이용하여 화폐단위로 환산하는 것이 원칙이다. 시장 가격을 이용할 수 없는 경우에는 공급의 사가격, 지불의사가격 등을 이용한다. 넷째, 정부, NPO, 영리기업과 비교하여 부가적으로 창출한 성과를 측정한다.

사회성과는 고용성과, 사회서비스성과, 환경성과, 사회생태계성과의 네 가지로 분류된다.[38] 첫째, 고용성과는 취약계층에게 일자리를 제공하여 발생하는 성과를 의미한다. 기업이 취약계층을 고용하고 취약계층의 시장 평균임금보다 높은 임금을 제공하여 취약계층의 소득을 높인 경우, 소득의 증가분을 기업이 창출한 고용성과로 측정한다. 둘째, 사회서비스성과는 사회문제 해결을 위해 제품과 서비스를 제공한 성과이다. 기업이 취약계층에게 시장보다 낮은 가격으로 제품 또는 서비스를 제공한 경우, 시장 가격과 기업이 제공한 가격의 차이가 사회성과로 측정된다. 시장과 동일한 가격으로 제품과 서비스를 제공하되 원가율을 높여서 제품 및 서비스의 질을 높인 경우에도 원가율의 차이를 기업이 창출한 사회성과로 측정한다. 셋째, 환경성과는 재사용, 재활용, 재제조 등을 통해서 신규 제품을 생산하지 않음으로써 발생하는 자원 소비 절감 및 환경오염 저감을 서회성과로 측정

---

37) 사회성과인센티브 홈페이지 참조(http://www.socialincentive.org/analytics).

38) 사회성과는 영역별로 다양한 지표가 존재한다. 본 장에서는 성과영역별로 대표적인 지표에 대해서만 간단히 설명을 하였다.

한다. 마지막으로 사회생태계성과는 기업이 지역, 산업, 시민사회 등 사회적 경제 생태계를 지원하거나 강화한 성과를 의미한다. 소농과의 거래, 공정 무역, 공정 여행 등을 통해서 발생하는 성과가 대표적이다.

SPC 참여기업은 측정산식에 따라 자신의 사회성과를 화폐단위로 측정받고, 측정된 사회성과 값에 따라 3년간 인센티브를 지급받는다.[39] 선정년차에 따라 인센티브 지급액을 계산하는 방식이 다르고, 구체적인 인센티브 지급액을 구하는 방식은 다음과 같다.

$$SPC_1 = 0.25 \times SV_1,$$
$$SPC_2 = 0.15 \times SV_2 + 0.25 \times (SV_2 - SV_1),$$
$$SPC_3 = 0.15 \times SV_3 + 0.25 \times (SV_3 - SV_2).$$

단, 모든 $t = 1, 2, 3$에 대해 SPC_t는 t기의 사회성과인센티브 금액, SV_t는 기업이 창출한 t기 사회적 성과를 의미한다.

한편, 2015년에는 사회적 가치를 정량과 정성으로 구분하여 측정하였으나 2016년 이후부터는 정량적 사회적 가치만을 측정하였다. 본 연구는 모든 연도의 자료를 활용하기 위해 정량자료에 집중하여 이루어졌다.

(2) 분석자료

본 절에서는 사회성과인센티브 프로그램에 참여하는 기업의 성과 변화를 살펴보는 것이 목적이다. 사회성과인센티브 프로그램에 참여하는 기업은 3년 협약을 맺는다. 3년 협약이 종료된 후, 참여기업에 대한 협약이 연장되었으나 이는 개별 기업에게 사전에 공지된 것이 아니었다는 점을 고려하여 분석의 대상에서 제외하였다. 따라서, 참여기업의 최초 3년간의 성과 변화만을 분석하였다. 즉, 2015년 선정기업의 2015~2017년 자료, 2016년 선정기업의 2016~2018년 자료, 2017년 선정기업의 2017~2019년 자료

---

39) SPC 프로그램이 처음 시작될 때, 사회성과 측정산식은 총 24개였다.

가 분석 대상이다.

2015~2017년 참여기업은 선발 방식에서 차이가 존재한다. 2015년에는 분야별로 대표적인 사회적 기업 44개를 추천을 통해 선정하였다. 2016년에는 50개 기업을 선발하였고, 그 중 추천을 통해 선발한 비율은 20%, 공모를 통해 선발한 비율은 80%였다. 2017년에는 36개의 기업을 선발하였고 공모를 통한 선발 비율은 90%까지 확대되었다.

<표 2-4>는 SPC 참여기업의 선정년도별 특성을 나타낸다. 2015년 선정기업 중 인증사회적 기업의 비율은 86%이다. 2016년에는 인증사회적 기업의 비율이 70% 낮아졌으나 예비사회적 기업의 비율(14%)를 고려하면, 전형적인 사회적 기업의 비율은 유지되고 있는 것으로 보인다. 하지만, 2017년에는 인증사회적 기업의 비율이 61%로 눈에 띄게 낮아졌음을 알 수 있다. 2015년 선정기업의 60% 정도가 서울 및 수도권에 소재지가 있었으나 2017년에는 그 비율이 55% 수준으로 낮아졌다. 2015년 선정기업의 80%가 주식회사였고, 협동조합 및 사회적 협동조합이 11%를 차지하였다. 2016년과 2017년 선정기업 중 주식회사의 비율은 약 75%, 협동조합 및 사회적 협동조합에 해당하는 비율은 17~18%로 유사한 것으로 나타났다. 산업 분류를 살펴보면, 2015년과 2017년 선정기업 중에서는 서비스업에 해당하는 기업의 비율이 가장 높았으나 2016년 선정기업 중에서는 제조업에 해당하는 기업의 비율이 가장 높았다. 선정당시의 업력을 살펴보면, 2015년 선정기업은 평균 8.8년, 2016년 선정기업은 평균 5.8년, 2017년 선정기업은 평균 4.8년으로 나타났다.

사회성과를 고용성과, 사회서비스성과, 환경성과, 사회생태계성과로 구분했을 때, 해당 성과를 창출하고 있는 기업의 비율을 살펴보면 매년 사회서비스성과를 창출하고 있는 기업의 숫자가 가장 많은 것으로 나타났다. 선정기업이 사회서비스성과 다음으로 많이 창출하고 있는 사회성과는 고용성과로 나타났고 사회생태계성과가 뒤를 이었다. 2016년 선정기업의 경우, 2015년과 2017년 선정기업에 비해서 환경성과를 창출하고 있는 기업

의 비율이 높은 것을 알 수 있다.

표 2-4 ▌2015~2017년 SPC 기업의 선정년도별 특성

(단위: 개소, 년)

		2015년 선정	2016년 선정	2017년 선정
인증 여부	미인증	6 (13.64)	8 (16.00)	14 (38.89)
	예비	0	7 (14.00)	0
	인증	38 (86.36)	35 (70.00)	22 (61.11)
지역	서울	20 (45.45)	29 (58.00)	17 (47.22)
	수도권(경기/인천)	7 (15.91)	6 (12.00)	3 (8.33)
	기타	17 (38.64)	15 (30.00)	16 (44.44)
법적 형태	주식회사	35 (79.55)	37 (74.00)	27 (75.00)
	(사회적)협동조합	5 (11.36)	9 (18.00)	6 (16.67)
	비영리법인 등	4 (9.09)	4 (8.00)	3 (8.33)
산업 분류	제조업	11 (25.00)	17 (34.00)	7 (19.44)
	서비스업	22 (50.00)	16 (32.00)	16 (46.12)
	그 외	11 (25.00)	17 (34.00)	13 (44.44)
업력		8.8	5.8	4.8

		27 (61.36)	28 (56.00)	21 (58.33)
사회 성과 창출	고용성과	27 (61.36)	28 (56.00)	21 (58.33)
	사회서비스성과	29 (65.90)	28 (56.00)	27 (75.00)
	환경성과	4 (9.09)	11 (22.00)	2 (5.56)
	사회생태계성과	18 (40.90)	16 (32.00)	9 (25.00)
N		44	50	36

주1: 한국사회적 기업진흥원의 인증 여부는 선정당시를 기준으로 작성됨. 따라서, 선정 이후 인증 여부가 변할 수 있으나 변화 여부는 공개된 SPC 자료에는 포함되지 않음.

주2: 한국표준산업분류를 기준으로 하였고, 서비스업에는 "전문, 과학 및 기술 서비스업", "사업시설 관리, 사업 지원 및 임대 서비스", "교육, 서비스업", "보건업 및 사회복지 서비스업", "예술, 스포츠 및 여가 관련 서비스업", "협회 및 단체, 수리 및 기타 개인 서비스업"이 포함됨.

주3: 사회성과 창출은 해당 영역의 사회성과를 창출하고 있는 기업의 수를 의미함. 개별 기업은 하나 이상의 사회성과를 창출할 수 있음.

주4: ( )은 전체 기업 중 해당 기업이 차지하는 비율(%)을 나타냄.

자료: 사회적가치연구원, 『사회성과인센티브 자료』, 각 연도.

<표 2−5>는 2015~2017년 선정기업의 분석 대상이 되는 기간의 경제적 성과와 사회적 성과, 인센티브 금액 평균을 보여준다.

2015년 선정기업의 경우 매년 매출액은 증가하였다. 영업이익은 악화되었다가 개선되었고, 외부로부터 받는 지원금 총액은 매년 증가하였다.[40] 이를 바탕으로 2017년에는 당기순이익 평균이 음에서 양으로 전환되었다. 기업당 사회성과 평균은 2015년 2억 2천만원에서 2017년 3억 9천만원까지 상승하였다. 특히, 환경성과가 큰 폭으로 상승하였음을 알 수 있다. 인센티브 금액은 2015년 평균 5천 5백만원에서 2017년 8천 5백만원으로 상승

---

40) 사회성과인센티브는 외부 지원금에 포함되어 영업이익을 계산할 때는 포함되지 않고, 당기순이익을 계산할 때 포함된다.

하였다.

2016년 선정기업의 경우에도 매년 매출액은 증가하였다. 다만, 영업이익은 지속적으로 악화되었으나 지원금 총액의 증가로 당기순이익은 개선되는 것으로 나타났다. 기업당 사회성과 평균은 2016년 1억 4천만원에서 2018년 1억 8천만원까지 상승하였다. 다만, 증가폭이 2015년 선정기업의 비해서 낮음을 알 수 있다. 인센티브 금액은 2016년 평균 3천 7백만원에서 2018년 3천 6백만으로 감소하였다. 사회성과 증가폭이 낮아서 인센티브 금액이 낮아진 것으로 해석할 수 있다.

2017년 선정기업의 경우 매년 매출액은 증가하였고 그 폭도 매우 큰 것으로 나타났다. 다만, 영업이익은 매년 악화되었고 2019년 지원금 총액도 전년 대비 하락하여 2019년에는 당기순이익이 양에서 음으로 전환되었다. 기업당 사회성과 평균은 2017년 2억 2천만원에서 2019년 3억 7천만원까지 상승하였다. 2015년 선정기업과 달리 환경성과가 감소한 것이 특징적이다. 인센티브 금액은 2017년 평균 5천 6백만원에서 2019년 7천 5백만으로 증가하였다.

2015~2017년 선정기업의 경제적 성과와 사회적 성과를 살펴보면, 2016년 선정기업이 다른 기업에 비해서 성과가 낮게 나타남을 알 수 있다. 2015년에 대표적 사회적 기업을 선발한 후, 2016년에는 2015년에 선정하지 못한 기업들을 선정하는 과정에서 발생한 차이로 해석할 수 있다.

표 2-5 ▌2015-2017년 SPC 선정기업의 경제적 성과 및 사회적 성과의 평균
(단위: 백만원)

			2015	2016	2017	2018	2019
2015년 선정 기업	경제 성과 평균	매출액	1614.1	1728.4	1878.1		
		영업이익	-113.2	-213.9	-65.7		
		지원금	103.0	114.1	123.7		
		당기 순이익	-21.0	-40.0	23.4		

연도	구분	항목					
	사회 성과 평균	총사회성과 (기보상 포함)	221.8 (236.4)	299.4 (325.7)	387.0 (411.1)		
		고용 성과 (기보상 포함)	200.7 (223.7)	236.4 (276.8)	283.0 (314.3)		
		사회서비스 성과	96.0	161.0	198.0		
		환경 성과 (기보상 포함)	33.0 (34.7)	71.4 (82.0)	248.4 (273.8)		
		사회생태계 성과	66.8	88.4	104.4		
	인센티브 평균		55.43	67.09	85.07		
	기업 수		44	43	42		
2016년 선정 기업	경제 성과 평균	매출액		1054.0	1079.7	1236.4	
		영업이익		−39.0	−51.9	−52.1	
		지원금		24.5	50.7	73.0	
		당기순이익		−19.3	−12.5	6.7	
	사회 성과 평균	총사회성과 (기보상 포함)		144.3 (163.0)	166.2 (188.8)	180.6 (200.2)	
		고용성과 (기보상 포함)		72.5 (104.5)	95.7 (120.0)	95.9 (117.4)	
		사회서비스 성과		99.2	80.8	105.7	
		환경성과 (기보상 포함)		57.0 (57.0)	81.0 (112.5)	99.4 (120.3)	
		사회생태계 성과		93.4	105.7	115.4	
	인센티브 평균			37.08	34.39	36.20	
	기업 수			48	47	46	

	경제 성과 평균	매출액			1079.4	1483.2	2067.8
		영업이익			−49.4	−73.6	−81.6
		지원금			46.5	126.3	83.1
		당기순이익			19.1	11.4	−1.2
2017년 선정 기업	사회 성과 평균	총사회성과 (기보상 포함)			219.7 (244.4)	306.5 (347.5)	373.8 (404.5)
		고용성과 (기보상 포함)			81.4 (116.6)	100.1 (167.1)	179.2 (219.4)
		사회서비스 성과			195.1	291.7	324.8
		환경성과 (기보상 포함)			152.6 (215.2)	109.0 (176.8)	16.3 (143.9)
		사회생태계 성과			45.3	64.7	103.5
	인센티브 평균				55.55	68.16	74.54
	기업 수				36	36	33

주1: 분석의 대상이 되는 년도의 성과만을 표시하였음. 예를 들어, 2015년 선정 기업의 경우 2015~2019년의 자료가 존재하지만 표에는 2015~2017년의 성과 만 표시하였음.
주2: 사회성과를 측정할 때 외부에서 지원받은 금액을 제외하는 것이 원칙임. 외부에서 지원금을 받은 경우 이를 제외하지 않은 사회성과를 기보상 포함된 사회성과로 표시하였음.
주3: 사회성과는 해당 성과를 창출하는 기업의 평균 성과값임
주4: 기업 수는 재무제표를 제출한 기업의 수를 나타냄
자료: 사회적가치연구원, 『사회성과인센티브 자료』, 각 연도.

(3) 사회성과인센티브 자료를 이용한 실증분석

본 절에서는 SPC 프로그램 참여기업의 경제적·사회적 성과 변화를 SPC 자료를 이용하여 실증 분석한다. 기업의 의사결정에 중요한 영향을 주는 사회적 기업가의 성향, 즉 경제적 성과 대비 사회적 성과를 중요하게

생각하는 정도(이론 모형에서 α로 가정함)는 참여기간 동안 변하지 않는다고 가정한 후, 다음의 회귀식을 이용하였다.

$$y_{it} = \beta_0 + \beta_1 SPC2_{it} + \beta_2 SPC3_{it} + X_{it}{}'B + s_i + \nu_{it}$$

y_{it}: 경제적 성과 / 사회적 성과 / 사회성과인센티브 금액
$SPC2$: SPC 선정 2년차를 나타내는 더미변수
$SPC3$: SPC 선정 3년차를 나타내는 더미변수
$X_{it}{}'$: 통제변수
s_i: 기업 고정효과

경제적 성과 변수는 해당 기업의 영업이익을 이용하였고 사회적 성과 변수는 해당 기업의 총 사회성과를 이용하였다. 매출액, 자본, 외부지원금 총액(보조금, 후원금, 기부금 등을 포함), 부채비율을 통제변수로 사용하였다. 또한, 개별 사회성과 창출 여부와 기업의 총 사회성과 중 가장 큰 비율을 차지하는 사회성과를 기업의 주요 사회성과로 간주하여 통제변수로 사용하였다. 경제적 성과 및 사회적 성과 이외에도 인센티브 금액의 변화도 분석하였다.

<표 2-6>은 SPC 프로그램 참여년차와 사회성과의 관계를 보여준다. <표 2-3>에서 SPC2와 SPC3은 각각 SPC 프로그램 참여 2년차와 3년차 여부를 나타내는 더미변수이다. 따라서 SPC2의 계수는 참여 1년차 대비 2년차 사회성과가 얼마나 높아졌는지를 나타내고, SPC3의 계수는 참여 1년차 대비 3년차 사회성과가 얼마나 높아졌는지를 나타낸다.

SPC2의 계수보다 SPC3의 계수가 유의하게 큰 것으로 나타났으므로, SPC 기업의 참여년차가 증가할수록 기업이 창출하는 사회성과 또한 높아지는 것을 알 수 있다. SPC기업의 참여년차만을 고려했을 때와 비교하여, 매출액, 자본, 지원금총액, 부채비율을 통제하면 사회성과 증가량이 다소 낮아지는 것으로 나타났으나 결과는 동일하게 유의한 것으로 나타났다. 주

요 사회성과 유형 또는 사회성과 영역별 창출 여부를 고려하는 경우에는
고려하지 않은 경우와 사회성과 증가량은 유사한 것으로 나타났다.

표 2-6 ▮ 사회성과인센티브 프로그램 참여년차와 사회성과의 관계

		사회성과			
SPC2		54.71***	39.15**	36.78**	35.99**
		(16.78)	(15.72)	(15.64)	(15.70)
SPC3		107.7***	76.61***	75.26***	74.28***
		(16.83)	(16.60)	(16.53)	(16.74)
매출액			0.0380***	0.0384***	0.0388***
			(0.0112)	(0.0112)	(0.0112)
자본			−0.000266	0.000224	−0.000324
			(0.00994)	(0.00986)	(0.00987)
지원금총액			0.280***	0.286***	0.283***
			(0.0703)	(0.0700)	(0.0702)
부채비율			−0.0225	−0.0213	0.0118
			(0.0855)	(0.0848)	(0.0885)
주요 사회성과 (고용성과 기준)	사회서비스 성과			74.07	
				(44.87)	
	환경성과			112.9**	
				(52.93)	
	사회생태계 성과			123.4*	
				(64.45)	
고용성과 창출 여부					−10.25
					(41.87)

사회서비스성과 창출 여부				−24.37
				(37.28)
환경성과 창출 여부				148.6**
				(66.44)
사회생태계성과 창출 여부				56.85
				(41.82)
상수항	196.5***	129.6***	67.27**	111.9***
	(11.86)	(17.72)	(32.71)	(41.01)
Observations	377	371	371	371
R-squared	0.142	0.250	0.271	0.273

주: ( )은 standard error를 나타냄.
　　*, **, ***는 각각 10%, 5%, 1%에서 통계적으로 유의함을 의미함.
자료: 사회적가치연구원, 『사회성과인센티브 자료』, 각 연도.

<표 2-7>은 SPC 프로그램 참여년차와 영업이익과의 관계를 보여준다. <표 2-3>에서와 마찬가지로 SPC2와 SPC3의 계수를 통해서 참여 1년차 대비 2~3년차의 영업이익의 변화를 살펴볼 수 있다.

SPC2의 계수는 음의 값으로 유의하게 추정되었다. 즉, 참여 1년차 대비 참여 2년차에 영업이익이 감소하는 것으로 나타났다. 앞선 분석에 따르면, SPC 프로그램은 참여기업으로 하여금 사회성과를 높일 유인을 제공한다. 사회성과를 높이는 과정에서 기업의 비용이 높아지거나 기업의 매출이 낮아진다면, 참여기업의 영업이익이 낮아진다.

참여 1년차 대비 참여 2년차에 사회성과가 높아지므로, 참여 1년차 대비 참여 2년차에 영업이익이 악화되는 것으로 해석할 수 있다. 다만, SPC3의 계수는 음의 값으로 나타났으나 절대적 크기가 SPC2의 계수보다 작았고 유의하지 않은 것으로 추정되었다. 사회성과가 높아질수록 이윤이 낮아진다면 SPC3의 계수의 절대적 크기가 SPC2의 계수보다 커야 하기 때

문에 실증분석 결과가 이론분석 결과와 다름에 유의해야 한다. 실증분석의
결과가 이론분석과 다르게 나온 것은 이론분석에서 사용한 가정에서 기인
한 것일 수 있다. 이론분석에서는 가격 관련 요소들이 불변한다고 가정하
였으나, 가정과는 달리 참여년차가 변화면서 기업이 제공하는 제품 또는
서비스의 시장가격이 상승했거나 기업의 생산 비용이 낮아졌다면, 사회성
과가 증가함에 따라서 영업이익이 감소하지 않는 상황을 설명할 수 있다.

표 2-7 ▌ 사회성과인센티브 프로그램 참여년차와 영업이익과의 관계

		영업이익			
SPC2		−43.35*	−40.41*	−40.14*	−38.06*
		(24.24)	(22.06)	(22.42)	(22.38)
SPC3		−0.787	−5.719	−7.108	−11.94
		(24.62)	(23.33)	(23.69)	(23.86)
매출액			0.0804***	0.0787***	0.0797***
			(0.0158)	(0.0160)	(0.0159)
자본			−0.0928***	−0.0927***	−0.0919***
			(0.0140)	(0.0141)	(0.0141)
지원금총액			−0.280***	−0.267***	−0.285***
			(0.0987)	(0.100)	(0.100)
부채비율			−0.0194	−0.0169	−0.0970
			(0.121)	(0.122)	(0.126)
주요 사회성과 (고용성과 기준)	사회서비스 성과			−34.54	
				(64.33)	
	환경성과			−98.96	
				(75.89)	
	사회생태계 성과			−10.44	
				(92.41)	
고용성과 창출 여부					39.16
					(59.67)
사회서비스성과 창출 여부					6.975
					(53.13)
환경성과					9.558

창출 여부				(94.69)
사회생태계성과 창출 여부				−133.5**
				(59.60)
상수항	−67.24***	−125.9***	−97.11**	−103.1*
	(17.08)	(24.70)	(46.89)	(58.45)
Observations	375	375	371	371
R−squared	0.017	0.229	0.232	0.243

주: ( )은 standard error를 나타냄.

　　*, **, ***는 각각 10%, 5%, 1%에서 통계적으로 유의함을 의미함.

자료: 사회적가치연구원, 『사회성과인센티브 자료』, 각 연도.

　　<표 2−8>는 SPC 프로그램 참여년차와 인센티브 금액과의 관계를 보여준다. <표 2−5>에 따르면, SPC2의 계수는 유의하지 않은 것으로 나타났고 SPC3의 계수는 통제변수에 따라서 유의성이 달라지는 것으로 나타났다.

표 2-8 ▌사회성과인센티브 프로그램 참여년차와 인센티브 금액의 관계

		인센티브			
SPC2		5.364	2.406	1.607	1.367
		(4.827)	(4.894)	(4.905)	(4.911)
SPC3		13.74***	9.346*	8.769*	8.468
		(4.841)	(5.176)	(5.184)	(5.235)
매출액			0.00672*	0.00672*	0.00681*
			(0.00349)	(0.00350)	(0.00350)
자본			0.000432	0.000589	0.000439
			(0.00310)	(0.00309)	(0.00309)
지원금총액			0.0498**	0.0514**	0.0509**
			(0.0219)	(0.0220)	(0.0220)
부채비율			−0.00486	−0.00453	0.00443
			(0.0267)	(0.0266)	(0.0277)
주요 사회 성과	사회서비스 성과			17.98	
				(14.08)	
	환경성과			33.32**	

(고용 성과 기준)	사회생태계 성과				(16.60) 32.17 (20.22)
고용성과 창출 여부					−4.039 (13.09)
사회서비스성과 창출 여부					−9.436 (11.66)
환경성과 창출 여부					47.45** (20.78)
사회생태계성과 창출 여부					15.25 (13.08)
상수항	49.67*** (3.405)	37.52*** (5.485)	21.89** (10.26)	34.86*** (12.82)	
Observations	378	372	371	371	
R-squared	0.032	0.079	0.097	0.105	

주: ( )은 standard error를 나타냄.
    *, **, ***는 각각 10%, 5%, 1%에서 통계적으로 유의함을 의미함.
자료: 사회적가치연구원, 『사회성과인센티브 자료』, 각 연도.

참여 1년차 대비 참여 2년차에 사회성과가 증가하지만 인센티브가 증가하지 않는 것은 인센티브 산정 방식에 따른 것으로 해석할 수 있다. 인센티브 산정 방식은 참여 1년차의 사회성과에 대해서는 사회성과 총량의 25%, 참여 2~3년차의 사회성과에 대해서는 사회성과 총량의 15%, 전년 대비 증가량의 25%를 인센티브 금액으로 산정한다. 따라서, 사회성과가 증가하더라도 그 증가분이 크지 않다면, 개별 기업이 받는 인센티브 금액은 증가하지 않을 수 있다. 구체적으로, 참여 2년차의 사회성과가 참여 1년차의 사회성과보다 25% 이상 증가하지 않는다면, 참여 1년차 대비 참여 2년차의 인센티브 금액은 감소한다. 참여 3년차에도 사회성과 증가분이 일정 수준을 초과해야만 참여 1년차 대비 인센티브 금액이 증가함을 알 수 있다.

SPC 참여기업이 매년 사회성과를 증가시키고 있으나 그에 따른 인센티브가 매년 증가하지 않는다는 것은 인센티브 산정 방식에 대한 정책적 시사점을 제공한다. 매년 총 사회성과에 비례하여 인센티브를 지급하는 방식이라면, 사회성과가 높아짐에 따라서 지급되는 인센티브 금액도 높아질 것이다. 하지만, 총량과 증분을 동시에 고려하는 방식은 총 사회성과가 높아져도 지급되는 인센티브 금액을 일정 수준에서 유지할 수 있음을 보여준다.

Ⅳ   결론

사회적 경제에 대한 관심이 증가하면서 공공부문은 물론이고 민간에서도 사회적 경제 조직에 대한 다양한 지원이 이뤄지고 있다. 이는 이와 같은 지원의 필요성에 대한 상당수준의 사회적 합의를 반영하는 것이다. 정부는, 2007년 사회적기업육성법의 제정 이래로 다양한 방식의 사회적 경제 지원을 해오고 있지만 그 지원 성과는 뚜렷이 나타나고 있지 못한 실정이다. 홍현우·주병기(2017)와 Hong·Ju(2019)는 사회적 기업과 사회적 성과에 대한 이론모형을 제시하고 지원체계가 사회적 성과에 비례하도록 설계된다면 지원성과가 보다 뚜렷해 질 것이라는 점을 보였다. SK그룹의 SPC 프로그램은 실제 이러한 지원체계에 따라 2015년부터 사회적 경제를 지원해왔다. 홍현우·주병기(2021)는 SPC 프로그램의 사회적 성과인센티브 자료를 활용하여 이 프로그램의 지원체계가 사회적 성과달성에 미치는 영향에 대한 이론적 가설을 제시하고 이를 검증하였다.

SPC 프로그램의 지원체계는 매년 사회적 성과에 비례한 지원과 함께 전년 대비 사회적 성과의 증분에 비례한 지원도 이루어질 수 있도록 설계되었다. 홍현우·주병기(2021)는 이론적 분석에서 이러한 지원체계가 각 년도 별로 사회적 성과를 높일 뿐만 아니라 매년 사회적 성과를 높이는 결과를 낳는다는 것을 보였다. SPC 지원이 영업이익에 미치는 영향은 부정적이고 매년 감소하는 것으로 나타났는데, 이는 사회성과에 대한 금전적 보상이 기업의 의사결정에서 영업이익에 대한 가중치를 낮추고 사회성과에 대한 가중치를 높이기 때문이다.

사회성과인센티브 자료를 활용한 실증분석에서 SPC 지원이 사회적 성과에 미치는 영향에 대한 이론적 결과를 확인할 수 있었다. 즉, SPC 지원은 참여기업의 사회적 성과를 유의하게 높이고 또한 이러한 효과가 매년 높아진다는 것을 확인하였다. 다만, 영업이익에 미치는 영향의 경우 이론분석의 결과가 실증분석의 결과를 완전히 설명하지는 못하는 것으로 나타났다. 이는 영업이익에 큰 영향을 미치는 생산물 가격이나 기업의 비용이 모든 연도에 동일하게 주어졌다는 가정이 실제 자료에서는 적용되지 않기 때문일 것으로 생각된다.

지금까지의 실증연구는 하나의 사회적 성과지원을 상정하여 이러한 지원이 기업의 의사결정에 미치는 영향을 분석하였으나, 다양한 지원 체계들 간에 비교를 통하여 최적의 지원체계를 설계하는 문제에 대한 연구로까지 확장되지는 못했다. 사회적 성과지원이 기업의 혁신 혹은 기술력 향상에 미치는 영향까지 고려할 수 있는 보다 확장된 이론모형을 개발하고 다양한 지원 체계를 비교 분석할 필요가 있다. 보다 혁신적인 사회적 기업을 발굴하고 이들의 성장과 지속가능성을 높이는 마중물 역할을 하는 최선의 사회적 성과 지원체계를 찾는 방향의 진전이 필요하다.

<참고문헌>

남영숙. 2011. 기업의 사회적 책임(CSR)의 글로벌 트렌드와 지역별 동향 연구. 외교통상부 연구용역 결과보고서.

변선영·남현정. 2016. "기업의 글로벌화와 CSR 활동이 기업 가치에 미치는 효과", *산업경제연구*, 29(2), 753-777.

신민식·김수은·김병수. 2011. "기업의 사회적 책임 지출이 기업 가치에 미치는 영향", *금융공학연구*, 10(1), 99-125.

심상달·강민정·라준영·양동수·양용희·이원재. 2015. 사회적경제 전망과 가능성. 에딧더월드.

이정기·문정빈. 2020. "사회적 기업에 대한 사회성과 인센티브의 경제적 효과: 통제집단합성법(SCM)을 이용한 사례연구", *전략경영연구*, 23(1), 81-100.

장지인·최헌섭. 2010. "기업의 사회적 책임(CSR) 과 재무성과와의 관계", *대한경영학회지*, 23(2), 633-648.

조원기·주병기·홍현우. 2018. "사회적 경제와 지속가능성에 대한 연구", 2018년 재정전문가네트워크 보고서, 정치경제분과, 한국조세재정연구원.

주병기. 2016. "재분배정책에 대한 정의론적 고찰", 2016년 재정전문가네트워크 보고서, 정치경제분과, 제5장, 한국조세재정연구원.

주병기. 2017 "신용제약, 공리주의 시장실패, 사회적 기업", 2017년 재정전문가네트워크 보고서, 정치경제분과, 제4장, 한국조세재정연구원.

한경희·이계원. 2013 "기업의 사회적 책임활동에 따른 이익지속성과 기업가치". *기업경영연구(구 동림경영연구)*, 52(단일호), 251-272.

허미옥·정기한. 2010. "CSR 성과와 기업 가치에 관한 연구", *산업경제연구*, 23(2), 749-771.

홍현우·주병기. 2016. "사회적 기업에 대한 경제학적 고찰: 사회서비스 제공형", *재정학연구*, 9(1), 87-112.

홍현우·주병기. 2017. "일자리제공형 사회적 기업과 사회적 성과 지원의 효과", *한국경제의 분석*, 23(3), 55-106.

홍현우·주병기. 2021. "'사회성과인센티브 프로그램'이 참여 사회적 기업에 미치는 영향에 대한 이론적 분석과 실증연구", *경제학연구*, 69, 3 (9월호).

KOTRA. 2018. 『주요국 CSR 정책트렌드와 기업의 대응전략』.

,Alter, K. 2007. Social enterprise typology. *Virtue ventures LLC,* 12(1), 1−124.

Arora, S., and Gangopadhyay, S. 1995. "Toward a theoretical model of voluntary overcompliance," *Journal of economic behavior and organization,* 28(3), 289−309.

Bagnoli, M., and Watts, S. G. 2003. "Selling to socially responsible consumers: Competition and the private provision of public goods," *Journal of Economics and Management Strategy,* 12(3), 419−445.

Barney, J. 1991. "Firm resources and sustained competitive advantage," *Journal of management,* 17(1), 99−120.

Barnett, M. L., and Salomon, R. M. 2012. "Does it pay to be really good? Addressing the shape of the relationship between social and financial performance," *Strategic Management Journal,* 33(11), 1304−1320.

Baron, D. P. 2001. "Private politics, corporate social responsibility, and integrated strategy," Journal of *Economics and Management Strategy,* 10(1), 7−45.

_____. 2007. "Corporate social responsibility and social entrepreneurship," *Journal of Economics and Management Strategy,* 16(3), 683−717.

_____. 2008. "Managerial contracting and corporate social responsibility," *Journal of Public Economics,* 92(1), 268−288.

_____. 2009. "A positive theory of moral management, social pressure, and corporate social performance," *Journal of Economics and Management Strategy,* 18(1), 7−43.

Bénabou, R., and Tirole, J. 2010. "Individual and corporate social responsibility, *Economica,* 77(305), 1–19.

Besley, T., and Ghatak, M. 2005. "Competition and incentives with motivated agents," *The American economic review,* 95(3), 616–636.

_____. 2007. "Retailing public goods: The economics of corporate social responsibility," *Journal of public Economics,* 91(9), 1645–1663.

_____. 2017. "Profit with purpose? a theory of social enterprise", *American Economic Journal: Economic Policy,* 9(3), 19–58.

_____. 2018. "Prosocial Motivation and Incentives," *Annual Review of Economics,* 10, 1–31.

Brammer, S., and Millington, A. 2008. "Does it pay to be different? An analysis of the relationship between corporate social and financial performance," *Strategic Management Journal,* 29(12), 1325–1343.

Brown, T. J., and Dacin, P. A. 1997. "The company and the product: Corporate associations and consumer product responses," *The Journal of Marketing,* 68–84.

Calveras, A., Ganuza, J. J., and Llobet, G. 2007. "Regulation, corporate social responsibility and activism," *Journal of Economics and Management Strategy,* 16(3), 719–740.

Carroll, A. B. 1979. "A three–dimensional conceptual model of corporate performance," *Academy of management review,* 4(4), 497–505.

Chatterji, A. K., Levine, D. I., and Toffel, M. W. 2009. "How well do social ratings actually measure corporate social responsibility?," *Journal of Economics and Management Strategy,* 18(1), 125–169.

Chu, C. Y. Cyrus. 2015. "Warren Buffet versus Muhammad Yunus," *Journal of institutional and Theoretical Economics,* 171(4), 696–708.

Davister, C., Defourny, J., & Gregoire, O. 2004. Work integration social enterprises in the European Union: an overview of existing models. Revue Internationale de l'Économie Sociale: Recma, 293.

Defourny J., Hulgård L., and Pestoff, V. (Eds.). 2014. Social enterprise and the third sector : changing European landscapes in a comparative perspective. Routledge.

Diener, E., Ng, W., Harter, J., & Arora, R. 2010. Wealth and happiness across the world: material prosperity predicts life evaluation, whereas psychosocial prosperity predicts positive feeling. Journal of personality and social psychology, 99(1), 52.

Donaldson, T., and Preston, L. E. 1995. "The stakeholder theory of the corporation: Concepts, evidence, and implications," *Academy of management Review,* 20(1), 65−91.

DTI, J. 2002. Social enterprise: A strategy for success. Social Enterprise Unit.

Freeman, R. E. 1984. Strategic planning: A stakeholder approach. Pitman, Boston.

Frieman, M. 1970. "The social responsibility of business is to increase its profits," *The New York Times,* September 13: 32−33, 122−26.

Friedman, M. 2007. "The social responsibility of business is to increase its profits," *Corporate ethics and corporate governance,* 173−178.

Giuliano, R., Mahy, B., Rycx, F., and Vermeylen, G. 2017. "Does corporate social responsibility make over−educated workers more productive?," *Applied Economics,* 49(6), 587−605.

Hart, S. L. 1995. "A natural−resource−based view of the firm," *Academy of management review,* 20(4), 986−1014.

Haugh, H. 2006. Social enterprise: Beyond economic outcomes and individual returns. In Social entrepreneurship (pp. 180−205). London: Palgrave Macmillan UK.

Hillman, A. J., and Keim, G. D. 2001. "Shareholder value, stakeholder management, and social issues: what's the bottom line?," *Strategic management journal,* 125−139.

Hong, H., and Ju, B. G. 2019. An Employment Model of Social Enterprises and the Effects of Government Subsidy. Contemporary Issues in Applied Economics: Ten Years of International Academic Exchanges Between JAAE and KAAE, 193−216.

Jensen, M. C. 2002. "Value maximization, stakeholder theory, and the corporate objective function," *Business ethics quarterly,* 235−256.

Jones, T. M. 1995. "Instrumental stakeholder theory: A synthesis of ethics and economics," *Academy of management review,* 20(2), 404−437.

Kitzmueller, M., and Shimshack, J. 2012. "Economic perspectives on corporate social responsibility," *Journal of Economic Literature,* 50(1), 51−84.

Konner, M. 2002. *The tangled wing: Biological constraints on the human spirit.* New York, NY: Henry Holt.

Kotchen, M. J. 2006. "Green markets and private provision of public goods," *Journal of Political Economy,* 114(4), 816−83.

KPMG. 2017. The KPMG Survey of Corporate Responsibility Reporting 2017.

Lins, K. V., Servaes, H., and Tamayo, A. 2017. "Social capital, trust, and firm performance: The value of corporate social responsibility during the financial crisis," *The Journal of Finance,* 72(4), 1785−1824.

Margolis, J. D., Elfenbein, H. A., and Walsh, J. P. 2009. "Does it pay to be good⋯ and does it matter? A meta−analysis of the relationship between corporate social and financial performance."

Matsumura, T., and Ogawa, A. 2016. "Corporate social responsibility and endogenous competition structure," *Economics Bulletin,* 36(4),

2117-2127.

McWilliams, A., and Siegel, D. 2001. "Corporate social responsibility: A theory of the firm perspective," *Academy of management review,* 26(1), 117-127.

McWilliams, A., Siegel, D. S., and Wright, P. M. 2006. "Corporate social responsibility: Strategic implications," *Journal of management studies,* 43(1), 1-18.

Orlitzky, M., Schmidt, F. L., and Rynes, S. L. 2003. "Corporate social and financial performance: A meta-analysis," *Organization studies,* 24(3), 403-441.

Ryan, R. M., & Deci, E. L. 2000. Self-determination theory and the facilitation of intrinsic motivation, social development, and well-being. American psychologist, 55(1), 68.

Ryff, C. D., and Keyes, C. L. M. 1995. "The structure of psychological well-being revisited," *Journal of Personality and Social Psychology,* 69, 719 -727.

Sen, A. 1987. "The Standard of Living", in Sen, Muellbauer, Kanbur, Hart, and Williams, *The Standard of Living: The Tanner Lectures on Human Values.* Cambridge University Press.

Sen, A. 1992. *Inequality Re-examined.* Oxford: Clarendon Press.

Sen, S., and Bhattacharya, C. B. 2001. "Does doing good always lead to doing better? Consumer reactions to corporate social responsibility," *Journal of marketing Research,* 38(2), 225-243.

Siegel, D. S., and Vitaliano, D. F. 2007. "An empirical analysis of the strategic use of corporate social responsibility," *Journal of Economics and Management Strategy,* 16(3), 773-792.

Stanwick, P. A., and Stanwick, S. D. 1998. "The relationship between corporate social performance, and organizational size, financial performance, and environmental performance: An empirical examination," *Journal of business ethics,* 17(2), 195−204.

Swanson, D. L. 1995. "Addressing a theoretical problem by reorienting the corporate social performance model," *Academy of management review,* 20(1), 43−64.

Tay, L., & Diener, E. (2011). Needs and subjective well−being around the world. Journal of personality and social psychology, 101(2), 354.

Waddock, S. A., and Graves, S. B. 1997. "The corporate social performance−financial performance link," *Strategic management journal,* 303−319.

Wernerfelt, B. 1984. "A resource-based view of the firm," *Strategic management journal,* 5(2), 171−180.

Windsor, D. 2006. "Corporate social responsibility: Three key approaches," *Journal of management studies,* 43(1), 93−114.

Wood, D. J. 1991. "Corporate social performance revisited," *Academy of management review,* 16(4), 691−718.

사회적 가치 측정의 하부정치:
'사회적 가치지표(SVI)'의 사례

03 사회적 가치 측정의 하부정치: '사회적 가치지표(SVI)'의 사례[1]

이승철(서울대학교 인류학과 교수)

I 들어가며

'사회적 가치'란 무엇이고 어떻게 측정될 수 있을까? 2008년 금융위기 이후 국내외에 걸쳐 사회적 경제 영역이 폭발적으로 성장하고 기업의 사회적 책임(Corporate Social Responsibility, CSR)과 소셜 임팩트 투자, ESG 투자 등에 대한 관심이 대폭 증가하면서, 사회적 가치의 정의와 측정 문제는 사회적 경제 현장뿐 아니라 관련 학문 영역에서 핵심적인 의제로 부상하였다.[2] 전통적으로 자선 혹은 사회복지의 분야로 간주되었던 영역들에서 이른바 '비즈니스를 통한 사회문제 해결'이 시도되면서(이승철·조문영 2018), 이러한 기업 활동의 결과로 창출되는 비경제적·비화폐적 가치 혹은 사회적 임팩트를 어떻게 정의하고 '객관적으로' 측정할 것인가가 중요한 문제로 제기된 것이다(Barman 2015, 2016; Leins 2020). 사회적 경제나 사회적 투자 영역의 행위자들이 입 모아 말하듯이, 이 새로운 영역에서 생산되고 있는 성과들에 대한 면밀한 정의와 정확한 측정에 기반해서만, 해당 영역에 대한 정부의 예산지원과 기업들의 사회적 투자, 금융기

---

1) 이 글은 2022년 『한국문화인류학』 55(1)호에 게재된 「사회적인 것을 계산하기: 사회적 가치지표(SVI) 개발의 하부정치」를 일부 수정한 것임을 밝힙니다.

2) 혹자는 기업활동에 있어서 이러한 '사회적인 것'에 대한 관심의 증대를 자본주의의 대전환과 연결시키며, 이를 "자본주의 4.0"으로 명명하기도 한다(칼레츠키 2011). 이 외에도 이러한 변화를 묘사하는 용어들은, "박애자본주의(philanthropic capitalism)"(비숍·그린 2010), "깨어있는 자본주의(consicous capitalism)"(시소디어·매키 2014), "연대경제(solidarity economy)"(Utting 2015)까지 다양하다.

관의 ESG 투자 등이 투명하게 이루어지고 시장 참여자들 간의 거래와 교환이 정당화될 수 있기 때문이다.

하지만 '사회'와 '가치'가 오랫동안 사회과학자들을 괴롭혀온 까다로운 개념들임을 고려해볼 때,[3] 이 둘이 결합된 '사회적 가치'에 대한 정의와 측정이 그리 녹록치 않으리라는 것은 충분히 짐작가능하다. 이를 반영하듯이, 폭발적으로 증가하고 있는 사회적 가치와 그 측정에 관한 논의들에도 불구하고, 실제 현장에서 사회적 가치에 대한 기본적인 정의는 지나치게 추상적이거나 동어반복 수준에 머무는 경우들이 종종 발견된다. 예를 들어, 현재 국회에 발의된 관련 법안들에서 사회적 가치는 "사회, 경제, 환경, 문화 등 모든 영역에서 공공의 이익과 공동체의 발전에 기여할 수 있는 가치"(박광온 의원 발의 <사회적 가치 기본법>) 혹은 "사회적경제조직들이 추구하는 가치"(장혜영 의원 발의 <사회적 경제 기본법>)로 정의된다(이 책의 제1장 참고). 학계의 사정도 크게 다르지 않아서, 많은 경우 사회적 가치는 "안전과 일자리, 역능성과 혁신, 공동체와 공공성, 상생과 지속가능성을 담은 가치"처럼 이미 추상적인 개념을 또 다른 추상적인 가치들로 환원시켜 논의되거나(박명규·이재열 2018), "사회적 기업이 생산한 가치 중 금전적으로 환산이 불가능한 모든 비화폐적 가치"처럼 임시방편적인 정의에 머무는 것처럼 보인다(고동현 외 2016: 208). 한편 사회적 가치의 정의가 어려운 만큼 그 측정 방식에 대한 일관된 합의 역시 존재하지 않아서, 현재 전 세계적으로 70여개가 넘는 사회적 가치측정 방식이 독자적인 정의와 방법론을 활용하는 것으로 알려져 있다(Grieco 2015).

이러한 상황에서 사회적 가치를 둘러싼 기존 연구들은 그 정의를 보다

---

3) '사회'와 '가치' 개념을 둘러싸고 근대 사회과학 초창기부터 이루어져 온 방대한 논의들을 이 자리에서 정리하는 것은 불가능하다. 다만 '사회'라는 개념이 가진 다층적·복수적 의미에 대한 분석으로는 앨리엇·터너(2015), '가치' 개념의 다의성을 인류학의 관점에서 검토하고 있는 시도로는 그레이버(2009), 경제학 관점에서의 논의로는 마추카토(2020), 인문학, 자연과학, 사회과학 종사자들 간의 다양한 견해 차이에 대해서는 뱅데(2008)를 참고할 수 있다.

정교화·세분화하거나(e.g., 박명규·이재열 2018; 김경동 2019), 혹은 더 정확하고 설득력있는 측정 방식을 고안하고 제시하는 방향으로 전개되어 왔다(e.g., 이승규·라준영 2009; 조영복·신경철 2013). 이 글은 이러한 선행연구들이 가지는 의의를 인정하면서도, 측정지표라는 '시장장치(market device)'의 사회적 구성과 그 '수행성(performativity)'에 주목함으로써 이러한 연구들이 암묵적으로 공유하는 전제—즉, 사회적 가치는 객관적으로 존재하는 대상이자 현실이며, 문제는 그 대상을 투명하게 정의하고 정확하게 측정하는 것이라는 인식—에 문제제기하고자 한다(cf. Callon, Millo, and Muniesa 2007; MacKenzie 2009). 이 글은 고용노동부와 한국사회적기업진흥원(이하 진흥원)에서 개발한 '사회적 가지 지표(Social Value Index, 이하 SVI)'의 사례를 통해 하나의 시장장치의 구성 과정에서 사회적 가치에 대한 상이한 입장들이 어떻게 조정되며 그 과정에서 어떠한 사회적·정치적 이해관계가 개입되는지, 그리고 이렇게 구성된 장치가 사회적 가치와 사회적 경제라는 대상과 현실을 어떻게 수행적으로 (재)생산해 내는지 살펴볼 것이다.

2007년부터 사회적 기업 국가인증제를 채택해온 한국 정부는, 인증 및 예산 지원의 객관적 근거 마련을 위해 이들 기업이 생산하는 사회적 가치를 측정하는 평가도구 개발에 힘써왔다. 2010년부터 시작된 이러한 노력의 결과 개발된 SVI는 2018년부터 실제 사회적 기업 평가와 지원에 활용되고 있다. 본 연구는 근 10년에 걸친 이 지표의 개발 및 운용과정을 추적함으로써, 다음과 같은 점을 밝히고자 한다. 첫째, 사회적 가치에 대한 다양한 행위자들의 상이한 관점이 어떠한 과정을 통해 SVI에 반영되었는지 살펴봄으로써, 가치지표 뿐 아니라 사회적 가치 자체도 정치적·사회적 과정을 통해 형성되는 사회적 구성물이라는 사실을 보여줄 것이다. 둘째, SVI 개발과정의 부침을 상이한 행위자들 간의 '동맹관계 형성'이라는 관점에서 검토하고(cf. 칼롱 2010), 이에 따라 하나의 가치화 시장장치가 안정화되고 실제 작동하기 위해서는 시장참여자 간의 이해관계 연합 및 동맹이 필수적이라는 점을 주장할 것이다. 셋째, SVI 활용과정에서 사회적 가치라는 대상과 사회적 경제 행위자들의 관계가 어떻게 재구성되는지 분석함으로써, 지표 및 시장장치들은 현실의 투명한 재현을 넘어 시장 자체를 구성하고 새로운 사회적 관계를 생산하는 수행적 효과를 생산한다는 사실을 보여줄 것이다.

이를 위해 이 글은 SVI 개발과 관련된 진흥원의 문서자료들을 검토하고, 개발 및 운영에 직간접적으로 참여한 관련자들의 인터뷰에 기반해 장기간에 걸친 개발 과정을 추적한다. 개발관련 문헌자료들은 2010년부터 2017년까지 진흥원과 연구용역팀에서 매년 발간한 지표개발과정 보고 자료집과 함께, 2018년 이후 발간된 SVI 활용 매뉴얼들, 그리고 지표 개발과정에서 이루어진 내부 회의자료 일부를 포괄한다. 인터뷰 대상자는 총 21인으로, 주로 교수와 대학원생, 정부출연연구기관 연구원, 진흥원 직원으로 이루어진 SVI 개발 연구 참여자 10명, 임팩트 투자자 등 사회적 가치측정 전문가 3명, 실제 SVI 측정에 참여한 사회적 기업 종사자 4명, 사회적 경제 담당 일선 공무원과 중간지원조직 종사자 등 간접적으로 SVI 개발 및 운영에 이해관계를 가진 인사들 4명으로 구성되어 있다(표 3-1).[4] 인터뷰는 SVI 개발이 한창이던 2014년 겨울과 2015년 여름, 그리고 실제 지표 개발이 완료되어 운영 중이던 2021년 5월에서 7월 사이에 집중적으로 이루어졌다. 또한 연구자는 한국의 사회적 경제 영역에서 2013년 10월에서 2014년 12월까지 총 15개월 간 그리고 이후 2015년에서 2019년에 걸쳐 매년 여름 현장연구를 진행한 바 있는데, 이 시기 행해진 비공식 면담과 참여관찰 자료들도 필요한 경우 활용하였음을 밝힌다.

---

4) 정보의 특성상 신원을 특정하기 어렵도록 인터뷰 참여자들은 익명처리하였으며, 필요한 경우 지위와 호칭도 변경하였다.

표 3-1 ▎인터뷰 참여자 목록

이니셜	직책	인터뷰일자
A	2010년 L대학 개발연구팀 참여자	2015.7.18
B	2011-12년 C학회 개발연구팀 참여자	2021.8.6
C	2011-12년 C학회 개발연구팀 참여자	2021.8.6
D	2013-14년 T대학 개발연구팀 참여자	2014.12.15
E	2013-14년 T대학 개발연구팀 참여자	2014.12.15
F	2013-14년 T대학 개발연구팀 참여자	2014.12.15
G	2015년 M대학 개발연구팀 참여자	2021.7.19
H	2016-17년 K연구원 개발연구팀 참여자	2021.7.27
I	진흥원 SVI 개발 담당자	2015.7.28
J	진흥원 SVI 운영 담당자	2021.7.14
K	임팩트 측정 전문가	2014.11.11
L	임팩트 투자자	2014.10.30
M	임팩트 투자자	2015.7.30
N	사회적 기업 SVI 측정 담당자	2021.7.20
O	사회적 기업 SVI 측정 담당자	2021.7.21
P	사회적 기업 SVI 측정 담당자	2021.7.21
Q	사회적 기업 SVI 측정 담당자	2021.7.27
R	서울시 A구청 사회적 경제 담당 공무원	2014.11.17
S	서울시 B구청 사회적 경제 담당 공무원	2015.7.29
T	사회적경제 중간지원조직 종사자	2021.5.21
U	사회적경제 중간지원조직 종사자	2021.5.21

이 글은 크게 다음과 같이 구성되어 있다. 먼저 이후 논의를 위한 이론적 근거를 마련하기 위해, 가치를 고정된 실체가 아닌 '가치화'의 실천을 통해 구성되는 것으로 바라보는 최근 가치연구의 '수행적 전환'을 시장장치 분석의 필요성과 연결시켜 간략히 살펴볼 것이다. 다음으로 한국 사회에서 사회적 가치측정이 중요한 의제로 등장한 맥락과 주요한 가치측정 방식에 대해 살펴볼텐데, 이는 SVI 개발 과정에서 돌출된 갈등과 논의들의 맥락을 이해하는데 도움이 될 것이다. 이후 2010년에서 2017년까지 진행된 SVI 개발과정과 2018년 이후 SVI 활용과정을 네 개의 시기로 나누고 시기별로 살펴봄으로써, 구체적인 개발과정에서 지표를 둘러싼 동맹관계의 형성과 지표의 안정화가 어떻게 이루어졌으며, 이 지표가 어떠한 수행성을 발휘하고 있는지를 검토할 것이다. 결론 부분에는 SVI와 같은 가치화 장치를 둘러싼 갈등과 정치를 '하부정치(infrapolitics)'로 개념화하고; 이 개념과 연구의 의의에 대해 간략히 정리할 것이다.

Ⅱ   가치에서 가치화(valuation)로: 가치연구의 수행적 전환

앞서 지적한 것처럼 '가치'는 근대 사회과학의 근본에 자리잡은 개념 중 하나로, 오랜시간 다양한 논의와 쟁점을 형성해 왔다. 따라서 가치에 관한 광범위한 논의를 포괄적으로 검토하는 것은 이 글의 범위와 능력을 벗어나는 일일 것이다. 다만 여기서는 이후 논의의 기반을 위해, 최근 경제인류학·경제사회학에서 등장한 가치연구의 "수행적 전환(performative turn)"이라 불리는 흐름의 특징을 밝히고 이것이 기존 가치연구 및 가치이론에 가지는 함의를 간략히 논하고자 한다(Muniesa 2014).[5] 무니에사에

---

5) 가치연구의 "수행적 전환"은 경제사회학자 파비엥 무니에사의 명명으로, 유사한 흐름이 종종 "실용주의적 전환(pragmatist turn)"으로 일컬어지기도 한다(Antal, Hutter, and Stark 2010; Helgelsson and Kjellberg 2013; Barman 2016). 2013년 창간된 저널 『가치화 연구(Valuation Studies)』는 가치연구의 이러한 새로운 흐름을 주도하는 연구

따르면, 가치연구의 수행적 전환은 존 듀이(Dewey 1939)의 가치화에 대한 선구적인 연구와 함께, 미셸 푸코의 담론 개념, J.L.오스틴의 언어화용론, 그리고 특히 브루노 라투르와 미셸 칼롱의 행위자-연결망-이론 (Actor-Network-Theory, ANT)에 이르기까지 20세기 중후반 사회이론들의 수행성에 대한 강조를 가치연구에 적용한다. 이때 핵심은 가치를 평가·측정하는 가치화 실천을 하나의 "의미화(signification) 행위로 보고, 현실을 그 효과로 인해 현실화된 것으로 본다는 점"이다(Muniesa 2014: 16).

이 말의 의미를 좀 더 상술해보자. 사회적 가치를 둘러싼 논의도 마찬가지이지만, 가치에 관한 많은 논의들은 '가치란 무엇인가'란 질문을 제기하고, 이에 답하면서 가치의 본질에 대한 정의를 제시하거나 다양한 가치들을 포괄하는 일반적인 가치규정의 틀이 존재하는지 여부에 대해 고민해왔다. 예를 들어, 사물의 경제적 가치에 천착한 연구들은 가치의 본질로서 사물에 내재한 '객관적' 성질(예컨대, 노동시간)을 제시하거나 혹은 그 사물에서 얻는 행위자들의 '주관적' 효용의 문제에 주목해 왔다(Helgelsson and Kjellberg 2013). 한편 이보다 조금 더 광범위한 의미에서의 가치에 주목하고 비교론적 관점에서 가치의 문제에 접근해 온 경제인류학 및 경제사회학의 시도들은, 경제적 가치와 윤리적·사회적 가치들 같은 한 사회 내부의 이질적 가치들 간의 통약가능성(commensurability)은 존재하는지, 혹은 상이한 사회 혹은 문화들 간에 가치체계 비교가 가능한지 등에 대해 고민해왔다(Espeland and Stevens 1998; Povinelli 2001; 그레이버 2009).

무니에사(Muniesa 2014)에 따르면, 가치연구의 수행적 전환은 가치에 대한 이러한 '본질론적 접근'에서 벗어나, 가치화의 구체적 실천들에 주목하는 것에서 시작한다. 이제 가치란 무엇인가보다는 가치가 행위자들의 실천을 통해 어떻게 구체적으로 구성되는가라는 질문이 더 중요하게 사고된다. 가치는 가치화 행위에 선행해 존재하는 '객관적' 현실이나 행위자의 계

자들 간 교류의 장으로 기능하고 있다(Helgelsson and Muniesa 2013).

산 속에 존재하는 '주관적' 관점 혹은 구조적으로 확립된 어떤 체계가 아니라, "사물을 가치있게 만드는 것을 목표로 하는 다양한 범위의 사회적 행위의 결과물"로 간주된다(Helgelsson and Muniesa 2013: 6). 다시 말해, 가치는 특정한 사회적·물리적 배치 속에서 가치화의 효과를 가지는 행위들을 통해 생성되고 현실화되는 대상으로 재정의되는 것이다. 따라서 이때 가치화는 실재하는 가치를 평가(evaluation)하는 재현행위를 넘어, 그 자체로 가치를 정의하고 생산하는 가치생산(valorization)의 효과를 동시에 포함하는 사회적 실천을 의미한다(Vatin 2013). 예를 들어 하나의 가치화 실천으로서 대학랭킹의 산정이 단순히 현존하는 대학의 가치를 투명하게 재현하는 것이 아니라, 그 자체로 '좋은 대학'이란 무엇인가를 규정하고 '대학의 서열화'라는 현실을 수행적으로 창조하는 것처럼(Espeland and Sauder 2007; Stark and Esposito 2019), 가치화 연구들은 오늘날 우리의 일상 속에서 광범위하게 확산된 다양한 가치화 실천들이 어떻게 가치와 그것이 작동하는 장(場) 자체를 수행적으로 창출하는지에 주목한다.

이에 따라 가치화 연구는 오늘날 환경, 미디어, 학계, 예술시장 등을 포함한 다양한 영역에서 확대되고 있는 랭킹, 레이팅, 경매가격 산정 등등의 가치화 실천들에 주목하면서, 해당 실천들이 어떻게 상이한 가치들의 질적·양적 차이를 측정하고 계산하는지, 그리고 그 결과 어떠한 "계산의 양태들"과 가치화 양식들이 등장하는지를 주된 연구대상으로 삼는다(Callon 2007: 160; Heuts and Mol 2013).[6] 또한 동일한 문제의식의 연장선상에서 가치화를 통해 계산 및 시장교환을 가능케해주는 일종의 비인간 행위자로 각종 시장장치와 테크놀로지들의 수행적 역할이 강조된다(Callon

---

6) 다양한 가치화 실천 및 장치들에 대한 연구들로는, Antal et al.(2010), Beckert and Aspers(2011) 및 『가치화 연구』에 실린 연구들을 참고할 수 있다. 그 외 환경파괴에 대한 법적 보상금 산정을 추적한 Fourcade(2011), 예술품 시장의 가치화 실천을 다룬 Karpik(2010), 사치품·수집품 시장에 대한 Boltanski and Esquerre(2020), 다양한 자산 형태의 가치화를 조명한 Birch and Muniesa(2020)의 연구를 대표적으로 참고할 수 있다.

1998; Callon and Muniesa 2005; MacKenzie 2009). 경제학 이론과 모델링, 각종 지표들, 가격 계산 및 표시 장치들, 법령, 공간의 배치 등등을 모두 포함하는 물질적·제도적 장치들은 행위자들의 계산과 가치화 실천들을 접합할 뿐 아니라, "스스로 행동하거나 다른 이들을 행동하도록 만듦으로써" 계산 및 경제행위의 구성에 핵심적인 역할을 수행하는 것이다(Callon, Millo, and Muniesa 2007: 2).

가치화 과정에서 작동하는 계산의 복합적 양태들과 시장장치의 행위성에 대한 강조는, 사회적 경제, 탄소배출권 시장, ESG 투자 시장과 같이 오늘날 새롭게 등장하고 있는 혼종적·도덕적 시장을 연구하는데 있어 더욱 큰 적합성을 지닌다. 무엇보다도 이들 영역의 혼종적 성격은, 이 시장 안에서 교환가능하게 구성되어야 하는 대상의 경제적·사회적·도덕적 가치를 모두 포괄하는 "복합적 가치와 가치화의 문제"를 제기한다(이승철 2021: 104; 이승철·조문영 2017). 이러한 복합적 가치화의 과정은 다양한 방식을 통해 기존에 시장가격 계산장치에 포함되지 않던 요소들—예컨대, 공동체나 사회연대의 가치, 탄소배출의 환경파괴 정도, 지배구조의 속성과도 같은 것들—을 시장에서 생산·소비·교환될 수 있는 계산의 대상으로 구성해 낸다. 동시에 이러한 혼종적·도덕적 시장 영역은 새롭게 등장하고 있기 때문에, 이들 시장영역이 '정상적으로' 작동하기 위해서는 복합적 가치화를 가능케하는 안정적인 가치화 장치들의 구성 및 작동이 필수적으로 요구된다. 예를 들어, 탄소배출권 시장이나 ESG 투자 시장이 작동하기 위해서는 이산화탄소 배출이 가져오는 피해의 정도나 지배구조의 속성에 내재한 위험정도가 여러 측정 장치들을 통해—반드시 화폐형태일 필요는 없더라도—계산가능·통약가능해져야 한다(Lovell and Mackenzie 2011; Dalsgaard 2013; Leins 2020).

결론적으로 본 연구의 분석대상인 사회적 경제와 같은 새로운 도덕적 시장은 시장의 구성과 복합적 가치화 장치가 긴밀한 상호구성적 관계를 맺는다는 면에서, 시장장치의 구성과 그에 따른 시장의 변형들을 살펴볼 수 있는 최적화된 현장으로 기능한다. 사회적 경제·사회투자 시장이 안정적으로 구성되고 작동하기 위해서는 사회적 가치의 정의와 그것의 측정 방식에 대한 명확한 합의가 부재한 현재 상황을 극복하고, 사회적 가치 측정지표와 같은 가치화 시장장치가 "시장을 구성하는 동시에 자신의 실천들을 정당화함으로써" 행위자들 간의 안정적 동맹을 구축해야 한다 (Barman 2016: 23). 물론 이러한 과정은 다양한 이해관계와 관점의 차이를 하나의 가치화 장치를 중심으로 매개·조정해야 한다는 점에서 결코 쉽지 않은 일이다. 다음 절에서는 SVI라는 새로운 가치화 시장장치가 어떻게 구체적으로 개발되고 안정화되었는지 본격적으로 살펴보기 전에, 기존의 사회적 경제 현장에서는 사회적 가치측정과 시장의 상호구성이라는 어려운 문제를 어떻게 고민해왔으며, 사회적 가치 측정 방식을 둘러싸고 어떠한 이견들이 존재하는지 간략히 살펴보도록 하자.

III   사회적 가치 측정의 역사와 방법들: SROI와 IRIS 사례

사회적 가치측정 요구의 시발점은, 국민총생산(GNP) 등의 경제적 측정 지표에 문제제기하면서 비경제적 가치를 측정할 수 있는 지표 개발을 요구했던 1960년대 미국의 '사회지표 운동(social indicators movement)'까지 거슬러 올라갈 수 있다(Land and Michalos 2018). 하지만 사회적 가치의 측정 필요성과 방법론이, 사회적 경제와 사회투자 시장의 확대와 함께 오늘날과 같은 형태로 본격적으로 논의되기 시작한 것은 비교적 최근인 2000년대 이후라 할 수 있다. 앞서 지적하였듯이, 이는 20세기 말 전세계적인 신자유주의 전환 속에서 기존 자선이나 사회복지 영역에서 비즈니스를 통한 사회문제 해결을 추구하는 흐름이 확대되고, 동시에 기업의 사회적 책임이나 공유가치 창출(Creating Social Value, CSV) 등의 형태로 기업 활동에서 사회적 책무의 중요성이 강조되기 시작한 것과 관련이 깊다.

사회적 가치측정에 대한 요구는 2008년 글로벌 금융위기 이후, 임팩트 투자나 ESG 투자와 같은 소위 '사회적·윤리적' 투자 활동에 대한 관심이 확대되고 국가행정에도 임팩트 투자의 원리를 활용한 '사회성과연계채권' 등의 아이디어가 도입되면서 더욱 강화되어 왔다(한국사회적기업진흥원 2011: 127−175).[7] 사회적 투자의 활성화를 위해서는 피투자자인 기업 혹은 조직들이 생산하는 사회적 가치를 상호 비교가능한 형태로 정확히 측정하고 계량하는 것이 요구되기 때문이다(Barman 2015, 2016; Leins 2020).

사회적 경제 영역이 국가 주도로 발전해 온 한국에서 사회적 가치의 측정은 더욱 필수적인 과제로 제기되었다. 한국 정부는 2007년 사회적기업육성법이 제정된 이래로 지금까지 총 3,530개(2021년 7월 기준)의 사회적 기업들을 인증하고 재정적으로 지원해왔는데, 이 과정에서 인증 및 예산 지원의 '객관적' 기준에 대한 질문이 계속해서 제기되었기 때문이다. 물론 자체적인 평가 기준이 아예 부재하였던 것은 아니지만,[8] 사회적 경제 영역이 점차 확대되고 예산 지원도 늘어남에 따라 좀 더 명확한 평가 기준을 확립해야 한다는 목소리가 커져갔다. 특히 객관적 지표의 도입은 사회적 경제 행위자들 간의 교류 및 소통을 활성화해 사회적 경제라는 장 자체의 성장을 가져올 수 있고, 이에 따라 관련된 모든 행위자들의 이해관계에 부합할 것으로 기대되었다. 예컨대 정부는 사회적 가치측정을 통해 인증 및 지원정책의 정당성과 효율성을 확보할 수 있을 것이고, 사회적 기

---

7) ESG 투자는 피투자 기업의 환경(environmental), 사회(social), 지배구조(governance) 관련 이슈들을 적극 고려하는 금융투자 전략을 말한다. 사회성과연계채권(Social Impact Bond, SIB)은 특정 사회사업을 위해 정부가 민간투자자들을 모집하고 수치화된 사업의 성과(예컨대, 범죄예방율이나 치매예방율 같은)에 따라 투자자들에게 투자원금 및 이자를 상환하는 제도를 말하며, 2009년 영국에서 시범 운영된 이래로 최근 10여년 간 한국의 지방정부들을 비롯해 전세계 정부들의 사업에 적극 활용되고 있다(안우진·류기락 2021). 두 경우 모두 투자의 성패를 보여주는 성과(임팩트)의 측정이 핵심적인 문제로 제기된다.

8) 예를 들어 고용노동부와 진흥원은 SVI 개발과는 별도로, 정부지원 사회적 기업들에 대한 인증적합성 평가를 지속적으로 진행해왔다. 이들 평가항목에는 매출액 및 일자리 창출효과, 의사결정구조 등이 포함되어 있었으나, 체계적이지 못하다는 지적이 제기된 바 있다(노동부 2008: 15−6).

업은 홍보 및 새로운 투자유치를 위한 성과 가시화에 이를 활용할 수 있을 것이다. 기업 CSR 담당부서나 임팩트 투자기관들은 가치측정을 통해 자신들의 투자를 정당화하고 그 객관적 성과를 확인할 수 있을 것으로 예상되었다(사회적기업진흥원, 2013: 19). 다시 말해, 사회적 경제와 관련된 자본시장을 활성화하고 이를 통해 사회적 경제 영역 자체를 성장시키기 위해서는, 어떠한 형태로든 가치의 측정이 필요하다는 인식은 현장 행위자들 사이에 어느 정도 공유되어 있었다.

문제는 이러한 필요성에 대한 합의에도 불구하고, 무엇을 사회적 가치로 정의하고 어떻게 이를 측정할지는 국내뿐 아니라 국외에서도 여전히 어려운 문제로 남아있다는 점이다. 사회적 가치측정에 대한 요구가 증대하면서 그 측정 방식에 대한 논의도 폭발적으로 증가했지만, 앞서 지적했듯이 현재는 단일한 가치화 장치가 확립되어 있다기보다는 다양한 측정방식들이 사회적 경제 영역 내에서 경합하고 있다. 여기서는 이후 논의와 관련하여, 이 다양한 측정 방식 중에서 사회적 가치를 화폐형태로 환산하는 '사회적투자대비수익(Social Return on Investment, 이하 SROI)' 방식과 비화폐적 측정방식의 대표적 형태인 '임팩트보고 및 투자표준(Impact Reporting and Investment Standards, 이하 IRIS)' 방식의 특징을 간략히 살펴보도록 하겠다. 이 둘은 현재 가장 널리 활용되고 있는 사회적 가치 측정방식으로, SVI 개발연구팀들도 이 두 방식을 핵심적으로 참조하였다.[9]

먼저 SROI는 금융영역에서 널리 사용되는 투자대비수익(ROI) 계산을 사회적 투자에 적용한 것으로, 1996년 미국의 로버츠기업개발기금에 의해 개발되었다(조영복·신경철 2013; Barman 2016: ch.2). 이후 2006년 SROI 국제네트워크가 설립되고 연구자들이 측정방법을 보다 정교화하면서, SROI는 현재 사회적 투자 영역에서 "가장 성공적인 측정방식"으로 자리잡았다(McInerney 2021: 3). SROI의 가장 큰 특징은 여러 가정과 대용가치

---

9) SROI와 IRIS 이외의 다양한 사회적 가치 측정 방식들의 특징과 상호비교로는 한국사회적기업진흥원(2011a: 15-46), Grieco(2015) 참고.

(proxy value)를 활용하여 기업이나 조직이 생산한 사회적 가치를 화폐단위로 환산해낸다는 점이다. 예를 들어, 국내 최초 SROI 분석 사례 중 하나인 2006년 M전자가 생산한 사회적 가치측정을 살펴보자. M전자는 중증장애인 89명과 비중증장애인 35명을 고용하여 전자제품을 생산하는 사회적 기업으로, 이 기업이 2006년 한 해 동안 생산한 사회적 가치는 다음과 같은 간단한 계산식에 의해 도출된다(이승규·라준영 2009: 50-51).

(a) M전자가 생산한 사회적 가치 (총 1,841,780,000원)
- 중증장애인 소득증가: 1,513,000,000원 = 중증장애인 89명 × 평균연봉 17,000,000원
- 비중증장애인 소득증가: 206,352,000원 = 비중증장애인 35명 × (평균연봉 17,000,000원 - 취업전 소득평균 11,268,000원)
- 중증장애인 장애수당 절감: 128,160,000원 = 중증장애인 89명 × 월 120,000원 × 12개월[10)]
(b) 가치창출을 위해 사용된 비용 (총 1,100,000,000원)
- M전자에 지급된 정부의 장애인 고용 장려금: 600,000,000원
- M전자에 지급된 정부의 장애인 시설 운영 지원금: 500,000,000원

결과적으로 M전자의 2006년 SROI는 생산된 사회적 가치(a)에서 사회적 비용(b)를 제외한 741,780,000원으로 제시된다.

이같은 예에서 보듯이 SROI는 그 결과가 명확한 화폐액수로 제시되기

---

10) 이 계산식에서 중증장애인은 M전자 취업 이전에는 소득이 전혀 없었을 것으로, 비중증장애인은 최저생계비(연 11,268,000원, 3인가족 기준)만을 벌었을 것으로 가정된다. 동시에 최저생계비 이상의 소득이 발생할 경우, 월 16만원 지급되는 중증장애인 수당이 4만원으로 삭감되므로 차액인 12만원 만큼의 장애수당 절감 효과가 발생한 것으로 계산된다. 여기서 정부의 복지비용 절감이 곧 기업이 생산한 '사회적 가치'로 환산되고 있음에 유의할 필요가 있다. 이렇게 정부예산 절감을 기업이 생산한 사회적 가치에 포함시키는 것은 SROI 초창기부터 이어져오는 관점으로, 바만(Barman 2016: ch. 2)이 지적하듯이 이는 사회복지 영역에서의 국가의 후퇴를 사회적 경제를 통해 보충하려는 신자유주의적 관점을 반영한다.

에 직관적이고 이해하기 쉬우며, 보편적으로 비교가능한 단일 척도를 제공한다는 특징을 지닌다. 다만 위의 예에서 장애인의 소득 증가와 장애관련 복지예산 절감이 별다른 논의없이 '사회적' 가치로 계산되는 것처럼, SROI는 무엇을 측정가능한 사회적 가치로 정의하고 얼마의 화폐액으로 이를 환산할 것인가에 대한 정의가 근본적으로 모호하며 자의적이라는 비판을 받기도 한다. 이러한 모호함은 SROI로 측정되는 사회적 가치의 범위가 너무 좁다거나 혹은 너무 넓다는 상반되는 문제제기로 이어진다. 예컨대 SROI 측정에 회의적인 임팩트 투자자 L은 연구자에게 다음과 같이 묻기도 하였다: "아프리카에 태양광 패널을 설치해 전기를 공급하는 사회적 기업이 있어요. 이 기업은 등유 쓸 때보다 태양광을 쓰면 연료비나 이산화탄소 발생이 얼마나 줄었나 계산해서 SROI로 보고합니다. 그런데 태양광을 사용하면 그 집 아이들이 밤에 공부를 몇 시간 더 할 수 있게 되고, 불도 덜 나게 되었다는 것 같은 건 어떻게 측정하겠어요?"(L과의 인터뷰). 반대로 SROI 계산에 포함될 수 있는 '사회적 가치'의 범위는 평가자의 관점과 대용가치의 활용에 따라 매우 광범위하게 확장될 수도 있다. 예를 들어, 진흥원에서 발간된 SROI 관련 매뉴얼에서는 직원들의 소득증대뿐 아니라, 결근일 감소, 직장 만족도 증가, 저렴한 서비스 공급의 효과, 쓰레기 양의 감소 등등을 모두 계산하여 생산된 사회적 가치에 포함시킬 것을 제안하기도 한다. 예컨대, 사회적 기업 취업 후 종업원들의 삶의 질이 높아졌다면, 이로 인해 생산된 사회적 가치를 "생활만족감을 느끼는 직원 수 × 정신건강 서비스(전문가 상담) 이용 비용"이라는 계산식을 통해 화폐단위로 환산해낼 수 있다(한국사회적기업진흥원, 2011a: 107).

IRIS는 이러한 SROI의 화폐환산 방식에 대한 문제제기의 연장선상에서, 록펠러 재단의 후원을 통해 2006년 개발되었다. IRIS는 '임팩트 보고 및 투자 표준'이라는 이름에서 유추가능하듯이 특정 기업이나 조직이 자신들이 생산한 사회적 가치에 대해 보고할 때 포함시켜야 하는 표준지표들을 모아놓은 일종의 지표 라이브러리로, 사회적 경제 영역을 총 8개 업종

(농업, 교육, 에너지, 환경, 금융, 건강, 주거/공동체, 물), 5개의 카테고리 (조직개요, 제품개요, 재무적 성과, 운영효과, 제품효과)로 구분하여 각 분야에 적합한 400여 개의 지표들을 표준화하고, 각 조직들이 자신의 성격과 평가의 목적에 따라 필요한 지표들을 선별하여 독자적으로 활용하게끔 하였다(한국사회적기업진흥원, 2011a: 33). 따라서 이 측정 방식은 기본적으로 사회적 가치의 영역이 다양하며, SROI처럼 단일한 화폐형태로 측정·비교될 수 없다는 문제의식에 기반해 있다. 다만 지표의 표준화를 통해 동일한 업종과 카테고리 내에서 같은 지표를 선별해 측정을 진행할 경우, 그 결과에 따른 기업들 간의 상호비교는 가능하도록 구성되었다.

IRIS의 지표 라이브러리를 활용해 사회적 가치를 측정하는 가장 대표적인 방식은, 비랩(B-Lab)에서 개발한 비-임팩트평가와 이에 기반한 비콥(benefit corporation, B-corp) 인증시스템이다. 한국의 사회적 기업이나 소셜 벤처들 사이에서도 잘 알려져 있는 이 평가 및 인증 시스템은, IRIS 표준지표 라이브러리를 활용하여 거버넌스, 기업구성원, 지역사회, 환경, 고객 등 5개 항목에 전체 7-80개 정도의 지표로 구성된 지표셋을 구성하고, 각 항목별로 점수를 할당하여 총점 200점을 부과한다(비랩코리아, 2019). 이때 측정은 해당 기업이 속한 지역(선진국시장, 신흥시장)과 분야, 회사 크기에 따라 72개의 하위범주로 구분하여 진행되는데, 각 범주에 따라 통계처리된 가중치가 주어져 지표별 점수 배정이 달라지며 총점 80점 이상의 점수를 받은 기업에게는 비콥 인증을 부여한다. 따라서 이때 점수는 보편적 비교를 가능하게 해주는 절대값이라기보다는 동일 범주의 다른 기업들과 비교해 볼 때 해당 조직이 차지하는 위치를 보여주는 레이팅 수치에 가깝다고 할 수 있다.[11] 비콥 기업은 3년마다 재인증을 받아야 하며, 매출의 일정한 비율을 비랩에 연간인증수수료로 납부한다. 이에 따라 비콥

---

11) B-임팩트평가의 전신격으로 역시 비랩에서 개발한 '글로벌 임팩트 투자 평가시스템 (Global Impact Investing Rating System, GIIRS)'은 각 지표별 점수가 아닌 별의 개수를 통해 그 기업의 등급을 표현하기도 하였다.

인증은 평가기관이 인증기업수를 늘릴수록 더 많은 수익을 얻는 왜곡된 시스템이라는 비판이 제기되기도 하며, 비-임팩트평가 역시 표준지표로 구성된 지표셋이 개별 기업의 특수성을 온전히 반영하지 못한다거나 기업의 활동으로 생산된 사회적 가치보다는 기업 조직의 속성을 평가하는데 더 적합하다는 한계가 지적되기도 한다(마퀴스 2020: 3장). 그럼에도 현재 비콥 인증은 금융시장에서 무디스나 S&P와 같은 신용평가사들이 매기는 높은 신용등급처럼 사회투자 시장에서 투자자들에게 피투자 기업의 사회적 가치를 보장하는 역할을 수행하고 있으며, 인증을 받은 기업들은 브랜딩과 홍보에 이를 적극 활용하고 있다.[12]

실제 사회적 경제 현장에서는 이 두 가지 방식 이외에도 다양한 사회적 가치 측정 방식들이 활용된다. 예를 들어 한국 사회적 경제 영역의 최대 투자자 중 하나인 SK 행복나눔재단의 경우, SROI와는 상이하지만 여전히 화폐화된 형태로 사회적 가치를 측정하는 사회성과인센티브(Social Progress Credit, SPC)를 독자적으로 개발하여 피투자 기관들의 평가와 지원에 활용하고 있다(최태원 2014; 라준영·김수진·박성훈 2018). 혹은 공기업의 CSR 성과 측정을 위해 SROI와 같은 화폐적 측정과 IRIS의 비화폐적 측정의 장단점을 결합한 새로운 측정 방식을 활용하거나(한국임팩트평가 2013), 최근에는 "서울형 사회가치지표"와 같이 각 지자체별로 자신들의 필요에 맞는 사회적 가치 측정 지표들을 개발해 활용하기도 한다(서울특별시 2020). 이러한 다양한 측정 방식들은 구체적인 방법론에서는 차이를 가지지만, 공통적으로 새롭게 등장한 시장의 불확실한 조건 속에서 투자 및 거래 결정의 근거를 제공하고 이를 통해 시장의 구성 자체를 가능케하는 필수적인 시장장치 혹은 "가치화 하부구조(valuation infrastructure)"로 기능한다(Barman 2015: 9). 진흥원에서 개발된 SVI 역시 이러한 기존의 방법론들을 활용·변형하여 개발된 가치화 장치들 중 하나로, 다음 절에서는

---

12) 비랩에 따르면 2022년 현재 전 세계 77개국 4,500여개의 기업이 비콥 인증을 받았다. 비랩코리아 홈페이지(https://bcorporation.co.kr/) 참고.

SVI 개발 과정에서 이러한 구체적인 방법론들이 어떠한 방식으로 경합하고, 굴절되고, 타협을 통해 현재와 같은 형태에 이르게 되었는지 살펴볼 것이다.

Ⅳ	SVI 개발과 활용: 가치화 하부구조의 탄생

고용노동부와 진흥원이 사회적 가치 측정지표 개발에 나선 것은 사회적 경제영역이 빠르게 성장하기 시작하던 2010년 경부터로, 여러 우여곡절 끝에 8년의 시간이 흘러 2017년이 되어서야 SVI로 개발이 완결될 수 있었다. 이 글에서는 이 8년의 개발과정과 이후 SVI가 본격적으로 활용되기 시작해 2021년 현재에 이르는 기간을 크게 4시기로 나누어 살펴볼 것이다. 이 시기 구분은 기본적으로는 구체적인 측정방식의 변화를 기준으로 삼았지만, 이러한 측정방식의 변화는 측정의 목표를 둘러싼 이견들과 계산을 둘러싼 쟁점의 변화와도 긴밀히 연관되어 있음이 드러날 것이다.

1. 1기(2010년~2012년): 화폐환산 방식의 시도와 포기

지표 개발 초창기에 고용노동부(2010년 말 진흥원 설립 이후 진흥원 담당)는 개발과정에 직접 개입하기보다는 기존 전문가 집단에 관련 연구용역을 맡기는 형태로 지표 개발을 진행하였다. 2010년도에서 2012년까지는 L대학 연구팀과 C학회 연구팀이 연이어 해당 지표 개발의 과제를 맡아 기초 연구를 수행하였다. 이 시기 지표• 개발은 SROI 방식을 중심으로 이루어지게 되는데, 그 이유에 대해서는 진흥원의 입장과 연구팀의 기억이 조금 엇갈린다. 진흥원의 지표 개발 담당자는 SROI 방식의 선택이 고용노동부(진흥원)의 문제의식이라기보다는 연구용역을 맡은 연구자들의 개인적인 관심을 반영한 것이라고 밝혔지만(I와의 인터뷰), 당시 C학회 연구팀 참여자는 진흥원 역시 SROI 중심의 지표개발에 적극 동의했던 것으로 기억하고 있다(B와의 인터뷰). 어떠한 주장을 받아들이든, 초창기에 SROI 방식이 우선적으로 고려된 배경은 충분히 이해가능한 것이다. 앞서 살펴봤듯이 SROI 방식은 가장 널리 활용되는 사회적 가치 측정방식일 뿐 아니라, 사회적 가치를 화폐화함으로써 그 결과를 직관적인 형태로 제시해준다는 장점을 가진다. 단일한 양적척도를 통해 모든 사회적 기업들 간의 비교평가를 가능하게 해준다는 점에서, SROI는 사회적 기업 인증제를 시행하고 있는 한국의 상황에서 특히 매력적인 측정방식으로 보였을 것이다.

하지만 3년 간 이루어진 SROI 방식의 지표 개발 시도는, 결과적으로는 안정적 평가도구를 구축하는 데 성공하지 못했다. 무시할 수 없는 몇 가지 현실적인 어려움이 원인으로 꼽힐 수 있을 것이다. 무엇보다도 SROI 방식은 앞서 보았듯이 측정대상이 되는 사회적 가치의 범위가 모호하기에 개별 기업 측정과정에서 그 범위를 결정해야 하는데, 이를 위한 평가자와 기업 간의 소통 과정에서 측정시간과 비용이 늘어나 평가기관과 사회적 기업들의 측정에 대한 부담이 커지게 된다.[13] 또한 SROI 방식으로는 사회적 기업들의 '진정성'이나 '혁신성'과 같은 질적인 특성들을 제대로 측정할 수 없다거나, 대용가치들의 값을 정리한 공통의 데이터베이스를 만드는 과정에 오랜 시간이 걸린다는 점 역시 문제로 제기되었다(한국사회적기업진흥원 2011a: 20). 여기에 덧붙여 한 개발연구팀 참여자는 실패의 원인으로 SROI 방식 자체의 문제보다는 지표 개발을 둘러싼 진흥원 내 내부정치와

---

13) 임팩트 측정 전문가 K에 따르면, 한 기업의 SROI를 면밀히 측정하기 위해서는 통상 5일에서 10일 정도의 시간이 걸린다고 말한다(K와의 인터뷰). 이 과정에서 기업과 평가자 사이에 긴밀한 소통이 이루어지게 되는데, 이는 측정에 걸리는 비용과 시간에 대한 부담이 되기도 하지만 동시에 장점으로 이해되기도 한다. SROI 방식의 지표 개발을 추진했던 B는 오히려 이러한 특성 때문에 SROI 방식의 지표 개발을 추진했다고 말한다: "다른 지표들보다도 SROI가 가지고 있는 장점 가운데 하나는 이해관계자들의 동의입니다… 이 SROI는 그 과정을 보면 사회적 가치 창출 활동에 참여하는 사람들로 하여금 스스로 답을 찾게 하는 그런 것으로부터 출발하거든요… 그렇기 때문에 전문가들이 측정 지표를 들고 와서 하는 것보다는 참여성이 강하다는 점이 매력있었습니다."(B와의 인터뷰)

담당 공무원의 잦은 교체로 인해 사업 지속성이 담보되지 못한 것을 들기도 하였다(A와의 인터뷰). 하지만 이러한 현실적 어려움들을 차치하더라도 SROI 방식이 포기된 근본적 원인은, 화폐적 측정이 사회적 경제 내 행위자들의 다양한 반대에 부딪혔고 이에 따라 측정지표를 둘러싼 이해관계의 동맹을 만들어내는데 실패했다는 점에서 찾을 수 있을 것으로 보인다.

먼저 일선 사회적 기업들과 비영리 단체들은 화폐화에 기반한 SROI 측정방식이 특정 분야의 거대 사회적 기업들에게만 유리하게 작동할 것이며 사회적 기업 간 서열화를 가져올 것을 우려하여, 이러한 측정방식에 처음부터 강력한 반대의사를 표명하였다.[14] SROI 측정방식의 특성상 매출 규모가 크고 장애인이나 취약계층을 대규모로 고용한 회사일수록 더 큰 측정치가 나올 수밖에 없다는 것이 그 이유였다. 동시에 취약계층을 고용하여 전자제품을 생산하는 사회적 기업과 공정여행을 추진하는 사회적 기업, 돌봄 서비스를 제공하는 사회적 기업처럼 전혀 다른 분야에서 활동하는 사회적 기업들이 생산한 사회적 가치를 단일한 화폐 단위에 기반해 비교하는 것이 타당한가라는 문제제기도 계속되었다(한국사회적기업진흥원 2011b: 196). 연구자가 현장연구 과정에서 만난 사회적 기업 종사자들은 대체로 측정 자체의 필요성에는 동의했지만 화폐 단위로의 환산에는 극도의 거부감을 보였는데, 궁극적으로 이들은 이러한 화폐화된 측정이 다양한 사회적 기업들을 단일 척도에 기반해 줄세우고 이에 따라 자신들에 대한 국가의 '감사(audit)'와 '통제'가 강화될 것이란 점을 우려하였다.

진흥원의 담당자는 사회적 가치 측정이 사회적 기업들의 줄세우기와 통제에 활용될 수 있다는 우려에 대해 즉각 부인하였지만(I와의 인터뷰), SROI 측정방식의 활용이 '수행적으로' 사회적 기업의 서열화나 집중화를 낳을 수 있다는 가능성은 진흥원 내부에서도 인식하고 있었던 것으로 보

---

14) 당시 연구에 참여했던 C는 과거 시민운동·지역운동 등에 참여하다 사회적 기업으로 조직을 전환한 장애인 단체들이나 자활 단체들, 비영리 기관들의 반발이 특히 심했던 것으로 기억하고 있다(C와의 인터뷰).

인다. 당시 진흥원에서 발간한 자료집은 다음과 같은 우려를 표하고 있다.

"사회적 가치 측정도구를 통해 기업 가치를 화폐단위로 환산할 경우 사회적 기업들의 가치를 숫자로 비교 분석할 수 있기 때문에 사회적 가치 측정도구를 통한 서열화가 발생할 수 있다. 마치 사회적 가치 측정도구가 높게 나온 사회적 기업이 우량한 기업이라는 인식이 발생하여 사회적 기업에 대한 투자가 사회적 가치 측정도구가 높은 기업에게 집중될 수 있다. 이러한 경우 사회적 기업은 사회적 가치 측정도구가 높아지는 부분에만 역량을 집중하려 할 것이다." (한국사회적기업진흥원 2011c: 152)

즉, 앞서의 현실적 어려움에 덧붙여서, SROI 방식이 활용될 경우 이제 막 형성중인 사회적 경제 영역의 양극화를 심화시킬 수 있으며, 기업 간 서열화와 경쟁을 가져올 수 있다는 우려는 광범위하게 퍼져있었던 것으로 보인다.15)

흥미로운 것은, 사회적 경제 담당 공무원 집단 일부에서도 이러한 화폐적 측정에 대해 비판적인 입장을 보였다는 점이다. 관련 공무원 일반의 입장을 대변한다고 말할 수는 없지만, 현장연구 과정에서 만난 대부분의 사회적 경제 담당 공무원들, 특히 사회적 경제 활동가로 일하다 공무원 신분을 가지게 된 소위 '어공'(이들이 스스로를 호칭하는 '어쩌다 공무원'의 준말)들은 화폐 환산 방식에 회의적인 반응을 보였는데, 그 이유는 사회적 기업 지원이나 사회적 가치를 고려한 공공조달 과정에서 SROI 같은 화폐적 측정 방식의 지표가 활용된다면, 본인들의 재량권이 완전히 사라질 것이라는 우려 때문이었다. 예컨대 서울의 한 구청 공무원은 SROI 측정에

---

15) 이러한 우려는 한국만의 것은 아니며, SROI의 개발 당시부터 이 지표가 낳을 수 있는 부정적 효과로 계속해서 지적되어 왔다. 즉 화폐화될 수 있는 영역의 사회적 가치만을 측정하는 SROI의 특성상, 이 지표가 표준이 될 경우 직접적 성과와 관련된 영역에만 집중하는 사회적 기업에 대한 투자가 늘어날 것임이 예견되었다(Barman 2016: 71).

대한 의견을 묻는 연구자에게 다음과 같이 답했다: "그렇게 화폐로 사회적 가치를 측정하게 되면, 기존에 가격으로만 결정하던 입찰제와 마찬가지로 똑같이 일괄적이고 추상적인 기준으로 입찰을 시행할 수밖에 없어요. 하지만 이 지역에서 어떤 사회적 기업이 진정성을 가지고 지역사회에 기여하고 사회적 가치를 추구하는지는 사실 우리가 가장 잘 알죠. 사회적 경제는 서로 관계 맺음에 기반한 것 아닙니까?"(R과의 인터뷰) 연구자는 입찰이나 지원과정에 공무원의 판단이 개입되는 것은 비리의 위험도 있다는 점을 조심스레 지적했지만, 해당 공무원은 이러한 우려를 "구더기가 무서워 장 못 담그는 격"이라고 일축하였다. 물론 '어공'이라는 이들의 특수한 지위가 고려되어야 하겠지만, 많은 경우 이들은 "지역사회 기여"와 "진정성"이라는 나름의 가치화 기준에 기반해 기업 지원에 있어 본인들에게 좀 더 많은 재량권이 부여되기를 원하고 있었고, 이에 비해 화폐적 측정은 그러한 여지를 원천적으로 차단하는 것으로 이해되었다.

결과적으로 초창기 SROI 방식의 지표는 담당 연구자 이외에 안정적 동맹군을 사회적 경제 영역에서 확보하는 데 실패한 것으로 보인다. 화폐적 측정방식을 선호하는 일부 대형 사회적 기업이나 소셜 벤처들은 자체적으로 SROI 측정을 시행하여 홍보 등에 활용해 나갔지만, 모든 사회적 기업들을 대상으로 하는 진흥원의 사회적 가치 측정 지표는 현실적 비용 및 어려움과 함께, 중소 사회적 기업들의 반대, 진흥원 실무자들의 우려, 관련 공무원 집단의 회의적 반응 등등을 고려하지 않을 수 없었다. 이러한 상황에서 화폐환산 측정이 포기되고 새로운 방식에 대한 모색이 이루어진 것은 어찌 보면 당연한 일이었다.

2. 2기(2013년~2014년): 지표 라이브러리의 구축과 갈등

이러한 문제의식하에서 진흥원은 방향을 바꾸어 새로운 방식의 측정지표 개발을 고민하게 되고, 2013년부터는 SROI가 아닌 IRIS식의 지표라이브러리 구축을 위해 T대학 연구팀에 지표개발 용역과제가 주어지게 된다. 앞서 지적했듯이, IRIS 방식은 사회적 경제 영역 모두를 포괄하는 보편적이고 단일한 측정을 추구하기보다는, 각 섹터별로 표준화된 지표들을 제시함으로써, 이후 이 표준지표들을 활용해 해당 섹터 내 기업의 위치를 보여주는 상대평가 혹은 레이팅 방식의 평가툴 구축을 목표로 한다. 이는 통계처리를 통해 지표의 타당성과 정규분포 내에서의 기업의 위치를 검토·확인하는 방식이기 때문에 측정 기업들이 많을수록 데이터의 양과 질이 개선되게 되는데, 연구팀 참여자에 따르면 따라서 인증제를 통해 다수의 사회적 기업에 대한 장기간 데이터 확보가 가능한 한국 상황에 알맞은 측정방식이었다(D와의 인터뷰).

2013~2014년 연구기간 동안 T대학 개발연구팀은 사회적 경제 섹터를 총 18개 섹터(장애인 고용생산, 간병, 공정여행, 문화 창작예술, 청소 및 시설관리 등등)로 나누고, 섹터에 관계없이 적용되는 필수지표 165개와 섹터별로 활용할 수 있는 권고지표 823개, 각 기업이 자신의 특성에 맞게 활용할 수 있는 자율지표 150개 등 총 1,303개의 표준지표를 개발하여 발표하였다. 최종 보고서는 각 섹터별로 필수지표와 권고지표를 합쳐서 평균적으로 200개 정도의 지표로 구성된 지표셋을 활용해 각 섹터별 기업들의 사회적 가치를 측정할 수 있다고 말하고 있다(한국사회적기업진흥원, 2014). 이러한 방대한 양의 지표들은 기업 제품/서비스의 양적 산출 성과 등은 물론, SROI 방식으로는 측정이 어렵다고 이야기되는 기업 지배구조와 혁신성, 지속가능성과 같은 질적인 항목들도 포함하고 있다.

이렇게 업종별로 다수의 지표를 제시하려는 시도는 업종에 상관없이 단일한 기준으로 평가되는 SROI 방식의 한계를 일정 정도 극복한 것이며, 개발팀 참여자들에 따르면 상대적으로 다수의 사회적 기업들의 환영과 지지를 받을 수 있었다(D, E와의 인터뷰). 물론 그럼에도 IRIS 방식 역시 몇 가지 현실적 어려움을 안고 있었는데, 우선 지표수가 과도하게 많아 SROI 만큼은 아니더라도 측정에 부담을 줄 수 있다는 점, 질적·정성적 지표의 경우 정확한 측정이 쉽지 않다는 점 등이 문제로 제기되었다. 하지만 무엇보다도 새로운 측정방식의 핵심적인 쟁점은, 구축된 지표 라이브러리에서 누가 지표들을 선택하여 지표셋을 구성하고 사회적 가치를 측정할 권리를 가지는가의 문제였다. 예를 들어, 2013년 IRIS 방식의 표준지표 개발 결과를 발표하고 논의하는 컨퍼런스 자리(<사회적 경제의 사회가치 측정을 위한 공청회 및 컨퍼런스>)에서 이인경 사회적기업중앙협의회 사무국장은, 표준지표 라이브러리의 개발을 환영하면서 이를 통해 사회적 기업들이 자신들에게 "가장 최적화된 방법을 선택할 수 있도록" 해 사회적 가치의 측정을 내부 평가와 반성을 위한 목적으로 사용하자고 제안한다(고용노동부 2013: 222). 사실 이러한 입장은 표준지표 라이브러리를 만들어 기업과 비영리단체들이 "필요에 따라 자신들만의 평가툴을 만들어 활용"할 것을 의도했던 T대학 개발연구팀의 원래 문제의식과도 일치하는 것이었다(D와의 인터뷰). 하지만 이는 사회적 가치 측정을 통해 사회적 기업의 성과를 평가·비교하고 그 결과를 인증과 차등지원에 활용하려는 진흥원의 입장에서는 수용하기 어려운 이상(理想)에 가까운 제안이었음은 쉽게 추측할 수 있다. 이러한 입장차는 궁극적으로는 사회적 가치측정의 목표에 대한 관점의 차이를 반영하는 것으로, 가치측정의 주된 목적이 개별 사회적 경제 조직들의 자기점검 및 발전을 위한 것인가 혹은 인증과 상호비교를 위한 도구로 활용할 것인가라는 논점을 포함한 것이라 할 수 있다.

결국 이러한 입장차는 표준지표 라이브러리에 기반해 실질적인 지표셋과 측정도구를 구성하는 과정에서 T대학팀과 진흥원 간의 긴장으로 현실화되었다. 2014년 말 진흥원은 개발팀의 연구성과를 인정하면서도 1,300여 개의 표준지표들 중에 핵심적 지표들 수십 개만을 추출하여 모든 사회적 기업들을 대상으로 적용·평가할 수 있는 100점 만점의 지표셋을 개발해 줄 것을 요청하였다(한국사회적기업진흥원 2014: 138). 이 제안은 두 가지 점에서 논쟁적이었다. 하나는 섹터 구분없이 모든 사회적 기업들에 적용가능한 지표셋을 구성해 달라는 진흥원의 요청이, IRIS를 따라서 각 섹터의 특수성을 인정하고 별도의 지표들을 구성한 T대학 연구팀의 문제의식과 충돌한다는 것이었다. 둘째는 테스트를 통해 지표의 타당성을 검증하는 작업이 마무리되지 않은 상태에서 필수지표들을 활용해 100점 만점의 지표셋을 만들 경우, 각 지표에 자의적인 방식으로 점수를 배정할 수밖에 없다는 점이었다. 예컨대, 지표셋에 '지배구조'나 '윤리경영'이란 지표를 포함시킨다면, 이 항목들에 각각 몇 점을 배정해야 할 것인가란 질문이 제기된다.

첫 번째 문제와 관련해 개발팀은 사회적 기업 유형을 일자리제공형, 사회서비스제공형, 혼합형 등으로 단순화하고 이 각 유형에 적합한 지표셋 개발을 제안하였으나 받아들여지지 않았다(한국사회적기업진흥원 2014: 131–138). 두 번째 문제는 지표셋의 신뢰도와 관련되기에 좀 더 민감한 사안이었는데, 개발에 참여한 연구원 F는 이에 대해 "완전히 난센스"라며 불만을 표출하기도 했다.

"우리 연구팀에서 원하는 방향은 아니었는데, 진흥원에서 실제 평가를 해보자고 해서 몇 군데 평가를 했어요. 그런데 점수제로 평가를 하려면 평가 항목의 비중구성을 우리가 선험적으로 해야 하는데, 이게 정말 웃기는 일이죠. 같은 점수제여도 GIIRS(비–임팩트분석의 전신격인 IRIS 기반 평가툴–연구자)같은 건, 선험적인 게 아니고 특정 지표에 대해서 어떤 섹터의 업체들 100개를 지금까지 지켜봤더니 평균적으로 이 점수가 나오니까 당신은 '이 지표에 대해서 탑 15%에 드는 정도의 위치다'라는 평가만 해주는 거예요. 그런데 우리 경우는 '이 지표는 5점짜리 지표인데, 여기서 몇 점을 받았으니까 당신은 몇 점이다'라고 하는 거죠. 그런데 그 지표가 왜 5점만큼의 비중을 가지는가라고 물어보면, 아무도 모르죠. (웃음) (연구자: 그건 좀 논쟁적일 수 있겠네요.) 그렇죠. 그런데 진흥원에서는 이게 박근혜 정부의 핵심 정책 과제 중의 하나라 결과를 보여줘야 했던 것 같아요. 지표개발 만이 아니라 실제 평가가 이뤄졌다는 걸 보여줘야 하니까, 자꾸 배점을 정해달라는 거예요. 우리팀은 이게 완전히 난센스고 연구자로서 윤리적으로 할 수 없다고 이야기했는데, 그냥 막무가내로 해달라고 해서 할 수 없었어요. '우리나라, 참 대단

하다~' 했죠(웃음)." (F와의 인터뷰)

한편 진흥원 입장을 고려해보자면, 보편적 척도의 구성과 점수제의 도입은 사회적 가치 측정을 장래에 기업 인증 및 사회적 가치 공공입찰과 연결시키기 위해서는 필수불가결한 것이었다. 각 기업이나 비영리 단체별로 자율적 지표셋을 구성하여 자신들의 사회적 가치를 측정하고 개선해나가는 것은 권장할 만한 일이지만(I와의 인터뷰), 이는 자신들에게 유리한 지표만을 활용하여 결과를 계산할 수도 있다는 점에서 지표셋 자체의 공신력에 영향을 줄 수 있었다.

결과적으로 사회적 가치의 다양성과 섹터별 특수성을 출발점으로 삼고 표준지표 라이브러리를 구성하여 각 조직들이 자율적으로 지표를 활용하는 것을 기조로 했던 T대학 개발연구팀의 방향은, 사회적 기업들로부터 일정 정도 지지를 끌어내는 것에는 성공했지만, 이 측정을 인증제 및 지원과 연결시켜야 했던 정부 입장에서는 수용할 수 없는 이상적 모델로 판명되었다. 이에 따라 이후 사회적 가치 측정 지표 개발은 화폐적 측정 방식의 SROI도, 지표 라이브러리 구성을 통한 자율적 가치 측정도 아닌 일괄점수제를 통한 측정이라는 새로운 방향으로 나아가게 된다.

3. 3기(2015년-2017년): 지표셋과 지표 계산식의 확정

점수제를 둘러싼 진흥원과 T대학 연구팀 간의 긴장이 직접적인 원인이었는지는 확실치 않지만, 2015년부터 진행된 개발용역은 새롭게 M대학 연구팀에 맡겨지게 된다. T대학과의 경쟁 속에서 연구용역을 수주한 M대학 연구팀은 연구 초반 다시 SROI방식으로 회귀하는 것을 검토하기도 하였으나, 이미 지체된 개발과정으로 인해 실제 현장에서 곧바로 사용할 수 있는 지표를 개발해달라는 고용노동부와 진흥원의 강력한 요청 속에서

SROI로의 회귀를 포기하고, 대신 T대학 연구팀이 개발한 지표 라이브러리에 기반해 모든 사회적 기업에 적용할 수 있는 범용 지표셋을 개발하는데 초점을 맞추게 된다(G와의 인터뷰). 이를 위해서는 지표수를 최대한 줄이고 각 지표에 할당된 점수를 분명히 하며, 각 지표의 점수가 도출되는 계산식을 명확히 하는 일종의 안정화 작업이 요구되었다. 결국 모든 사회적 기업에 적용되는 100점 만점의 지표셋은 2015년에 총 48개의 지표로 축소되고, 이후 2016년~2017년 간 연구용역을 담당한 K연구원 개발팀은 이를 14개까지 더 축소하고 각 지표 당 계산식을 명확히 확정하는데 전념하게 된다.

이렇게 지표의 수를 간소화하고 계산식을 정교화하는 과정에서 개발연구팀과 진흥원은 학계 및 현장전문가 간담회를 두 달에 한 번 지속적으로 개최하여 다양한 이해관계자들의 문제제기를 흡수하고 현실적 어려움들을 하나씩 제거해나가기 시작한다. 우선 지표수의 축소는 진흥원과 사회적 기업 양자 모두에게서 제기되었던 측정의 과도한 부담을 덜어주기 위한 방편이었다(G와의 인터뷰).16) 또한 여전히 몇몇 사회적 기업들은 각 섹터별 특수성을 인정하지 않는 것에 불만을 표시했는데, 진흥원과 연구팀은 이를 수용해 (아직 실현되지는 않았으나) 향후 각 섹터별로 측정지표를 개발하는 것을 하나의 목표로 제시하는 동시에, 몇몇 정량지표(예컨대 매출액)의 경우, 각 섹터별 평균을 구하고 그 평균을 기준으로 배점을 함으로써 일정 정도 불만을 해소하였다. 진흥원에 따르면, 이 전체 과정은 다음과 같은 세 가지 목적을 가지고 진행되었다. 첫째, "가능한 많은 이해관계자들이 지표를 수용할 수 있도록 구성", 둘째 "현실적으로 측정 가능해야 하고,

---

16) 한편으로 이렇게 지표를 줄여나가는 과정은, 사회적 가치의 면밀하고 포괄적인 측정을 원하는 연구자 입장에서는 다른 이해관계자들의 요구와 타협하는 과정이기도 했다. M대학 연구참여자 G는 다음과 같이 말한다: "진흥원에서 연락이 와서 '48개도 너무 많다. 혹시 지표 중에서 더 줄일 수 있으면 뭐를 줄이면 좋겠냐고 묻더라고요. 그래서 제가 웃으면서 '지금은 제 정신이라 절대 더 못 줄이고, 나중에 술 취했을 때 물어보면 경제적 성과 관련한 지표들 조금 줄일 수 있지 않을까' 했어요(웃음)"(G와의 인터뷰).

운영가능한 수준으로 구성", 셋째, "특정 사회적 기업 유형이 상대적으로 유리하거나 불리하지 않도록 구성."(한국사회적기업진흥원 2017: 3) 그 결과 남게 된 14개의 지표들은 "사회적 기업이라면 기본적으로 갖추어야 하는 속성들"에 관한 매우 기본적인 지표들이었다(H와의 인터뷰) 즉, 이 전체 과정은 새롭게 구성된 지표셋을 중심으로 이해관계자들 간의 동맹을 만들어내고 안정화하기 위한 시도인 동시에, 생산된 사회적 가치보다는 사회적 가치를 생산하는 조직의 속성에 좀 더 초점을 맞추는 방식으로 사회적 가치를 재규정하는 시도였다.

그 결과 지표셋을 둘러싸고 관련 행위자들 — 개발연구팀, 진흥원, 사회적 기업 대표자, 기타 전문가들 — 사이에 모두가 완전히 만족스럽지는 않지만, 동시에 현재의 진행방향 자체는 수용하는 일종의 동맹이 형성되게 되었다. 이러한 동맹이 탄생했다는 증거는, 무엇보다도 이 시기 갈등과 논의 과정에서 앞서 1기와 2기처럼 '화폐적 측정을 해야만 하는가' 혹은 '지표셋을 누가 어떠한 원리로 구성할 것인가'라는 근본적인 질문들은 지양되고, 그 대신 '지표의 구체적 측정을 어떻게 진행할 것인가' 혹은 '100점 만점에서 경제적 성과지표와 사회적 성과지표의 비중을 어떻게 조정할 것인가'와 같은 세부적인 논점들로 논의의 중심이 옮겨갔다는 사실에서 찾을 수 있다. 물론 이러한 지표 구성 및 계산 방식을 둘러싼 세부적인 논의들은 단순히 기술적인(techincal) 차원에서의 조정으로 이해되어서는 안 되며, 실제로는 사회적 경제 및 사회적 가치의 성격을 어떻게 규정할 것인가를 둘러싼 전망과 입장 차이를 지표를 매개로 번역해나가는 과정으로 간주되어야 한다. 이 시기 논의된 두 가지 사례를 통해 이 지표를 매개로 한 번역이 의미하는 바에 대해 살펴보자.

<사례1> 2015년 M대학 개발팀은 지표셋을 구성하는 과정에서
  사회적 기업의 '혁신성' 지표에 5점을 배정하였는데, 그 해 10월

진행된 현장전문가 간담회에서는 '혁신성'의 가치를 어떻게 정의하고 측정할 것인가라는 문제가 제기되었다. 우선 혁신성은 양적 자료로 측정되기 어려우므로 기업의 사업모델을 전문가 집단이 검토하고 점수를 부여하는 정성적 평가방식을 택해야 한다는 것에는 합의가 이루어졌다. 다만 이를 위해서는 혁신성에 대한 명확한 정의와 평가기준이 제시되어야 했다. 개발팀에서는 혁신성에 대한 일반적 정의에 따라 해당 사회적 기업이 소유한 지식 및 기술의 희소성과 모방불가능성을 5점 척도로 평가하는 안을 제시하였는데, 이러한 개발팀의 안은 다음과 같은 반대에 부딪혔다: "사회적 경제에서의 혁신성은 희소성·모방불가능성이 아니라 모방가능성·확산성이 중요한 것 아닌가? 기존 경제 영역의 혁신성 평가가 사회적 경제 영역에 그대로 적용될 수는 없을 것 같다."(사회적기업진흥원 2015: 94). 즉, 사회적 경제에서의 혁신성과 기존 경제 영역의 혁신성을 동일시할 경우, 전통적인 사회적 기업들보다는 소셜 벤처형 기업들에 일방적으로 유리한 결과가 나올 수 있다는 점이 지적되었던 것이다. 이같은 의견 차이는, "사회문제 해결에 있어 일반적인 경영방식을 활용하는 기업"에는 1점, "사회문제 해결에 있어 여타의 조직과 차이를 가지는 혁신적 방식을 활용하는 기업"에는 3점, "사회문제 해결에 있어 여타의 조직과 차이나는 혁신적 방식을 활용하고 있으며, 타조직으로의 확산성도 큰 기업"에는 5점을 주는 것으로 척도를 재정의함으로써 조정될 수 있었다.[17)]

---

17) 이후 SVI 개선 과정에서 '혁신성' 지표는 조금 더 포괄적으로 정의된 '혁신노력도' 지표로 대체되었는데, 이러한 수정은 다양한 사회적 경제 조직들 간에 일관된 혁신의 정의가 적용되기 어렵다는 점을 반영하는 것이다(H와의 인터뷰). 이와 유사한 논의는 혁신성 뿐 아니라 SVI의 다른 몇몇 지표들과 관련해서도 발견된다. 예를 들어, '지속가능성'이라는 가치를 어떻게 측정할 것인가? 2015년 M대학 개발팀은 자신들의 지표 셋에서 '지속가능성' 항목에 10점을 배점하고, 그 측정을 위해 지난 3년 간 기업의 연평균 매출액, 영업이익, 순이익 증가율 등의 지표를 포함시켰다. 이러한 시도는 "사회적 기업이 반드시 성장해야 하는 것인가? 사회적 기업의 지속가능성이 매출 성장으로 이해될 수 있는가? 외형적 성장이 아니라 내적 발전을 측정할 다른 지표를 만들어야 하는 것이 아닌가?"라는 문제제기에 부딪혔고, 이에 대해 장기적으로 사회적 기업이 정부 지원으로부터 "자립하기 위해서는 매출성장이 필수적"이라는 반론 역시 제기되

<사례 2> 이러한 지표의 수정을 통한 관점과 이해관계의 조정은 전체 지표셋의 차원에서도 이루어졌다. 예를 들어, 이 시기 핵심 논쟁 중 하나는 100점 만점에서 사회적 성과 점수와 경제적 성과 점수 간의 비율 배정을 어떻게 할 것인가였다. 2015년 M대학 개발팀이 제시한 안에서는 사회적 성과가 50점, 3년간의 매출액 평균 등을 포함하는 경제적 성과가 50점의 비중을 차지하였다. 이러한 배점에 대한 다양한 이견들―예컨대, 사회적 가치 측정에 경제적 성과를 포함시키는 것은 이중측정이기 때문에 경제적 성과를 아예 배제해야 한다는 주장에서부터, 경제적 성과를 포함시킨다 하더라도 매출액이 기준이 되면 일부 대형 사회적 기업만 유리하다는 의견, 매출액의 기준을 3년 평균으로 잡으면 신생 사회적 기업에 불리하다는 의견 등등―이 제기되었다. 이후 K연구원 개발팀은 간담회를 거치면서 최종적으로는 사회적 가치 60점, 경제적 가치 30점, 혁신성 10점이라는 점수 배정을 확정지었다. 해당 논의에 참여한 H에 따르면, 이러한 결정은 특별한 기준이 있었다기보다는 사회적 가치 측정 지표이기에 사회적 성과가 더 중요하게 고려되어야 한다는 합의가 있었고, 그렇다면 "사회적 성과가 최소한 경제적 성과의 두 배 정도의 중요도는 가져야 하지 않나"라는 논리 하에 결정된 것이었다. 또한 당시 '혁신경제'를 슬로건으로 내세웠던 정부와 "혁신성에 최소 20점을 배점해 줄 것을 제안한" 임팩트 투자 기관들의 요청을 일부 받아들여 총 10점을 혁신성에 배정하게 되었다(H와의 인터뷰).

이러한 예에서 보듯이 사회적 가치 및 사회적 경제의 성격을 둘러싼 이견들은 그 차이들을 지표의 수정 및 보완을 통해 번역함으로써 조정되었는데, 이 과정에는 몇 가지 주목할 만한 지점들이 있다. 먼저 이러한 조

었다(한국사회적기업진흥원 2015: 127). 이러한 의견차이는 해소되지 못하고, 지속가능성 항목은 최종 SVI 지표셋에서 탈락하였다.

정 과정은 엄밀한 '객관적' 근거에 기반한 기술적 과정이라기보다는 사회적 가치의 정의와 사회적 경제의 전망에 대한 규범적 판단('사회적 경제에서의 혁신성은 모방가능성이 더 중요하게 고려되어야 한다' 혹은 '사회적 성과는 경제적 성과보다 두 배는 더 중요하게 여겨져야 한다')과 다양한 이해관계를 조정하고 포괄할 필요(소셜 벤처 혹은 대형 사회적 기업에 일방적으로 유리한 조건들의 수정 혹은 당시 정부정책 기조와 임팩트 투자기관들의 요청 반영)에 의해 이루어지게 된다. 또한 여기서 고려되는 '혁신성', '지속가능성' 등과 같은 사회적 가치는 이미 객관적으로 존재하여 지표에 투명하게 반영되는 대상이라기보다는, 그 자체로 지표를 둘러싼 다양한 입장들 간의 논의와 타협의 결과물이라 할 수 있다. 마지막으로 이 조정 과정에 참여한 이들이 지표의 개선을 통해 지표와 연루된 이해관계자들을 넓힐 수 있다는 점은 물론, 지표의 수행적 효과를 고려해 사회적 경제 영역의 전망에 대한 규범적 판단이 지표 구성에 개입되어야 한다는 점을 분명히 자각하고 있었다는 점 역시 눈여겨 보아야 한다.[18]

이러한 조정과정을 거쳐서 2017년 7월 진흥원은 100점 만점에 총 14개의 지표를 포함하는 완성된 SVI 지표셋을 발표하게 된다(표 3-2 및 그림 3-1).[19] 최종 발표된 SVI는 '매출성과'와 '노동생산성'과 같은 11개의 계량지표와 '사회적 가치 지향성', '사회적 환원 노력도', '혁신성'과 같은 3개의 비계량 지표(정성지표)를 포함한다. 앞서 지적했듯이, 계량지표의 측정에서는 각 섹터별 매출액, 고용규모, 임금수준 등의 평균값에 따라 배점을 달리함으로써 섹터의 특수성을 고려해달라는 요구를 일정 부분 반영하

---

18) 예를 들어, 진흥원의 지표 개발 담당자는 사회적 가치 지표 개발이 단순히 측정을 위한 것이 아니라 사회적 기업들에게 "이런 가치를 추구해야 한다는 가이드라인을 제시하는" 행위임을 강조하기도 하였다(I와의 인터뷰). 개발에 참여했던 한 연구자 역시 사회적 가치 측정 지표는 "이상적인 사회적 기업의 모습으로 기업들을 유도하는 효과를 낳는 것이 중요한 목적 중 하나"라고 말한다(G와의 인터뷰).

19) 이하 상술될 몇 가지 이유로 SVI는 계속해서 조정되고 있으며, 그 결과 2017년 최초 발표된 SVI 지표셋과 2021년 현재 운영중인 SVI 지표셋에는 지표별 배점과 지표명에서 약간의 차이가 있다.

였고, 비계량지표들은 전문가 집단의 논의를 통해 채점하게 하여 계량지표로 포착되지 않는 가치들(예를 들어, 사회적 가치 추구에 대한 '진정성'이나 사업모델의 '혁신성' 같은 요소들) 역시 부분적으로 반영될 수 있도록 조정하였다. 이 같은 과정을 통해 일종의 안정화를 이룬 가치화 장치로서 SVI는 2018년부터 본격적으로 활용되게 된다.

표 3-2 ▌ A회사의 SVI측정 결과표(지표셋)

사회적 가치측정 결과			
기업명			
측정대상연도	2019년	평가점수	91.4 / 100

□ 측정 결과

관점	범주	영역	측정지표	배점	평점
사회적 성과	조직 미션	사회적 미션	01. 사회적 가치 추구여부	2	2
			02. 사회적 성과 관리체계 구축 여부	5	4
	사업 활동	주사업활동의 사회적 가치	03. 사업활동의 사회적 가치 지향성	15	14
		사회적 경제 생태계 구축	04. 사회적 경제기업과의 협력수준	5	5
			05. 지역사회와의 협력수준	5	5
		사회적 목적 재투자	06. 사회적 환원 노력도	10	10
	조직 운영	운영의 민주성	07. 참여적 의사결정 비율	5	5
		근로자 지향성	08. 근로자 임금수준	8	6.4
			09. 근로자 역량강화 노력	5	3

경제적 성과	재정 성과	고용창출 및 재정성과	10. 고용성과	10	**10**
			11. 매출성과	10	**10**
			12. 영업성과	5	**4**
		노동성과	13. 노동생산성	5	**3**
혁신 성과	기업 혁신	기업활동의 혁신성	14. 혁신노력도	10	**10**
총 점				100	**91.4**

그림 3-1 A회사의 SVI측정 결과(등급)

종합평가

> 귀사의 2020년 사회적 가치지표(SVI) 측정결과입니다.
> 모든 영역에서 사회적 가치실현을 위한 체계적인 경영시스템을 갖추고 효과적인 활동이 이루어지고 있으며, 매우 높은 성과를 달성하고 있는 수준입니다.

우리 기업의 위치

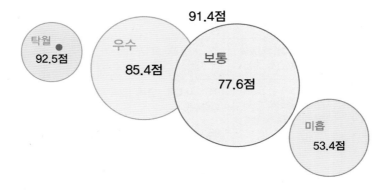

91.4점

탁월 ● 92.5점

우수 85.4점

보통 77.6점

미흡 53.4점

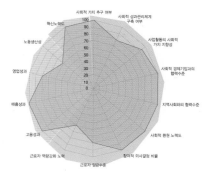

측정지표별 달성률

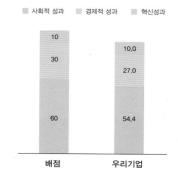

관점별 점수비교

■ 사회적 성과   ■ 경제적 성과   ■ 혁신성과

지표별 비교

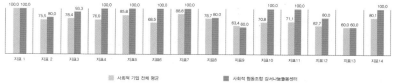

■ 사회적 기업 전체 평균   ■ 사회적 협동조합 강서나눔돌봄센터

본 진단은 2020년의 사회적 가치지표(SVI)에 준하여 진단한 결과입니다. 다음의 지표별 세부내용을 확인하시어 귀사의 조직운영 및 사업활동에 참고하시기 바랍니다. 감사합니다.

본 자료는 한국사회적기업진흥원의 「2020년 사회적 가치측정 신청기업 모집」의 컨설팅 목적으로 작성되었으며 별도 타 사업의 제출 자료로는 활용될 수 없음

4. 4기(2018년 ~ 현재): SVI의 시범운영 및 유지보수

진흥원은 2017년 테스트 측정을 시작으로, 2018년부터 희망 기업의 신청을 받아 매년 140개에서 300개에 이르는 사회적 기업에 대한 SVI 측정을 시범운영해 왔다. 처음 고용노동부가 목표로 하던 전체 사회적 기업의 측정에는 아직 미치지 못했지만, SVI 측정 결과를 각종 사회적 기업 지원사업들―예컨대, 서울시 우수 사회적 기업 선정, 중소벤처기업부의 소셜벤처 지원사업, 서민금융진흥원의 대출 심사 등―에 반영하고, 그 영향력을 점차 확장하려 노력하고 있다(J와의 인터뷰). SVI에서 우수한 점수를

받은 사회적 기업들에게 주어지는 직접적인 혜택이 여전히 부족하다는 현장의 목소리들이 있지만(김익태 외 2020), 지난 4년간 측정을 희망하는 기업수가 꾸준히 증가해 온 것에서 보듯이 사회적 기업들 사이에서 SVI에 대한 인지도와 측정에 대한 욕구가 점차 커지고 있는 것은 분명해 보인다. SVI 개발 마무리 과정을 담당했으며 이후 운영 과정에도 적극 참여하고 있는 H는 지난 4년 간 SVI 운영의 가장 큰 성과로, SVI 측정이 충분히 "제도화" 되어 사회적 가치 측정을 원하는 사회적 기업이라면 "SVI 측정을 가장 먼저 생각하고 당연하게" 여기기 시작했다는 점을 꼽기도 하였다(H와의 인터뷰).

SVI 측정의 제도화와 구체적인 운영 과정은 별도의 연구를 통해 좀 더 면밀히 분석될 필요가 있다. 다만 이 글에서는 SVI를 가치화 장치로 바라보는 우리의 논의와 관련하여, 그 운영에서 주목할 만한 몇 가지 점에 대해서만 언급하고자 한다. 가장 먼저 눈에 띄는 것은, 개발 과정에서 지표 개발자들이 염두에 두었던 지표 자체의 직접적인 수행적 효과가 실제 운영 과정에서 확인된다는 점이다. 예를 들어, SVI에서 4번, 5번 지표인 '사회적경제기업과의 협력수준', '지역사회와의 협력수준'(표 3-2)은 조직간 MOU나 공동활동 기록사진, 회의록 등으로 측정되는데, 이에 따라 사회적경제 현장에서 조직들끼리 특별한 공동사업 계획이 없더라도 일단 MOU를 체결하고 보는 풍토가 빠르게 확산되었다(O와의 인터뷰).[20] 혹은 9번 지표인 '근로자 역량강화 노력'이 외부교육 참가 시간으로 점수가 매겨지기 때문에 평소 교육을 등한시하던 사회적 기업들의 교육 참여도가 눈에 띄게 증가했다고 만족감을 표하는 중간지원조직 활동가도 있었다(U와의 인터뷰). 사회적 기업들의 활동 자체가 지표 자체의 수행적 효과에 의해 일정 정도 재구성되었다는 것은, 앞서 '사회적 가치란 이러해야 한다'라는

---

20) 이렇듯 MOU가 남발되자 이를 통해 협력정도를 정확히 측정할 수 없다는 문제의식에서, 협력정도를 실제 거래되는 화폐단위로 측정해야 된다는 의견이 진흥원 내부에서 연달아 제출되었지만(고용노동부 2019: 31), 지표를 수정할 경우 현장에 혼동을 줄 수 있다는 이유로 변경이 유보되었다.

규범적 판단에 기반해 지표들을 구성했던 개발팀의 시도가 근거를 갖춘 것이었음을 보여준다. 물론 이러한 효과는 항상 의도한 바대로 작동하지는 않는다. 예컨대 지표 개발자들은 한 목소리로 SVI 점수를 절대화해서는 안되며 동일 섹터의 다른 기업과 비교하여 기업의 "상대적 위치"를 보여주거나 조직의 "현재 상태 점검용"에 가깝다고 말하지만(G, H와의 인터뷰), 실제 참여자들은 "작년에는 70점, 올해는 80점, 내년에는 90점. 이런 식으로 객관적으로 성장"해가는 것을 목표로, 그에 따라 기업 활동을 일부 조정하고 있다고 말하기도 한다(Q와의 인터뷰).

다른 한편으로, SVI의 구체적인 측정과 운영은 현실을 대상으로 한 실험을 계속하면서 지표의 지속적인 유지보수(maintenance) 및 안정화 작업을 포함한다. 특히 기존에 지표개발 과정에 참여한 전문가들 혹은 각 입장의 대표자들 사이에서 형성된 번역 및 동맹 관계는, 이제 측정에 참여하는 사회적 기업들 전체와 잠재적인 사회적 경제 행위자들 전반을 대상으로 확대되어야 한다. 그리고 이러한 동맹의 확산은 다시 한 번 측정 지표의 조정을 통해서 이루어지게 된다. 예를 들어 측정 결과 "누가 봐도 우수한 사회적 기업이 낮은 SVI 점수가 나오는 경우"가 종종 있는데, 이러한 경우 지표에 신뢰를 보내기보다는 현실의 '저항'에 부딪힌 지표의 문제를 들여다보고 이를 수정·보수하여 안정화시키는 방향의 선택이 이루어진다(H와의 인터뷰; cf. 칼롱 2010; 라투르·울거 2019). 진흥원은 지표의 수정과 관련해 정기적인 전문가 간담회를 개최하고, 의견수렴을 통해 매년 연말 평가위원회에서 조정을 시행하고 있다(J와의 인터뷰). 예컨대, 2018년 측정 결과 여전히 특정 유형의 사회적 기업이 상대적으로 높은 점수를 받는다는 점이 지적되자, 3번 지표인 '사회적 가치 지향성'의 배점을 10점에서 15점으로 상향 조정하고, 8번 지표 '근로자 임금수준'의 배점을 하향 조정하는 등의 세부 조정이 이루어지게 된다(한국사회적기업진흥원 2019: 6). 동시에 SVI 지표와 연루될 수 있는 잠재적 동맹군의 확장을 위해 협동조합이나 1인 기업 대상으로 가점이나 배점을 조정하는 방안들이 모색되기도 하고(고용노동부 2019: 23), 국제기준에 맞추어 기업의 여성 고용 비율 등을 고려한 젠더 지표나 환경 분야의 지표를 추가하는 안이 논의되기도 한다.21) 다시 한 번, 지표의 유지보수는 좀 더 '정확한' 측정을 위한 단순한 기술적 조정에 머무는 것이 아니라, 측정되어야 할 사회적 가치의 영역을 재구획하는 행위와 이를 통해 지표를 둘러싼 동맹을 확장하고 안정화하려는 의도를 담고 있는 것이다.

하지만 무엇보다도 중요한 것은, SVI가 하나의 가치화 장치로 안정화되면서 사회적 경제 행위자들 간에 새로운 관계가 형성되고 있다는 점이다. 한편으로 SVI의 제도화는 정부로 하여금 인증/비인증이라는 단순한 규율적 수단을 넘어 보다 자율적이고 유연한 방식을 통해 사회적 기업의 활동을 지도하고 사회적 경제 영역을 정비할 수 있는 새로운 통치 기술(technology)을 제공한다. 예를 들어, 사회적 기업의 혁신적 활동을 좀 더 지원하고 싶다거나 혹은 사회적 가치 중 환경 관련 요소를 좀 더 강화하고 싶다면, 규칙을 정하고 이를 일괄적으로 강제하기보다는 SVI에서 '혁신성' 지표의 배점을 늘리거나 환경 관련 지표를 추가하는 방식을 고려해볼 수 있다(고용노동부 2019: 28-35). 즉, 직접적·규율적 개입보다는 수치화된 평가체계의 수행적 효과를 활용해 행위자들의 자발적 변화를 이끌어내는 일종의 "원격 행위(action at a distance)" 혹은 "원격 통치(governing at a distance)"가 가능해진 것이다(라투르 2016: 6장; Miller and Rose 2008: 39-42). 현재 논의되고 있는 사회적 기업 인증제에서 등록제로의 전환은, 지표와 수치화의 기술이 가진 이러한 성격을 잘 보여준다. 진흥원은 국회에 발의된 사회적 기업의 등록제 전환이 시행될 경우, SVI의 중요성이 상당히 커지게 될 것을 염두에 두고 이에 대비한 TF팀을 운영하고 있다. 이에 따르면, 등록제 하에서는 "위장 사회적 기업이 난립할 수" 있기 때문에 SVI 측정에서 일정 점수 이상을 받은 사회적 기업만 "재정·판로·금융·

---

21) 진흥원 회의 자료, 「평가TF팀 5차 회의」, 2019. 5. 8.

구매지원 신청이 가능하도록" 제도를 개편할 필요가 있으며,[22] 이를 위해 SVI 평가항목을 보다 다변화하고 사회적 기업뿐 아니라 마을기업이나 자활기업, 협동조합과 같은 다양한 조직들을 대상으로 한 측정 데이터 축적과 지표 조정을 계획중이다(J와의 인터뷰). 비록 인증제와의 연계를 염두에 두고 개발되기는 했으나, 유연하고 자율적인 평가와 견고한 차등화를 동시에 생산하는 수치화 테크놀로지로서 SVI의 수행성을 적극 활용하는 방안이 등록제로의 변경과 맞물려 새롭게 모색되고 있는 셈이다.

다른 한편으로 SVI의 안정화와 제도화는 지표를 둘러싼 갈등의 새로운 형태와 경합 공간을 낳으며, 이를 통해 사회적 기업들이 정부와 맺는 상상적·제도적 관계가 재조정되기도 한다. 사실 일부 사회적 기업들은 SVI의 도입 마지막 순간까지 정부 주도 측정에 대해 반발해왔다(G와의 인터뷰). 앞서 밝혔듯이 이러한 반발의 배경에는 점수제 평가가 정부의 통제 강화와 기업간 차등화로 이어질 것이라는 두려움과 함께, SVI를 "믿기 힘들다"는 지표 자체에 대한 불신도 깔려 있었다(O와의 인터뷰). 그러나 SVI가 도입되고 작동하기 시작하면서, 이제 반발의 쟁점 자체는 측정의 찬/반이 아닌 사회적 기업들이 가진 투자가치에 대한 보다 '정확한' 평가를 요구하는 방향으로 전환되었다. 이러한 변화는 여러 사례들에서 확인된다. 앞서 SVI를 "믿기 힘들다"고 평가했던 O는 이제 SVI의 비계량지표(정성지표)를 수치화·계량화해 보다 "객관적이고 공정한" 측정을 행해줄 것을 요청하고(O와의 인터뷰), SVI 도입 이전에는 측정이 가져올 차등화를 우려해 반대 입장을 가지고 있었던 N은 이제 90점 이상에게만 주어지는 '탁월' 등급 구간을 좀 더 확대할 필요가 있음을 강조한다(N과의 인터뷰; cf. 김익태 외 2020).[23] 이러한 변화는 그 자체로 SVI가 창출한 안정적 동맹의 결과이자,

---

22) 진흥원 회의 자료, 「사회적 기업 등록제 도입 관련 평가 체계 구축방안」, 2019. 2. 28, pp. 3-4.

23) 2020년까지 진흥원은 SVI 측정 결과 90점 이상 기업에 '탁월', 80-90점 사이의 기업에 '우수', 70점-80점 사이에 '보통', 70점 미만에 '미흡' 등급을 부과해왔다(한국사회적기업진흥원 2018: 8). 이러한 점수 구간에 대한 사회적 기업들의 불만이 이어지자

동시에 이제 동맹을 전제로 SVI의 세부 항목들이 갈등과 경합의 대상으로 재구성되고 있음을 보여주는 것이다. 그리고 더 나아가 이러한 변화는 측정의 규율성에 비판적이던 기업들도 이제는 투자자 국가를 대상으로 좀 더 정확하고 공정한 방식으로 자신의 가치들이 평가(valuation)되기를 요구하며 스스로를 일종의 피평가자·피투자자로 자리매김하고 있음을 보여주는 것이기도 하다(cf. 이승철 2021; Feher 2018).

결과적으로 이러한 일련의 과정을 통해 SVI는 여전히 미흡하긴 하지만 사회적 경제 영역 내 소통을 가능케하는 공통 언어이자, "다른 사물들의 움직임을 가능하게 만드는 사물"이라는 의미에서 하나의 "하부구조"로 (Larkin 2013: 329), 특히 사회적 경제 영역 행위자들의 가치화 실천과 계산에 기반한 교환 및 투자 행위를 가능케한다는 점에서 '가치화 하부구조'로 서서히 자리잡기 시작하였다. 물론 살펴본 것처럼 이러한 하부구조로서의 지위는, 제기되는 도전들을 무마하고 새로운 동맹을 만들고 안정화시키는 계속된 유지보수 과정을 포함하는 것이다(Anand 2015, 2017). 이 일련의 과정을 통해 SVI는 사회적 가치의 범위와 성격을 규정하고 사회적 기업의 활동을 변형시킬 뿐 아니라, 무엇보다 자신의 '상부구조'로서 사회적 경제를 둘러싼 관계 자체를 (재)생산해내고 있는 것이다.

V 가치측정의 하부정치: 연구의 결론 및 함의

지난 10년간의 사회적 가치 측정 지표 개발 및 운영 과정을 추적하면서, 이 글은 하나의 가치화 장치로서 SVI가 어떻게 구성되어 왔으며 그 과정에서 자신의 대상인 사회적 가치의 성격과 범위 그리고 사회적 경제라는 장 자체를 어떻게 변형시켰는지 살펴보았다. 측정 지표의 개발 과정

진흥원은 2021년 '우수' 구간을 75점-90점 사이로, '보통' 구간은 60점-75점 사이로 확장하였다(J와의 인터뷰). '탁월' 등급은 여전히 90점 이상의 기업에게만 주어진다.

에서 이루어진 다양한 논의들은 그것이 측정 방법 자체에 대한 질문이든, 평가툴의 구성 주체와 목적에 대한 문제제기이든, 아니면 특정한 지표의 계산식에 대한 반론이든, 단순한 기술적 문제가 아니라 사회적 가치란 무엇이고 사회적 경제는 어떠해야 하는가에 대한 관점의 차이를 반영한다. SVI의 개발 및 운영은 이러한 다양한 문제제기들을 번역하여 지표를 조정하고 이에 따라 지표와 연루된 동맹군을 확장·안정화함으로써 가능했는데, 이 과정에서 사회적 가치는 '객관적으로' 측정되어야 할 주어진 현실이 아니라, 행위자들 간의 논쟁·갈등·타협과 가치화 장치의 작동을 통해서 구성되는 하나의 생산물임이 분명해진다. 하지만 이 글이 주장하는 바를, '그렇기 때문에 SVI의 구성과 측정이 자의적이고 객관적이지 못하며 믿을 수 없다'라고 이해해서는 곤란하다. 오히려 핵심은 SVI를 포함한 모든 지표 혹은 가치화 장치들은 다양한 이해관계와 서로 다른 관점을 반영하고 타협하는 안정화 과정을 거쳐야만 자동적 '객관성'을 담보한 도구—라투르의 유명한 표현을 빌자면 하나의 "블랙박스"—로서 기능하고 제도화될 수 있다는 점이다(라투르 2016). 우리가 이러한 관점에서 SVI 측정 결과표를 들여다보게 되면(표 3-2와 그림 3-1), 여기에 기입된 숫자와 그래프들은 현실의 투명하고 직접적인 재현이 아니라, 특수한 사회·물리적 환경 속에서 이루어진 복합적인 협상과정의 산물로서 일종의 "사회적 숫자(social numbers)"로 이해되어야 할 것이다(Guyer, Khan, and Obarrio 2010: 36).

더 나아가 사회적 가치를 SVI라는 가치화 장치와 그것의 수행적 효과를 중심으로 이해하는 것은, 지금까지 사회적 가치를 둘러싼 논의구도를 재고해 볼 필요성을 제기한다. 사회적 가치를 하나의 주어진 사실이자 객관적 현실로 간주할 때, 우리는 다음과 같은 두 가지 분리된 질문들과 마주하게 된다. 하나는 사실 혹은 기술과 관련된 질문으로 '사회적 가치를 어떻게 정확하게 측정할 것인가'라면, 다른 하나는 규범적 혹은 정치적 영역과 관련된 질문으로 이렇게 측정된 '사회적 가치를 어떻게 정의하고 사회 속에서 확장해나갈 것인가'라는 질문일 것이다. 사실 기존의 사회적 가치와 관련된 연구들에서는 이러한 문제를 다루는데 있어 일정정도 암묵적인 학문간 분업이 이루어져오기도 했다. 예컨대 첫 번째 사실(기술)과 관련된 질문이 경영학 혹은 행정학자들에 의해 연구되고 답해졌다면(e.g. 이승규·라준영 2009; 조영복·신경철 2013), 두 번째 규범(정치)과 관련된 질문은 사회학이나 정치학에서 논의를 주도해 왔다(김의영·미우라 히로키 2015; 박명규·이재열 2018; 김경동 2019). 그러나 브루노 라투르가 지적하듯이, 이러한 사실과 규범의 분리는 대상과 현실 자체를 구성하는 장치들의 수행적 힘을 간과할 때에만 비로소 가능한 허구적인 구분일 것이다(라투르 2010; 라투르·울거 2019). 다시 한 번 강조하듯이, 얼마만큼의 사회적 가치가 만들어졌다는 것 자체에 어떤 투명하고 객관적인 의미는 존재하지 않는다. 오히려 SVI의 사례를 통해서 우리가 발견할 수 있는 것은, 사실의 생산 자체에 개입하는 규범적 논의들과 사실의 저항에 마주쳐 수정되는 규범들처럼 사실과 규범이 얽혀있는 정치와 권력의 선들이 가치화 장치를 가로지르며 작동하고 있다는 점이다.

끝으로 이 글은 장치의 구성 자체를 둘러싼 이러한 권력과 정치의 문제를 ―사실의 생산과 분리된 채 작동하는 기존의 규범정치와 구분하여― 인류학에서 통용되는 "하부정치(infrapolitics)"라는 개념을 통해 조명하고자 한다(스콧 2020; Anand 2017). 지금까지 인류학에서 하부정치는 크게 두 가지 의미에서 사용되어 왔다. 먼저 제임스 스콧은 억압적 환경 속에서 피지배자들의 일상적인 불복종 실천들을 분석하면서, 공식적인 정치 영역의 문턱을 넘지 못하고 비가시화된 '저항들(resistance)'을 하부정치로 개념화한다. 그에 따르면 게으름 피기, 좀도둑질, 소문, 풍자와 같이 기존에 정치적으로 간주되지 않았던 미시적이고 일상적인 행위들은 사실 "한층 가시적인 정치적 행위의 문화적·구조적 기반"이자 "더 정교하게 제도화된 정치적 행위를 위한 건축 블록"인 하부정치로 기능한다(스콧 2020: 312, 337). 다른 한편, 니킬 아난드를 비롯한 하부구조 연구자들은 스콧의 개념을 확장·전용하여 실제 하부구조를 둘러싼 정치들, 예를 들어 주민과

정부 사이에 수도관이나 전기, 도로와 같은 하부구조의 설치와 유지보수를 두고 벌어지는 능동적인 협상과정을 하부정치로 개념화해 왔다(Anand 2017; Anand et al. 2018). 이때 하부정치는 생정치적(biopolitical) 삶의 조건 자체를 정치적 경합의 대상으로 만들고 개입하는 실천들을 의미한다.

　지금까지 살펴본 SVI 개발 및 운영 과정에서 발견된 경합·논쟁·타협의 실천들은, 두 가지 의미 모두에서 일종의 하부정치로 이해될 수 있다. 한편으로는 표면적으로 객관적·중립적으로 표상하는 SVI의 하부에 비가시화되어 존재하는 다양한 이해관계들의 경합과 동맹이라는 의미에서 하부정치를 말할 수 있다. 이 영역은 사회적 가치의 정교한 기술적 측정방식을 고민하는 이들과 공동체·협동·호혜성 등에 기반해 사회적 가치의 규범적 확장을 주장하는 이들 모두가 종종 놓치곤 하는 비가시적인 정치와 갈등, 타협의 영역이다. SVI의 사례에서 보듯이 이 경합의 쟁점은 계속해서 변화하며, 기존에 형성된 동맹에 대한 지속되는 저항은 번역의 매개를 통해 동맹군 속에 포함되거나 궁극적으로 배제된다. 다른 한편으로 SVI가 계산의 수행을 통해 사회적 경제 및 사회투자 시장을 가능케하는 하나의 하부구조로 작동하는 동시에 그 자신이 갈등과 경합의 대상이 된다는 의미에서 SVI의 하부정치에 대해 말해볼 수 있을 것이다. 이때 SVI와 같은 가치화 장치는 정치와 이데올로기 같은 상부구조를 일방적으로 결정하는 고전적 의미에서의 객관적·물적 토대가 아니라, 사회적 가치라는 대상과 사회적 경제라는 장 자체를 수행적으로 구성하는 동시에 이러한 수행적 효과를 염두에 둔 행위자들이 개입하고 상호동맹을 맺으며 시장의 조건 자체를 변화시켜나가는 다층적인 경합의 장으로 기능하게 된다.

　가치화 장치를 둘러싼 갈등 및 타협을 하부정치로 개념화하는 것은, 이 장치들을 둘러싼 실천들이 그 단어의 어떤 의미에서라도 여타의 실천들보다 더 '근본적'이라거나 '결정적'이라는 것을 의미하지 않는다. 오히려 이 개념을 통해 강조하고 싶은 것은 객관적으로 표상하는 이 지표라는 계산장치를 구성하는 여러 층위의 정치들이 존재한다는 사실이다. 이 다층적

정치의 가장 표면에는 무엇을 사회적 가치로 포함하고 무엇을 배제할 것인가 그리고 이렇게 정의된 사회적 가치를 어떻게 보다 더 정확하게 측정할 것인가라는 대상과 방법론을 둘러싼 전문적 지식 사이의 경합과 갈등, 타협이 존재할 것이다. 그리고 이러한 표면적 쟁점의 배면에는, 지표 자체를 통해 변화되는 사회적 가치의 속성들과 그로 인해 새롭게 생산되는 사회적 관계와 정체성을 둘러싼 정치가 존재한다. 예컨대, SVI가 지향하는 지표를 통한 수치화가 보다 유연하고 자발적이지만 엄격한 차등화와 경쟁 구조에 기반한 통치 형태로서 일종의 "감사 문화(audit culture)"를 가능케 한다면(Strathern 2000), 이러한 변화 속에서 행위자들은 사회적 가치 측정을 중심으로 스스로의 정체성을 투자자 혹은 피투자자로 재편하고 있다(이승철 2021). 마지막으로, 우리는 '오늘날 사회적 가치의 측정이 왜 중요한 의제가 되었는가'라는 질문을 중심으로, 근대성을 특징짓는 "숫자의 정치" 혹은 "수를 통한 통치"가 오늘날 금융화된 자본주의와 맞물려 '사회적인 것'을 투자와 계산의 영역으로 재편하고 있는 '사회적인 것의 금융화'라 부를만한 정치적 변화의 단편들 역시 발견할 수 있을 것이다(쉬피오 2019; 포터 2021; Brown 2015). SVI의 하부정치는 사회적 가치 측정을 둘러싼 이같은 다양한 정치적 쟁점들의 한 층위로 한정되거나 환원되지 않는다. 오히려 이러한 다층적인 정치적 차원들 모두가, 우리가 사회적 가치 측정 지표라는 하나의 '블랙박스'를 한층 한층 열어젖힐 때 발견할 수 있는 하부정치의 다양한 양태들일 것이다.

<참고문헌>

고동현·이재열·문명선·한솔. 2016. 『사회적 경제와 사회적 가치』. 파주: 한울 아카데미.

그레이버, 데이비드(서정은 역). 2009. 『가치이론에 대한 인류학적 접근』. 서 울: 그린비.

김경동. 2019. 『사회적 가치』. 서울: 푸른사상.

김익태·이용민·강범석·최인남. 2020. "사회적 가치지표(SVI)의 현장적합성 제 고를 위한 평가지표 개선방안에 관한 연구"『사회적기업연구』 13(2): 3-32.

라준영·김수진·박성훈. 2018. "사회성과인센티브(SPC)와 사회적 기업의 사회 적 가치측정"『사회적기업연구』11(2): 133-161.

라투르, 브루노(홍철기 역). 2010. 『우리는 결코 근대인인 적이 없다』. 서울: 갈무리.

라투르, 브루노(황희숙 역). 2016. 『젊은 과학의 전선』. 파주: 아카넷.

라투르, 브루노·스티브 울거(이상원 역). 2019. 『실험실 생활』. 파주: 한울아카 데미.

마추카토, 마리아나(안진환 역). 2020. 『가치의 모든 것』. 서울: 민음사.

마퀴스, 크리스토퍼(김봉재·김미정 역). 2021. 『비즈니스 혁명, 비콥』. 서울: 착한책가게.

박명규·이재열. 2018. 『사회적 가치와 사회혁신』. 파주: 한울아카데미.

뱅데, 제롬(이선희·주재형 역). 2004. 『가치는 어디로 가는가?』. 서울: 문학과 지성사.

비숍, 매튜·마이클 그린(안진환 역). 2010. 『박애자본주의』. 서울: 사월의 책.

쉬피오, 알랭(박제성 역). 2019. 『숫자에 의한 협치』. 파주: 한울아카데미.

스콧, 제임스(전상인 역). 2020. 『지배, 그리고 저항의 예술』. 서울: 후마니타스.

시소디어, 라젠드라·존 매키(유지연 역). 『돈, 착하게 벌 수 없는가』. 서울: 흐 름출판.

안우진·류기락. 2021. "민간 재원 조달과 사회적 가치를 위한 사회혁신: 사회
　　성과연계채권을 중심으로"『사회적경제와 정책연구』11(1): 1-34.

앨리엇, 앤서니·브라이언 터너(김정환 역). 2015. 『사회론』. 서울: 이학사.

이승규·라준영. 2009. 『사회적기업 가치 측정 및 평가』. 서울: 함께일하는재단.

이승철. 2021. "마을 기업가처럼 보기: 도시개발의 공동체적 전환과 공동체의
　　자본화"『한국문화인류학』53(1): 99-148.

이승철·조문영. 2017. "사회의 위기와 사회적인 것의 범람: 한국과 중국의 '사
　　회건설' 프로젝트에 대한 소고"『경제와 사회』113: 100-146.

이승철·조문영. 2018. "한국 '사회혁신'의 지형도: 새로운 통치합리성과 거버넌
　　스 공간의 등장"『경제와 사회』120: 268-312.

조영복·신경철. 2013. "사회적 기업의 사회적 가치 측정을 위한 지표 개발에
　　관한 연구"『사회적기업연구』6(1): 51-82.

최태원. 2014. 『새로운 모색, 사회적 기업』. 서울: 이야기가 있는 집.

칼레츠키, 아나톨(위선주 역). 2011. 『자본주의 4.0』. 서울: 컬처앤스토리.

칼롱, 미셸(김병수 역). 2010. "번역의 사회학의 몇 가지 요소들: 가리비와 생
　　브리외 만의 어부들 길들이기", 브루노 라투르 외(홍성욱 외 역), 『인간·
　　사물·동맹』, 서울: 이음.

포터, 시어도어(이기홍 역). 2021. 『숫자를 믿는다』. 파주: 한울아카데미.

Anand, Nikhil. 2015. "Leaky States," *Public Culture* 27(2): 305-330.

Anand, Nikhil. 2017. *Hydraulic City*. Durham: Duke University Press.

Anand, Nikhil, Akhil Gupta, and Hannah Appel (eds.). 2018. *The Promise of Infrastructure*. Durham: Duke University Press.

Antal, Ariane Berthoin, Michael Hutter, and David Stark (eds.). 2010. *Moments of Valuation*. Oxford: Oxford University Press.

Barman, Emily. 2015. "Of Principle and Principal," *Valuation Studies* 3(1): 9-44.

Barman, Emily. 2016. *Caring Capitalism*. New York: Cambridge University

Press.

Beckert, Jens and Patrik Aspers. 2011. *The Worth of Goods.* Oxford: Oxford University Press.

Birch, Kean and Fabian Muniesa. 2020. *Assetization.* Cambridge: The MIT Press.

Boltanski, Luc and Arnaud Esquerre. 2020. *Enrichment.* Cambridge: Polity.

Brown, Wendy. 2017. *Undoing the Demos.* New York: Zone Books.

Callon, Michel (ed.). 1998. *The Laws of the Market.* Oxford: Blackwell.

Callon, Michel. 2007. "An Essay on the Growing Contribution of Economic Markets to the Proliferation of the Social" *Theory, Culture & Society* 24(7−8): 139−163.

Callon, Michel and Fabian Muniesa. 2005. "Economic Markets as Calculative Collective Devices" *Organization Studies* 26(8): 1229−1250.

Callon, Michel, Yuval Millo, and Fabian Muniesa (eds.). 2007. *Market Devices.* Oxford: Blackwell.

Dalsgaard, Steffen. 2013. "The Commensurability of Carbon" *HAU* 3(1): 80−98.

Dewey, John. 1939. *Theory of Valuation.* Chicago: The University of Chicago Press.

Espeland, Wendy Nelson and Mitchell Stevens. 1998. "Commensuration as a Social Process" *Annual Review of Sociology* 24: 313−343.

Espeland, Wendy Nelson and Michael Sauder. "Ranking and Reactivity: How Public Measures Recreated Social Worlds" *American Journal of Sociology* 113(1): 1−40.

Espeland, Wendy Nelson and Mitchell Stevens. 2008. "A Sociology of Quantification" *European Journal of Sociology* 49(3): 401−436.

Feher, Michel. 2018. *Rated Agency.* New York: Zone Books.

Fourcade, Marion. 2011. "Cents and Sensibility: Economic Valuation and the

Nature of 'Nature'" *Americal Journal of Sociology* 116(6): 1721−77.

Greico, Cecilia. 2015. *Assessing Social Impact of Social Enterprises*. New York: Springer.

Guyer, Jane, Naveeda Khan, and Juan Obarrio. 2010. "Introduction," *Anthropological Theory* 10(1−2): 36−61.

Helgelsson, Claes−Fredrik and Hans Kjellberg. 2013. "Introduction: Values and Valuations in Market Practices" *Journal of Cultural Economy* 6(4), 361−369.

Helgelsson, Claes−Fredrik and Fabian Muniesa. 2013. "For What It's Worth: An Introduction to Valuation Studies" *Valuation Studies* 1(1): 1−10.

Heuts, Frank and Annemarie Mol. "What is a Good Tomato? A Case of Valuing in Practice" *Valuation Studies* 1(2): 125−146.

Karpik, Lucien. 2010. V*aluing the Unique*. Princeton: Princeton University Press.

Land, Kenneth and Alex Michalos. "Fifty Years After the Social Indicators Movement" *Social Indicators Research* 135(3): 835−868.

Larkin, Brian. 2013. "The Politics and Poetics of Infrastructure," *Annual Review of Anthropology* 42: 327−343.

Leins, Stefan. 2020. "Responsible Investment" *Economy and Society* 49(1): 71−91.

Lovell, Heather and Donald MacKenzie. 2011. "Accounting for Carbon," *Antipode* 43(4): 704−730.

MacKenzie, Donald. 2009. *Material Markets*. Oxford: Oxford University Press.

McInerney, Paul−Brian. 2021. "Measuring the Worth of Social Good" *Journal of Social Entrepreneurship* (online first): 1−24.

Miller, Peter and Nikolas Rose. *Governing the Present*. Cambridge: Polity.

Muniesa, Fabian. 2014. *The Provoked Economy*. London: Routledge.

Povinelli, Elizabeth. 2001. "Radical Worlds" *Annual Review of Anthropology* 30: 319−334.

Stark, David and Elena Esposito. "What's Observed in a Rating? Rankings as Orientation in the Face of Uncertainty" *Theory, Culture, and Society* 36(4): 3−26.

Strathern, Marilyn (ed.). 2000. *Audit Cultures*. London: Routledge.

Utting, Peter. 2015. *Social and Solidarity Economy*. New York: Zed Books.

Vatin, François. 2013. "Valuation as Evaluating and Valorizing" *Valuation Studies* 1(1): 51−81.

SVI 개발 및 운영 관련 자료

고용노동부. 2010. 『사회적 기업 사회적가치평가도구(SROI) 개발, 평가 사업 결과 보고서』. 서울: 고용노동부.

고용노동부. 2013. 『사회적 경제의 사회가치 측정을 위한 공청회 및 컨퍼런스 자료집』. 서울: 고용노동부.

고용노동부. 2019. 『사회적 기업 정책 포럼 자료집』. 서울: 고용노동부.

노동부. 2008. 『2008 사회적 기업성과분석』. 서울: 노동부.

서울특별시. 2020. 『서울형 사회가치지표 개발 및 측정연구』. 서울: 서울특별시.

한국사회적기업진흥원. 2011a. 『사회적 기업 사회적 가치 측정 지표개발에 관한 연구』. 성남: 한국사회적기업진흥원.

한국사회적기업진흥원. 2011b. 『사회적가치 측정도구를 활용한 사회적 기업의 자본투자 활성화 방안 연구』. 성남: 한국사회적기업진흥원.

한국사회적기업진흥원. 2011c. 『사회적가치 측정도구를 활용한 사회적 기업 경영공시제도의 도입방안 연구』. 성남: 한국사회적기업진흥원.

한국사회적기업진흥원. 2013. 『사회적 경제 사회적 가치 측정지표 개발연구』. 성남: 한국사회적기업진흥원.

한국사회적기업진흥원. 2014. 『사회적 경제 사회가치 측정지표 정교화 및 활용을 위한 연구』. 성남: 한국사회적기업진흥원.

한국사회적기업진흥원. 2015. 『사회가치 기본지표(BISV)의 검증 및 지표타당성
확보를 위한 연구용역 최종보고서』. 성남: 한국사회적기업진흥원.

한국사회적기업진흥원. 2017. 『2017년 사회적 가치지표(SVI) 활용 매뉴얼』. 성
남: 한국사회적기업진흥원.

한국사회적기업진흥원. 2018. 『2018년 사회적 가치지표(SVI) 활용 매뉴얼』. 성
남: 한국사회적기업진흥원.

한국사회적기업진흥원. 2019. 『2019년 사회적 가치지표(SVI) 활용 매뉴얼』. 성
남: 한국사회적기업진흥원.

한국사회적기업진흥원. 2020. 『2020년 사회적 가치지표(SVI) 활용 매뉴얼』. 성
남: 한국사회적기업진흥원.

한국사회적기업진흥원. 2021. 『2021년 사회적 가치지표(SVI) 활용 매뉴얼』. 성
남: 한국사회적기업진흥원.

한국임팩트평가. 2013. "사회적 성과 평가의 역사와 현황 및 국내 적용에 관한
연구" 미출판자료집.

CHAPTER 04

사회적 가치와 시민정치학:
이슈와 이론

04 사회적 가치와 시민정치학: 이슈와 이론

김의영(서울대학교 정치외교학부 교수)
미우라 히로키(서울대학교 사회혁신교육연구센터 선임연구원)

I 사회적 가치와 정치학

유엔의 지속가능발전목표(sustainable development goals, SDGs)로부터 한국의 '공공기관의 사회적 가치 실현에 관한 기본법안'(일명 사회적 가치 기본법안)에 이르기까지 사회적 가치에 대한 관심이 전 지구적으로 확산하고 있다. 한마디로 기존 효율성 위주의 단일한 가치가 아니라 새 시대가 요구하는 다양한 가치들을 존중하는 도덕적 규범 의식이 높아지고 있는 것이다. 2015년 9월 발표된 SDGs는 기존의 8개 목표체계인 새천년개발목표(millennium development goals, MDGs)를 잇는 후속 프로그램이다. 개도국 빈곤 문제 해결과 개발원조에 중점을 둔 MDGs를 넘어 전 세계 모든 국가를 대상으로 경제, 사회, 환경 영역의 통합적이며 미래지향적인 발전을 위한 17개 목표로 구성되어 있다.

2014년 이후 다섯 차례에 걸쳐 국회에서 발의된 바 있는 사회적 가치 기본법안을 보면 제안 이유로 "신자유주의 성장전략은 심각한 양극화와 불평등을 초래했을 뿐 아니라 성장도 더 이상 불가능함을 증명했고, 대다수 국민이 체감하는 삶의 불안은 더욱 커지고 있으며, 사회통합을 유지하는 데도 한계에 봉착했다. 세월호 참사는 사람의 생명과 안전보다 이윤을 앞세웠던 우리 사회의 민낯을 직시하게 하였으며, 이제는 이윤과 효율이 아니라 사람의 가치, 공동체의 가치를 지향하도록 국가시스템을 바꾸어야 할 때"라고 밝히고 있다.[1] 법안 제3조, 제1호에서 사회적 가치를 '사회, 경제, 환경, 문화 등 모든 영역에서 공공의 이익과 공동체의 발전에 기여할 수 있는 가치'로 정의하면서 실로 다양한 목표를 제시한다.

이 외에도 ISO 26000, 유엔 글로벌 컴팩트, 지속가능 경영 보고서 (global reporting initiative, GRI) 등 관련 규범, 지침, 가이드라인이 여러 가지로 존재하며, 이는 다음 <그림 4−1>에서 볼 수 있듯이 공공, 시장, 시민사회 전 영역을 아우른다. 모든 공공기관의 정책 수행 과정에서 사회적 가치를 실현·확산하고, 기업은 이윤뿐 아니라 사회적 가치를 함께 추구함으로써 사회적 책임을 다하며, 시민사회 또한 기존 옹호와 서비스 전달 위주의 활동을 넘어 융합적이고 혁신적인 방법으로 사회적 경제를 추구한다는 것이다. 즉 전 지구적 차원에서 모든 행위자가 인류의 지속가능 발전을 위해 폭넓은 사회적 가치와 통합적 발전을 추구해야 한다는 패러다임이 부상한 것이라 할 수 있다.

정치학은 이러한 시대적 변화와 긴밀하게 연결되어 있다. 뒤에 더 자세히 살펴보겠지만, SDGs의 16번, 17번 목표인 '평화, 정의, 강한 제도'와 '글로벌 파트너십'은 각각 국내 정치와 국제정치가 추구해야 하는 사회적 가치를 의미한다고 볼 수 있다. 특히 16번 지표는 유엔 관련 전문가들 사이에서 종종 거버넌스 지표로 불리기도 한다. 또한 한국의 사회적 가치 기본법안은 아예 '시민적 권리로서 민주적 의사결정과 참여의 실현'을 핵심적인 사회적 가치 중 하나로 제시한다. 나아가 '지역사회 활성화와 공동체 복원'과 '공동체의 이익 실현과 공공성 강화' 등 여러 정치적 함의를 내포한 가치들이 발견된다.

---

1) 제19대 국회 문재인 의원 대표 발의(2014. 6. 17) 법안.

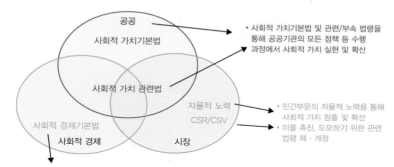

그림 4-1 사회적 가치 법제화의 방향성

이 장은 사회적 가치 패러다임의 정치학적 관점과 함의를 다룬다. "도대체 사회적 가치 패러다임이 정치학과 무슨 상관이 있는가? (What has political science got to do with social value paradigm?)"가 이 장의 논의를 이끄는 질문이다. 우선 Ⅱ절에서는 최근 등장한 사회적 가치 관련 정책이나 프로젝트 중에서 구체적으로 어떤 부분이 정치(학)적으로 관련되는지, 즉 사회적 가치의 정치(학)적 이슈를 개략적으로 소개한다. 보다 구체적으로 이를 1) 조직 차원, 2) 정책 및 법제도 차원, 3) 교육 차원으로 나누어 정리한다. 다음으로 Ⅲ절은 사회적 가치와 관련된 정치학적 이론을 정리한다. 특히 우리는 사회적 가치를 창조하는 핵심적 주체가 시민임에 주목하여, 시민적 가치창조의 관점에서 관련 이론들을 정리하고자 한다. 우리는 이러한 이론들의 체계를 통합적으로 시민정치학으로 부른다. 이러한 체계에서 시민들이 사회적 가치를 창조 및 재창조해 가는 조건, 과정, 성과, 환원의 사이클(가치사슬, value chain)과 나아가 시민정치의 현실적 한계 그리고 이를 종합적으로 설명하는 기반 사상(혁신적 민주주의, 거버넌스, 시민력, 능동적 관여 등)에 대해서 정리한다.

1. 조직 차원: 협동조합이나 사회적 기업, 비영리조직 등의 민주적 운영

사회적 가치 패러다임이나 담론, 운동, 법제도 등에서 등장하는 세부 가치 중 하나로서 '조직의 민주적 운영'을 들 수 있다. 구체적으로 이 가치는 사회적 경제(social economy, SE)나 사회연대경제(social and solidarity economy, SSE) 이론에서 파생되며, 관련 조직의 제도적 규정뿐만 아니라 사회적 기업에 대한 성과측정지표 등에서 명시적으로 활용되고 있다.

SE나 SSE는 이윤추구 위주의 기업의 부정적인 사회·환경적 외부효과에 대한 대안으로서, 자원·이윤의 평등한 배분이나 경제 민주주의와 시민 참여에 의한 문제 해결, 작업장 민주주의나 양성평등 등을 통해 시민성이나 시민 역량의 강화(empowerment)나 해방(emancipatory potential), 능동적 시민(active citizenship)의 성장 등을 달성하고자 하는 종합적인 정치경제 모델이다(Utting et. al. 2014; Utting ed. 2015). 바꿔 말하면, 능동적 시민의 활동과 힘을 통해 규범적, 사회적으로 경제를 민주화해 가는 발전 모델이라고 할 수 있다.

SE와 SSE의 실천적 형태 중 하나가 협동조합이다. 19세기 영국에서 시작하고 세계로 확산하면서 1895년에 국제협동조합연맹(ICA)이 설립되었다.[2] ICA는 1937년에 '협동조합의 원칙'을 제정했으며, 1966년의 개정을 거쳐, 1995년에 발표된 "21세기 협동조합에 관한 ICA 성명"에서 협동조합의 개념 정의와 7대 운영 원칙을 재수립했다. '조직의 민주적 운영'은 여기서 명시적 및 다각적 형태로 제시되었다(그림 4-2). 구체적으로 '조직의 민주적 운영'이란 넓게 보면 다음과 같은 세부 사항과 관련된다. 1) 조합의 자발적 결성(결사 설립의 자유), 2) 자율적 운영, 3) 개방적 조합제도

---

2) ICA 홈페이지. https://www.ica.coop.

(가입·탈퇴의 자유, 조합원의 평등), 4) 조합원의 의사결정과정 참여, 1인 1표의 의사결정 제도, 자본금과 잉여금의 통제(과도하고 이기적인 이익 추구의 통제 메커니즘), 조합원의 역량 강화 기회 보장(경제활동을 통한 시민성 함양), 협동조합 간 협력과 지역 사회 연계(조합원 욕구 구현의 기본 조건) 등이다. 이 중 '협의'의 의미로서는 주로 1인 1표제가 주식회사와의 중요한 차이로 인식되고 있으나, 상기한 기타 측면들도 잊어서는 안 될 것이다. 조직의 민주적 운영은 종합적인 틀로서 사업체인 협동조합 모델의 핵심적 특징이며, 시장경제를 민주화하거나 경제의 공정성이나 지속적 순환성을 강화하기 위한 효과적 메커니즘으로 볼 수 있다.

그림 4-2 협동조합의 개념 정의와 7원칙

국제적 개념 정의	공동으로 소유되고 민주적으로 운영되는 사업체를 통하여 공통의 경제적, 사회적, 문화적 필요와 욕구를 충족시키고자 하는 사람들이 자발적으로 결성한 자율적인 조직(국제협동조합연맹(ICA)의 개념 정의)
국내법상 개념 정의	재화 또는 용역의 구매·생산·판매·제공 등을 협동으로 영위함으로써 조합원의 권익을 향상하고 지역사회에 공헌하고자 하는 사업조직을 말한다(협동조합기본법 제2조).
7원칙	ICA가 제정한 협동조합 7원칙

1. 자발적이고 개방적인 조합원 제도
• 자발적이며 모든 사람에게 성적, 사회적, 인종적, 정치적, 종교적 차별이 없이 열려있는 조직임.
2. 조합원에 의한 민주적 관리
1) 조합원은 정책수립과 의사결정에 참여하고 선출된 임원은 조합원에게 책임감을 갖고 봉사해야 함.
2) 조합원마다 동등한 투표권인 1인 1표제를 가지며 협동조합은 민주적인 방식으로 운영됨.
3. 조합원의 경제적 참여
1) 협동조합의 자본은 공정하게 조성되고 민주적으로 통제됨.
2) 출자배당이 있는 경우에 조합원은 출자액에 따라 제한된 배당금을 받음.
3) 잉여금은 ① 협동조합의 발전을 위해 적립, ② 사업 이용 실적에 비례한 편익 제공, ③ 다른 협동조합의 활동 지원 등에 배분함.
4. 자율과 독립
• 협동조합이 다른 조직과 약정을 맺거나 외부에서 자본을 조달할 때 조합원에 의한 민

주적 관리가 보장되고 협동조합의 자율성이 유지되어야 함.
5. 교육·훈련 및 정보제공
1) 조합원, 선출된 임원, 경영자, 직원들에게 교육과 훈련을 제공함.
2) 젊은 세대와 여론 지도층에게 협동의 본질과 장점에 대한 정보를 제공함.
6. 협동조합 간의 협동
• 국내외에 협력사업을 전개함으로써 협동조합의 힘을 강화하고 조합원에게 효과적으로 봉사함.
7. 지역 사회에 대한 기여
• 조합원의 동의를 토대로 조합이 속한 지역사회의 지속가능한 발전을 위해 노력함.
출처: 한국사회적기업진흥원. "협동조합이란?"
　　　https://www.socialenterprise.or.kr.

　　SE나 SSE의 기본적 의미나 정신에 따라 협동조합 이외의 당사자 조직에도 조직 운영의 민주성을 요구하는 것은 자연스러운 결과로 볼 수 있는데, 특히 이 발상은 국제적 동향보다 국내의 정책이나 법·제도의 동향에서 나타나고 있다. 우선, 2007년에 제정된 '사회적기업 육성법'에서 조직의 민주적 운영에 관한 조항은 없으나, 지방의 조례나 후속적으로 발의된 사회적 경제 기본법안에서는 '민주적이고 개방적인 운영구조'나 '다양한 이해관계자의 참여'가 사회적 경제 당사자 조직의 기본 조건으로 규정되고 있다.[3] 다음으로, 구체적인 정책 차원에서도 2017년에 정부가 도입한 사회적 기업에 대한 평가지표 중에 '운영의 민주성'이 포함되었다. 이는 세부지표로서 '참여적 의사결정 비율'로 해석되며, 주요 의사결정기구(이사회 등)에 대한 근로자와 사외이사의 참여 비율을 의미하는 것으로 설계되었다(그림 4-3). 또한, 이 비율이 연간 기준으로 60%가 넘으면 5점(만점)을 받을 수 있으며, 다른 13개 지표를 합쳐 총 100점 만점 중 5%를 차지한다. 2020년에 서울시가 지자체 차원에서 사회적 기업에 대한 평가지표를 개발했는데, 여기에서도 '민주적 운영' 항목이 포함되었다. 구체적으로 민주적 의사결정, 소유구조, 직무수행, 이익 분배, 권한과 책임에 관한 규정 마련의 여부를 기준으로 총 5점 만점으로, 역시 전체 100점 만점 중 5%를

---

3) 예를 들어 2020년 7월 4일 윤호중 의원 대표 발의 법안의 제2조(기본 원칙)와 제3조(정의).

자치한다(표 4-1).

　이와 같은 법률안과 세부 지표화, 배점 수준 등에 대해서는 논쟁이 있을 수 있다. 이론적 차원에서 보면 협동조합의 기본 원칙과 비교해 상당히 제한적 수준으로 볼 수 있으며, 민주적 운영 지표의 비중을 5%가 아닌 30%에서 50%로, 혹은 기본 요건으로 받아들이는 식의 전향적인 사고가 필요할지도 모른다. 다만, 민주적 운영에 관해서 이론과 현실은 다르다는 점에도 유의해야 할 것이다. 현실에서 한국의 각종 협동조합이 민주적 운영 원칙을 100% 준수하고 있다고 보기 어렵고 다양한 문제들도 발견된다(1인 1표를 바탕으로 한 조합원 총회나 이사장 선거의 내실 있는 운영, 단위 조합과 상위 기구의 대등한 관계, 다양화 지역 사회와 조합의 협력적 관계 등). 따라서 협동조합 원칙을 그대로 사회적 기업에 적용하는 것은 무리가 있을 수 있다. 양자는 단순한 이론이나 원칙 수준이 아니라 경험적 수준에서 다각적으로 비교·평가하는 것이 우선 중요할 것이다. 어느 정도 실천 사례가 축적되면 과연 민주적 조직 운영 지표가 사회적 기업의 성장과 이상적인 사회적 경제의 발전에 실질적으로 이바지했는지에 대한 경험적 점검이 중요하게 될 것이다.[4]

그림 4-3 한국사회적기업진흥원 사회성과지표(SVI) 중 '운영의 민주성' 지표

- 구체적 지표화: 민주적 조직 운영 → '참여적 의사결정 비율'로 지표화
- 지표 정의: "기업의 의사결정과정에서 근로자 인사·사외이사 등이 참여하여 내는 의견이 높을수록 운영의 민주성이 확보된다고 볼 수 있으며, 본 지표는 해당인원의 참여율과 의사결정기구 운영 결과를 임직원 대상으로 공유한 실적을 측정함."
- 측정 방법 및 측정 예시: 5점 만점으로 평가

---

4) 진보적 매체 프레시안이 협동조합으로 변경할 당시, 편집권의 자율성과 편집 방향의 정체성을 지키기 위한 목적으로, 일반조합과 직원조합의 이원 체계를 도입한 예가 있다. 극단적인 예가 될 수 있으나, 모든 조합원의 1인 1표 원칙을 곧이곧대로 따르게 되면 극우 세력이 조합원으로 가입하여 편집권과 편집 방향을 왜곡할 수 있다는 우려가 제기되었으며, 이에 따라 따로 독립적인 직원조합 조직 형태를 도입한 경우다.

의사 결정기구	전체 구성원	회의 일자	사외 이사	근로자 인사	조합원	회의 참여인원
이사회 or 운영위원회	〈대표이사〉	3.13	1	1	–	5
	○○○	4.17	1	1	–	6
	〈사외이사〉	7.17	1	1	–	5
	○○○, 〈근로자 인사〉 ○○○, ○○○	10.23	1	1	–	6
합계			4	4	–	22

참가비율	{(4 + 4) ÷ 22} x 100(%) = 36.4% (3점)

※ 참가비율 산식: {(근로자 측 인사+사외이사+조합원) / 총 참가인원} X 100%
※ 점수 환산 기준: 5점(60% 초과), 4점(40% 초과 60% 이하), 3점(20% 초과
40% 이하) 2점(0% 초과 20% 이하), 1점(0%)
*2019년 버전임. 2020년 이후에는 회의 결과 공유비율이 추가됨에 따라 점수
환산 방법이 달라졌음.
출처: 한국사회적기업진흥원. 2021. "사회적 가치지표(SVI) 활용 매뉴얼."
　　　https://www.socialenterprise.or.kr/social/ente/evalSVI.do?m_cd=E032.

표 4-1 ▌서울형 사회적 가치 지표(S-SVI) 중 '민주적 운영' 지표

● 지표 정의 "우리 기업이 미션을 실천하는 의사결정과 소유(지배)구조에 구성원이 함
　께 참여하도록 규범을 관리하고 민주적 운영이라는 사회적경제의 기본 원칙을 준수
　하는 활동을 말함. 민주적 운영 원칙 중 최소 필요요건을 구비하고 실천하는 활동을
　의미함."
● 측정 방법 및 측정 예시: 5점 만점 평가
• 우리 기업은 의사결정과 소유(지배)구조 측면에서 민주적 운영을 위한 규정(기준)을
　보유하고 민주적으로 조직을 운영하고 있는가? (의사결정 및 소유구조의 민주적 수
　준)
　✓ 평등한 직무수행의 역할 및 범위가 규정화 되어 있거나 운영되고 있다(Y/N)
　✓ 민주적 권한과 책임이 규정화 되어 있거나 운영되고 있다(Y/N)
　✓ 민주적 소유구조가 규정화 되어 있거나 실행되고 있다(Y/N)
　✓ 기업 성과에 대한 이익 분배가 규정화 되어 있거나 실행되고 있다(Y/N)
　✓ 민주적 의사결정을 위한 규정이 문서화 되어 있거나 운영되고 있다(Y/N)

출처: 서울시. 2021. "서울형 사회가치지표(S-SVI)."
　　　https://sehub.net/archives/2064142.

2. 정책 및 법제도 차원: 사회적 가치 기본법안, 주권자 민주주의, SDGs

제 I 절에서도 언급했듯이 정책이나 법제도 차원에서 사회적 가치 개념이 명시적으로 활용된 것이 한국적 특징이다. 영국과의 유사성도 부정할 수 없으나 세부적 수준(예를 들어 후술하는 사회적 가치 정책의 13개 분야 등)에 관해서는 독창적이라고 할 수 있다.

(1) 사회적 가치 기본법안

우선, 사회적 가치의 정책·제도화에 관해서 가장 의욕적인 것은 통합적 법률(기본법)의 추진이다. 사회적 가치는 일반 개별법보다 높은 지위로 해석되는 기본법 수준의 종합적 법률안으로 2014년 이래 국회에서 발의되고 있다. 구체적으로, 2014년 6월(제19대 국회)에서 2022년 1월(제21대 국회)까지 총 5개의 사회적 가치 기본법안(공공기관의 사회적 가치 실현기본법안)과 11개의 사회적 경제 기본법안(법안 안에서 사회적 가치 개념을 규정)이 발의되었다.[5] 개별 법안 간 어느 정도 차이가 있으나 공통적인 방향으로서 사회적 가치의 개념을 "사회, 경제, 환경, 문화 등 모든 영역에서 공공의 이익과 공동체의 발전에 기여할 수 있는 가치"로 정의하며, 구체적으로 8개에서 13개의 영역을 포괄적으로 구분하고 있다. 다만, 이미 임기가 만료된 19~20대 국회에서 상임위원회 안이나 정부안을 마련하는 단계에도 도달하지 못하고, 관련 법률안은 모두 폐기된 바 있다. 그 이유는 여론이나 국회 전체에서 관심이 없었다기보다는, 근본적으로 여·야당의 갈

---

5) 각 법안의 대표발의 의원 및 발의일은 다음과 같다. 1) 공공기관 사회적 가치기본법: 문재인 의원(2014. 6. 17), 김경수 의원(2016. 8. 17), 박광온 의원(2017. 10. 26), 박광온 의원(2020. 6. 1), 홍익표 의원(2020. 9. 10), 2) 사회적 경제 기본법안: 유승민 의원(2014. 4. 30), 신계륜 의원(2014. 10. 13), 박원석 의원(2014. 11. 11), 윤호중 의원(2016. 8. 16), 유승민 의원(2016. 10. 11), 강병원 의원(2019. 3. 6), 윤호중 의원(2020. 7. 4), 강병원 의원(2020. 7. 30), 김영배 의원(2020. 10. 26), 장혜영 의원(2020. 11. 5), 양경숙 의원(2020. 11. 6).

등을 직접적인 원인으로 볼 수 있으며, 나아가 각 법안 간 그리고 관련 영역 간 세부적인 내용 조율의 어려움도 간접적인 원인이었던 것으로 보인다.[6] 반면, 지자체 수준에서는 2015년 이후 2022년 상반기까지 15개의 사회적 가치 관련 조례, 20개의 사회적 경제 기본조례가 제정되었다.[7]

(2) 중앙정부의 정책화

법률안의 동향은 중앙정부의 동향과 함께 이해하는 것이 중요하다. 이 주제에 관해서는 법률안이 통과 못 하는 상황에서 아래와 같이 국정과제라는 정책적 접근을 통해 법률안에서 주장한 일부 내용이 실질적으로 추진되었기 때문이다.

사회적 가치 개념은 특히 2017년 이후 추진된 문재인 정부의 국정운영에 깊이 반영되었다. 구체적으로 정부는 2017년 7월 19일에 '국정운영 5개년 계획'을 발표했으며, 여기서 '주권자 민주주의'를 강조했다. 이는 엘리트가 아닌 국민 개개인에 의한 능동적 가치창조를 강조하는 점에서 사회적 가치 패러다임과 실질적으로 유사하다고 할 수 있다. 또한, 이 계획에 따라 수립된 100대 과제에서는 명시적으로 '사회적 가치 실현을 선도하는 공공기관'이나 '사회적 경제 활성화'가 삽입되었다(표 4-2).

이어서 2018년 3월 20일에 정부는 '정부혁신 종합추진계획'을 발표하며 여기서 '사회적 가치 중심 정부'라는 슬로건을 설정했다. 구체적으로 2014년에 발의된 법안과 동일한 13개 분야를 사회적 가치의 실천 분야로 규정하고, 분야별 정책과 종합적인 재정 체계를 제시했다. 이후 13개 분야의 세부 내용이나 추진 방향, 사례 등에 대해서 행안부는 "정부혁신종합추

---

6) 예를 들어 유사한 시기(2014년~2021년)에 발의된 것으로서 시민사회발전 기본법안이나 마을공동체 기본법안, 지역사회혁신 기본법안, 주민자치 기본법안 등이 있다. 내용적 조율이 어려운 부분으로 계획의 수립과 추진체계의 구축(위원회, 협의체, 전담 부처 등), 재정이나 기금의 방식, 관련 조직 유형의 범위, 중앙-지방 간의 협력 방법 등이 제기되었다.

7) 국가법령정보센터. "자치법규." https://www.law.go.kr.

표 4-2 ▮ 문재인정부 국정운영 5개년 계획에서 주권자 민주주의 비전과 정책 과제

배경과 의미

1987년 이후 열린 민주화시대는 절차적 민주주의 성과에도 불구하고 엘리트 중심의 정치, 국가 중심의 국정운영이라는 한계를 드러냈다. 이제는 국민 중심의 민주주의로 이행이 필요한 시점이다. 국민 중심의 민주주의는 선거나 대표자 위임에 국한되지 않고 '나로부터 행사되고, 어디에서나 행사되며, 늘 행사되는' 국민주권이 실질적으로 보장되는 주권자 민주주의 실현을 의미한다.

주권자 민주주의의 5가지 구성 요소
① 아래로부터의 민주주의 → 국민 개개인이 주권자
② 직접 민주주의 → 내가 만들고 스스로 결정하는 정책
③ 일상의 민주주의 → 늘 행사되는 국민주권
④ 과정의 민주주의 → 공론과 합의에 의한 정책결정
⑤ 풀뿌리 민주주의 → 자치분권과 생활정치

100대 국정과제 중 관련 정책(주요한 것)
• 365일 국민과 소통하는 광화문 대통령
• 국민주권적 개헌 및 국민참여 정치개혁
• 국민 인권을 우선하는 민주주의 회복과 강화
• 사회적 가치 실현을 선도하는 공공기관
• 열린 혁신 정부, 서비스하는 행정
• 사회적경제 활성화
• 국민의 기본생활을 보장하는 맞춤형 사회보장
• 전 지역이 고르게 잘사는 국가균형발전
• 자치분권 추진과 주민 참여의 실질화
• 지방재정 자립을 위한 강력한 재정분권

출처: 국정기획자문위원회. 2017. "문재인정부 국정운영 5개년 계획."
　　　https://www.korea.kr/common/download.do?fileId=145049689.
　　　안은숙. 2017. "문재인정부 '국민주권시대' 실현을 위한 정책화 방향과 사례 들여다보기." 『희망이슈』 제33호(2017. 8. 3).

진계획: 이해와 활용" "국민 중심의 정부혁신을 위한 '사회적 가치'의 이해" 등을 통해 소개·홍보했다. 이처럼 법률안은 국정과제로 추진되었다.

여기서 제시된 13개 분야 중에는 정치학과 깊이 관련된 이슈가 많다
(표 4-3). 특히 '8. 지역 사회 활성화와 공동체 복원', '12. 시민적 권리로
서 민주적 의사결정과 참여의 실현', '13. 공동체의 이익 실현과 공공성 강
화'에 관해서는 구체적인 실행 주체, 실행방법, 세부 목표, 파급효과 등의
측면에서 복합적인 정치과정이나 역학관계, 가치창조의 전략 등을 들 수
있다.

표 4-3 ▌사회적 가치를 구성하는 13개 요소

13개 분야	구체적 내용
1 인권, 존엄	• 평등: 성별, 종교, 사회적 신분, 장애, 나이, 용모, 고용형태, 학력, 혼인여부, 임신 · 출산, 가족 상황, 사상 · 정치적 의견, 실효된 전과, 성적 취향, 병력 등에 의한 차별금지 • 정보기본권: 필요 · 충분한 정보 공개 및 공유 • 직업의 자유: 경제적 강자에 의한 침탈행위 시정 • 안정적인 주거생활: 과도한 집값인상, 주택의 소유 집중과 과도한 주거비 부담, 공공임대주택의 부족 해소
2 안전	• 시장의 논리로 해결되지 않는 국민의 안전 지키기 • 국민의 귀책사유 없이 발생될 수 있는 피해 예방 • 지역 · 계층 · 연령 · 경제적 조건과 상관없이 동등한 수준의 안전권 보장
3 건강, 복지	• 건강한 생활이 가능할 수 있도록 적절한 보건 · 의료서비스 제공 • 불량한 주거환경 개선, 식품 · 의약품 안전, 의료접근권 확대, 의료비 부담 완화 • 빈곤, 질병, 장애, 노령, 실업, 사망, 출산 등 사회적 위험으로부터 기초생활을 유지(사회보장 및 사회서비스 제공)
4 노동	• 사회 · 경제적 방법으로 근로자의 고용의 증진. 일자리 창출 및 안정적 일자리로의 전환 • 실업수당의 지급대상과 급여 수준의 확대. 노조조직률, 협약적용비율 제고 • 근로조건 향상: 노동자와 사용자가 동등한 지위에서 자유의사에 따라 노동조건 공동결정, 최저임금인상, 고용안정, 동일가치노동 동일임금 실현
5	• 민간 일자리 창출. 공공부문 일자리를 통해 공공서비스 확충

사회적 약자	• 노동시간 단축 유도, 비정규직, 간접고용 노동자를 정규직으로 유도 • 최저임금 기준 인상. 기업규모, 고용형태, 학력에 따른 임금격차 축소. 노동이사제 확산
6 상생 협력	• 사회적 약자에 대한 경제·사회적 기회제공, 사회적 약자의 참여를 통한 공동체의 활성화 및 사회통합 • 일자리를 통해 적정 소득 확보. 일자리를 얻지 못할 경우에도 적정한 사회보장실현 • 약자에 대한 차별시정 조치 실시(여성, 노인, 청소년, 생활능력이 없는 자 – 신체장애자, 질병, 노령 등)
7 일자리	• 경제의 민주화(공정한 경제)를 위하여 규제 및 조정 • 상생협력: 중소기업의 대기업 생산 및 이익에 대한 협력이익배분제 등
8 공동체	• 지역주민의 권리의무에 대한 결정과정에 주민자치 확대 • 지역소재 기업의 기업시민으로서의 역할 강화
9 지역 경제	• 자치분권과 균형발전 추진. 열위지역에 대한 적극적 투자 • 지방에서도 자체적이고 자립적인 경제활동 활성화 • 지역의 경제활동으로 발생한 이익을 지역에 재투자
10 책임 윤리	• 기업도 사회적 존재로서 사회에 대한 책임 활동 유도(① 좋은 지배구조 형성 ② 인권보호 ③ 노동 ④ 환경보호 ⑤ 공정하고 투명한 운영 ⑥ 소비자보호 ⑦ 지역사회 참여와 발전에 공헌 등)
11 환경	• 모든 생명체 존중, 미래세대에 대한 책임을 지고 환경과 생물종을 지속가능하게 보전 • 미세먼지, 핵폐기물 등 여러 종류의 환경오염 축소·방지 • 기후변화 적응 위해 화석연료 사용을 줄이고, 재생가능에너지 사용 확산
12 참여	• 시민이 공동체 의사결정 참여. 국민숙의를 국가의 권력 기구 조직과 국가 • 시민참여 조건 강화(관련 정보 최대한 공개. 참여 수단으로 국민발안, 국민투표, 국민소환 등 추가 고려. 정부의 정책 입안, 집행, 평가의 과정에서 시민참여 적극적 보장 등)
13 공공성	• 경제적 양극화로 인한 파괴된 사회 공동체 회복 추구 • 제3부문에 대한 지원(시민단체의 참여와 활동, 사회혁신 활동 등)

출처: 한국행정학회. 2017; 공공기관 사회적 가치 협의체. 2019; 행정안전부. 2018에서 재구성.

흥미로운 조사로서 2019년 5월에 한국사회적기업진흥원과 LAB2050가 국민 약 1,000명 대상으로 13개 분야 사회적 가치의 구현 실태에 대한 의식을 알아보았다. 조사 결과에 따르면 각 분야에 대한 국민의 만족도는 <그림 4-4>와 같다. 3 건강·복지, 1 인권·존엄, 12 참여 분야에서 비교적 높게, 7 일자리, 6 상생협력, 9 지역경제, 10 책임윤리 분야에서 비교적 낮게 평가되고 있다(한국사회적기업진흥원, LAB2050. 2019).

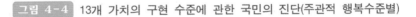 **그림 4-4** 13개 가치의 구현 수준에 관한 국민의 진단(주관적 행복수준별)

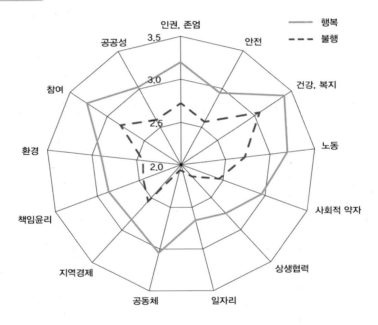

*5점 만점 평가임.
출처: 한국사회적기업진흥원, LAB2050(2019)

이 조사가 제시한 또 다른 중요한 결과로서 '주관적 행복'의 수준에 따라 만족도에 차이가 나타난 점이다. 즉, 본인이 행복하다고 인식한 사람들은 불행하다고 인식한 사람들보다 13개 모든 분야에 대해서 상대적으로 높게 평가한 것이다. 이 조사에서 이러한 주관적 행복에 영향을 미치는 요인으로서는 소득수준, 거주지, 결혼 여부, 자녀 여부가 검증되었다. 구체적으로 월 600만 원 이상의 소득으로, 서울에 거주하고, 결혼해서 자녀가 있을수록, 행복감을 느낌과 동시에 사회적 가치에 대해서 긍정적으로 평가하게 되는 것이다. 이와 같은 결과는 사회적 가치의 구현이 구체적인 '개별 분야별 이슈'임과 동시에 국가 차원의 '구조적 문제'도 관련된 복합적 과제라는 점을 시사한다(한국사회적기업진흥원, LAB2050. 2019).

(3) SDGs(지속가능발전목표)의 정치학

사회적 가치의 정책적 전개로서는 2015년에 시작한 SDGs를 빼놓을 수 없다. SDGs는 2000년에서 2015년까지 추진된 MDGs를 개선하여, 인류 전체가 2030년을 향해 함께 추구해야 할 17개 주요 목표(goal)와 169개의 세부 달성 목표(target)를 제시한 것이다. 2012년경에 시작한 전 세계적인 공론장인 'post-2015 개발 아젠더'를 통해 SDGs의 지향 가치나 비전이 구성되었으며, 이는 채택된 SDGs의 공식문서에도 반영되었다. 즉, 인간의 존엄성(human dignity)에 최고의 가치를 두면서 누구도 소외되지 않는 (leaving no one behind) 세상을 만드는 것 등이다. 구체적으로 SDGs는 개발, 환경, 사회, 이행체계 등을 통합한 목표체계를 수립했으며, MDGs와 달리 중앙정부뿐만 아니라 국제기구와 비영리조직, 기업, 교육기관, 지자체, 시민 등 모든 수준의 수행과 파트너십을 장려하고 있다. 이러한 가치체계와 수행체계를 볼 때 SDGs는 사회적 가치 패러다임과 불가분한 관계에 있다고 할 수 있다.

보다 구체적으로 유엔사회발전연구소(UNRISD)가 정리한 SDGs의 주요 특징을 확인하면 다음과 같다(그림 4-5). 인간적 존엄성의 가치를 바탕으로, 다각적인 정책이나 실천을 통해 기존의 경제·사회적 생태계를 근본적으로 전환하는 것을 그 주안점으로 해석하고 있다. 특히 UNRISD는 결국 각 수준(국제, 중앙, 지방)에서의 포괄적인 거버넌스 정책의 구성과 시행이 중요하며, 이를 성공적으로 이끌어가기 위해서 다음과 같은 인식이 필요하다고 주장한다. 즉, 1) SDGs의 수행은 기본적으로 정치적 과정이다, 2) 핵심 가치를 향한 정치적 동원과 세력화가 필요하다, 3) 이를 위해 시민사회의 폭넓은 참여가 중요하다(UNRISD 2016). 이처럼 SDGs는 시민들이 인간 존엄성의 가치를 다양한 영역에서 창조해 가는 전 지구적인 정치과정으로 요약할 수 있다.

국내에서도 SDGs의 실천은 활발하다. 국제사회의 동향에 맞게 중앙정부도 2018년에 유엔과 같은 17개 주요 목표에, 122개 세부 목표로 구성된 국가지속가능발전목표(K-SDGs)를 수립했다. 지자체 차원에서는 더 독창적인 접근 방식이 나타났는데, 서울시는 2015년에 '서울시 지속가능발전 기본계획'을 수립하여 3개 영역(환경, 경제, 사회문화), 30개 목표를 구성했다(그림 4-6). 한편, 유엔이 제정하기 전에 충남에서는 민간차원(푸른충남21)에서 106개 목표를 수립한 사례도 있다. 충남은 2018년에 이를 유엔의 동향에 맞게 17개 주요 목표와 62개 전략 지표로 재구성된 충청남도 SDGs 2030을 발표했다(표 4-4).

그림 4-5 SDGs가 지향하는 중심적 가치(UNRISD)

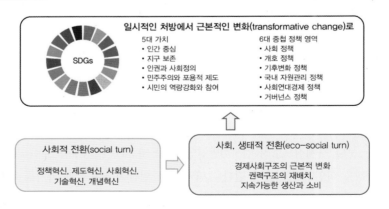

출처: UNRISD(2016)에서 필자 재구성.

이처럼 SDGs는 1) 내용이나 접근 방식의 측면에서 가치를 상향적 방법으로 창조해 가는 정치과정을 보편화했다는 점과 2) 각 수준의 조직이나 공동체가 각자에 있어서 중요한 세부 가치의 체계나 구현 방법을 참여적, 자율적으로 설정하여 실행해 가는 새로운 정치적 무대(arena)를 창출했다는 점에서 정치(학)적으로 중요한 이슈이다.

그림 4-6 서울시 지속가능발전목표: 3개 영역, 30개 목표

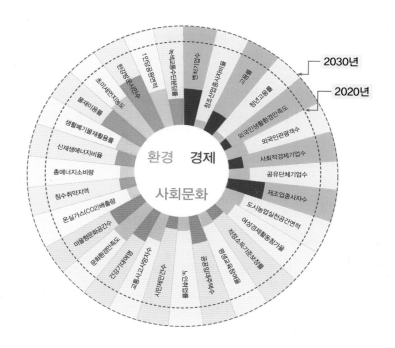

출처: 서울특별시(기획조정실). 2015. 『서울특별시 지속가능발전 기본계획』.

표 4-4 ▮ 충청남도 지속가능발전목표의 지표화: 17개 영역과 62개 세부 지표

영역	세부 지표	
1. 빈곤해소	1-1. 상대적 빈곤률	1-2. 사회복지비 비율
2. 친환경 농업과 먹거리	2-1. 친환경인증 면적 비율 2-3. 동물복지 인증농장 2-5. 주민주도 마을만들기 참여율	2-2. 화학비료 사용량 2-4. 1인당 농림어업 GRDP
3. 건강과 웰빙	3-1. 암 사망률 3-3. 자살률 3-5. 여가생활 만족도	3-2. 치매환자등록률 3-4. 생활체육 참여율
4. 양질의 교육	4-1. 국공립어린이집 이용률 4-3. 평생학습 참여율	4-2. 교육환경 만족도
5. 성평등	5-1. 경제활동참여 성비 5-3. 사회 안전의식 성비	5-2. 관리직 비율 성비 5-4. 가사노동시간 성비
6. 효율적인 물 관리	6-1. 물 재이용량 (평균) 6-3. 지하수 오염기준 초과비율	6-2. 1인당 물 사용량 6-4. 2급수 이상 하천비율
7. 지속가능한 에너지	7-1. GRDP 당 최종에너지 소비량	7-2. 신재생에너지 공급비중
8. 경제성장과 일자리	8-1. 1인당 GRDP 8-3. 청년실업률 8-5. 노동시간	8-2. 고용률 8-4. 비정규직 근로자 비율 8-6. 산업재해 사망만인율
9. 산업혁신과 인프라	9-1. 중소기업 부가가치비율 9-3. 총생산액 대비 R&D지출 비율	9-2. 소상공인 현황 BSI
10. 불평등 완화	10-1. 지역간 1인당 개인소득 격차	10-2. 사회적 약자에 대한 인권의식
11. 지속가능한 도시와 공동체	11-1. 최저주거기준 미달가구 비율 11-3. 심정지환자 소생률 11-5. 자동차사고 발생자 수 11-7. 지정(등록)문화재	11-2. 범죄발생률 11-4. 대중교통 수송분담률 11-6. 사회적 관계망
12. 책임 있는 생산과 소비	12-1. 로컬푸드 직매장 매출액 12-3. 사회적경제 업체 수	12-2. 생활폐기물 매립률

13. 기후변화 대응	13-1. 온실가스 감축량 13-3. 자연재해 지역안전도	13-2. 미세먼지 농도(PM 2.5 기준)
14. 해양자원의 보전	14-1. 연안오염도 2등급 이상 비율 14-3. 해양보호구역 면적	14-2. 열린 하구 비율 14-4. 어업생산액
15. 육지생태계 보전	15-1. 자연보호지역 비율 15-3. 토양오염 기준치 초과 비율 (평균)	15-2. 산림면적비율
16. 책임 있는 행정제도	16-1. 원문정보공개율 16-3. 도정참여 효능감	16-2. 기관청렴도(평균) 16-4. 예산대비 채무비율
17. 파트너십	17-1. 지속가능발전 전략 및 이행계획 수립 시·군	17-2. 해외 지방정부 등과 교류

출처: 충청남도. 2018. 『충청남도 지속가능발전목표(SDGs) 2030』. (홍성군: 충청남도).

(4) 교육 차원: 사회적 가치 실현을 위한 시민정치 교육의 확산

사회적 가치의 시대, 대학의 교육도 과거와는 달리 변해야 한다. 이는 사회적 가치 시대의 기업의 사회적 책임(CSR, Corporate Social Responsibility) 모델인 공유가치창출(CSV, Creating Shared Value)이 부상한 배경과 유사하다. 과거, 소비자의 수요에 맞추어 보다 좋은 제품을 보다 싼 가격에 공급하기만 하면 되었던 시절이 있었다면, 기업수익을 자선과 기부의 형태로 사회에 환원하는 전통적인 CSR 시대를 넘어, 비즈니스를 통해 사회적 문제를 창조적이고 혁신적으로 해결함으로써 기업과 사회가 모두 만족할 수 있는 공동의 가치를 창출하는 CSV의 시대가 도래했다는 것이다. 사회적 가치 창출을 새로운 경영 패러다임으로 내건 SK 기업의 광고 문구는 이를 기업과 사회가 '짝'을 이뤄 함께 성장하며 서로를 '업(UP)'할 수 있다고 표현한다. 간단한 예로, 환경친화적 제품을 개발·생산하여 매출과 환경보호라는 두 마리 토끼를 동시에 잡는 경우를 생각해볼 수 있다

대학의 사회적 책임 논의에서도 CSV가 중요하다. 보통 대학의 사회적

책임은 다음 몇 가지 측면에서 생각해볼 수 있을 것이다. 우선, 큰 틀에서 우리 사회에 필요한 지성과 품성을 겸비한 인재를 양성하고 세계적 수준의 연구성과를 창출하여 국가 경쟁력 향상에 이바지하는 게 대학의 궁극적인 사회적 책임이라 생각할 수 있다. 입학생 선발 과정에서 공정한 기회와 다양성을 확보하고, 대학의 교수와 직원 임용에 있어 여성과 사회적 약자를 배려하며, 대학 운영에 있어 환경, 인권, 노동 관행, 민주적 거버넌스 등 제반 사회적 가치를 실현하기 위해 노력하는 것도 대학의 사회적 책임이다. 대학의 각종 자원봉사활동과 지역사회를 위한 평생교육 또한 대학이 사회적 책임을 다하는 방법의 일환일 것이다.

그러나 사회적 가치 시대의 대학교육 모델은 소위 '상아탑(ivory tower)' 모델과 대조되는 대학의 '사회적 참여(civic engagement)' 모델이라 할 수 있다. 대학이 지역사회에 적극적으로 참여하여 지역사회와 자원과 가치를 공유함으로써 한편으로 교육·연구의 혁신이 가능하고 다른 한편 지역사회의 혁신 또한 기대할 수 있다는 것이다. 대학의 혁신을 통한 지역사회의 혁신, 소위 '대학 발(發) 사회혁신'이라 칭할 수 있을 것이다. 대표적인 예로, 지역참여형 수업 프로젝트를 통해 교육과 연구의 수월성을 추구하면서 동시에 학생들을 사회적 가치에 민감한 공적·민주적 리더로 양성하고, 나아가 지역의 발전에 실질적으로 이바지할 수 있다는 아이디어다.

사회적 참여와 공적·민주적 리더십 양성, 지역의 균형발전 등 여러 측면에서 정치학은 사회적 가치 시대에 있어 대학의 CSV 교육을 선도할 수 있다. 하나의 예로 2018년 한국정치학회는 시민정치 교육·연구·실천 프로젝트를 시도한 바 있다. 전국 20여 개 대학 정치학과 혹은 정치학 관련 전공에서 지역기반학습(community-based learning, CBL) 방식의 정치학 수업을 개설하여 운영한 것이다(그림 4-7). 상아탑을 넘어 교육과 연구의 수월성뿐 아니라 사회적 가치 실현과 사회적 기여와 공헌을 추구하기 위한 정치학계 나름의 노력으로, 구체적으로 지역을 무대로 교육·연구·실천을 결합한 프로젝트로써 시도되었다. 지역 사회의 각종 문제 해결이라는 혁신적 수업 모형을 개발하고, 다양한 학술적 연구성과를 발표하며, 지역 차원에서 실질적인 사회적 기여를 도모하고자 했다. 이러한 한국정치학회 시민정치 교육·연구·실천 프로젝트 성과는 단행본으로도 출판된 바 있다(한국정치학회 외 2018).

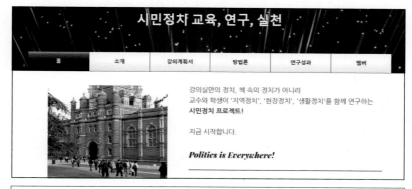

그림 4-7 한국정치학회 지역기반 시민정치 교육의 실천

설립취지

  정치학 세부 전공에 따라 기존 과목 중 적절한 수업을 선택하여, 지역기반학습 방식을 도입하며 학생들로 하여금 수동적인 학생으로부터 능동적인 시민이 될 수 있도록 교육하는 한편, 학생들과 함께 지역사례를 연구하고 지역의 문제 해결을 위해 실천한다는 아이디어로, 한국정치학회 내에 시민정치 교육·연구·실천 분과위원회를 설치한다.

  이미 2017년도에 몇 개 대학에서 시도되었고 2018년 1학기에 전국적으로 20여개의 CBL 정치학 수업을 개설하고 2018년 한국정치학회 하계학술대회에서 그 결과를 발표하며 향후 모든 정치학 및 관련 전공 수업에서 길라잡이로 활용할 수 있는 자료집과 매뉴얼도 출판할 예정이다.

출처: 한국정치학회. "시민정치 교육, 연구, 실천."
　　　https://rilla7.wixsite.com/civicpolitics.

    사회적 가치 실현을 위한 교육 혁신은 정치학계를 넘어 사회과학계 전반으로 넓힐 수 있다. 가령 정치학계의 선례를 활용하여 지역별 거점대학에 지역별 프로젝트를 이끌 수 있는 플랫폼 내지는 센터를 구축할 수 있다. 또한 아래와 같은 형식으로 사회과학 관련 주요 기관과 학회, (지방)정부와 기업이나 민간단체로 구성된 가칭 사회적 가치 교육·연구·실천 협업 네트워크를 구상해 볼 수 있다(그림 4-8). 거점 지역별 플랫폼과 관련 기관 협업 네트워크를 엮어 점진적으로 사회적 가치 교육·연구·실천 모델을 전국적으로 확산하는 아이디어다.

사회적 가치 실현을 위한 이러한 교육 혁신은 최소한 다음과 같은 의의가 있을 것이다. 우선 사회적 가치 교육·연구·실천 수업 프로젝트를 통하여 사회과학 전공 학생들을 사회적 가치에 민감한 공적, 민주적 리더로 양성할 수 있다. 둘째, 프로젝트를 통하여 사회과학 교육의 수월성, 학제 간 및 실천적 연구, 대학의 사회·지역적 공헌을 추구할 수 있다. 셋째, 지역 거점 대학을 중심으로 플랫폼과 센터를 설립하여 지역의 지속가능발전에 이바지함으로써 궁극적으로 지방분권과 균형발전에 이바지할 수도 있다.

그림 4-8 사회적 가치의 교육·연구·실천 협업 네트워크 구상

*각종 학회(사회과학 분야)
– 한국정치학회, 한국행정학회
– 한국경제학회, 한국사회학회
– 한국지방자치학회 등

*지방정부 기관
– 혁신교육 지방정부협의회
– 전국사회연대경제지방정부협의회
– (지자체) 마을공동체지원센터 등

*사회과학 관련 기관
– 한국사회과학협의회
– 전국 사회과학대학장협의회 등

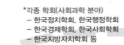
사회적 가치 교육·연구·실천
협업 네트워크

*정부 기관
– 교육부, 국토교통부
– 균형발전위원회
– 경제인문사회연구원
– 한국연구재단 등

*관련 민간단체, 재단

*관련 기업

III **사회적 가치를 창조하는 시민정치**

1. 사회적 가치와 정치학의 이론적 연결점: 시민의 가치창조

사회적 가치에 대한 정치학적 이해의 중심에는 시민 개념이 있다. 보다 구체적으로 '정치적 행위 주체'로서의 민주적 시민 개념이다. 이상에서

살펴본 조직의 민주적 운영이나 각종 사회적 가치 관련 정책 그리고 사회적 가치 실현을 위한 교육 등은 모두 결국 민주적 시민의 존재와 활동, 성장을 중요시하는 점에서 공통적이다. 사회적 가치의 문제를 온전히 이해하기 위해서는 조직과 제도 등 외부적인 측면도 고려해야 하나, 결국 실천 주체이자 수혜자 그리고 가치 창조자로서 시민의 주의주의적인(voluntaristic) 측면이 핵심이다.

시민을 중심으로 한 가치창조에 관해서는 후술하는 바와 같이 대안적 민주주의 이론이나 거버넌스론, 협치 모델 등 다양한 정치학 사상·이론·모델이 존재한다. 이러한 시민의 사회적 가치창조의 특징, 조건이나 메커니즘 등을 탐구하는 광범위한 학문적 흐름을 '시민정치학'으로 부르고자 한다. 한마디로 시민정치를 촉진하는 것이 사회적 가치 패러다임에 있어서 중요한 정치학적 과제라고 할 수 있다.

과거 신자유주의 시대의 패러다임이 자유화, 시장화, 탈규제의 이름으로 국가의 후퇴와 정치적 개입의 축소를 주장했다면, 사회적 가치 시대의 새로운 정치 패러다임은 적극적 의미의 시민참여와 민관협력의 정치에서 찾을 수 있다. 사회적 가치 패러다임은 시장주의의 폐해와 국가 주도적 통치 방식에 대한 비판적 문제의식을 배경으로 한다. 나아가 시민사회의 자발적 참여를 강조하면서 정부, 기업, 시민사회 행위자들 사이의 협력적 실천을 통하여 사회적 문제를 해결하고자 한다.

2. 시민정치학의 등장과 시민정치 가치사슬

환경, 복지, 인권, 교육, 소득 등 우리 주변에 존재하는 현실적인 사회적 과제를 누가, 어떻게 해결할 것인가? 현대사회에서 이와 같은 공동체적 문제를 해결하기 위해서 가장 강력한 힘과 수단을 가진 주체는 정부이며 국가 권력일 것이다. 우리가 잘 알고 경험하고 있는 것처럼 정부 또는 국가는 공동체의 문제에 대해서 강제력 있는 공공정책을 마련하여 제도적으로 해결할 수 있다. 미국의 정치학자 이스턴(David Easton)이 '정치'의 기본적 의미로서 개념 정의 내린 국가에 의한 '가치의 권위적 분배'(authoritative allocation of values)이다.

다양한 문제가 혼재하는 현실에서 공정하고, 효과적이고, 시의적절한 공공정책의 도입과 가치 배분, 즉 권위적인 분배는 어떻게 가능한가? 주권자로서의 시민이 주기적 선거와 다수결 원칙을 통해 국가·정부를 민주적으로 통제하는 방식, 즉 대의 민주주의(representative democracy)가 잘 알려진 방법이다. 의원내각제를 상정한 개념이지만 소위 의회통치사슬(parliamentary governance chain) 모델이 작동한다는 것이다. 단순하게 말하자면, 유권자의 선택을 받은 대리인들이 모인 의회가 행정 권력을 구성하고 견제하면서 행정기구를 통하여 행정 서비스를 제공하는 모델로서 여기서 시민은 간헐적으로 투표하는 유권자 그리고 행정기구가 제공하는 서비스를 수혜하는 고객으로 간주한다.

그림 4-9 대의 민주주의의 의회통치사슬

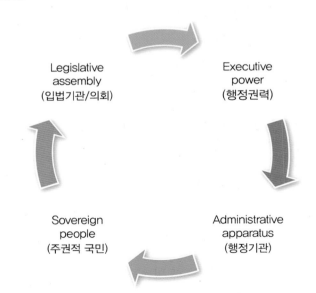

Legislative
assembly
(입법기관/의회)

Executive
power
(행정권력)

Sovereign
people
(주권적 국민)

Administrative
apparatus
(행정기관)

그러나 세계화, 민주화, 정보화, 복잡화 등 시대적 변화를 배경으로 이제 새로운 시민정치 패러다임이 부상하고 있다. 이제 시민은 식견 있고 비판적이며 관여적인(engaged) 정치적 주체로서 제도권 정치를 넘어 보다 일상적·직접적·적극적으로 정치에 참여하고자 한다. 투표와 정당 가입과 같은 소위 관습적(conventional) 정치참여뿐 아니라 시위와 저항, 온라인상의 정치참여, 시민불복종 운동 등 과거에는 비관습적(unconventional) 내지는 비정상적이라고까지 평가·폄하되던 직접행동이 주류화되고 정상적인 정치참여 유형으로 받아들여진다. 민주주의의 모델 논의도 기존 대의민주주의의 틀을 뛰어넘어 직접 민주주의, 참여민주주의, 심의/숙의민주주의, 결사체 민주주의, 전자민주주의 등 다양한 혁신적인 참여지향적 모델에 대한 논의로 이어져 왔다.

이러한 패러다임 변화를 배경으로 연구자들은 1990년대를 전후하여 기존 시스템에 대한 반성과 함께 문제 해결을 위한 새로운 정치적 '동력'을 시민에게서 찾고자 했고, 이러한 흐름 속에서 소위 '시민정치학'이 하나의 대안으로 부상했다고 볼 수 있다. 즉, 자율·자발적으로 움직이고, 문제 해결에 적극적, 창의적으로 도전하며, 연대와 네트워크를 형성하는 무수한 시민들의 등장이다. 문제의 완전한 해결은 아니어도 '유효한 해법'을 미시적으로 시도하고 거시적으로 확산해 가는 시민에 의한 사회혁신, 시민에 의한 공동체 회복, 시민에 의한 정부 운영 등을 포함한 이른바 시민정치의 활동 사례는 세계 각지에서 매우 활발하게 전개되고 있다. 다시 말해, 정부, 의회, 선거 등 대의 민주주의 메커니즘도 중요하지만, 현대사회의 다양하고 심각한 문제를 해결하기 위해서는 개인, 조직, 기업 등을 포함한 모든 시민의 잠재력과 창의력 그리고 협력과 신뢰, 공통의 목적의식 등을 발현·발전시키는 것이 중요한 과제로 떠오른 것이다.

위에서 언급한 의회통치사슬과 대비하여 새로운 시민정치의 가치사슬 구조를 정리하면 다음과 같다(그림 4-10). 첫째, 주체자로서의 시민 개념과 관련해서는 사회적 가치나 공공성을 위해 자율·자발적으로 행동하는

'능동적 시민'(active citizen)과 이들의 네트워크나 결사체 · 사업체가 중요하다. 물론 현실적으로 가치창조 활동에 적극적으로 참여하는—가령 참여예산제, 협치 사업, 정책 토론회, 사회적 경제 등 시민정치 활동에 적극적으로 참여하는—능동적 시민은 소수에 지니지 않는다. 그러나 능동적 시민의 활동으로 인해 일반 대중의 점진적 참여와 권한 획득이 이루어지며 잠재적으로 이들도 능동적 시민으로 성장해 가는 순환적 과정, 즉 시민교육은 시민정치가 지향하는 중요한 지향점이다. 이러한 주체적 시민들이 직접 활용할 수 있는 지적, 물질적, 공유 자원과 자산도 시민 주체와 직접 관련되는 기본 조건으로 볼 수 있다.

둘째, 시민정치의 과정이란 사회적 가치를 창조하기 위한 시민들의 주요 활동 양식으로, 크게 공적 권력의 이용에 기반을 둔 방식과 개별적 실천을 확산해 가는 방식으로 구분할 수 있다. 전자는 주로 대의 민주주의와 공공행정, 지방 민주주의나 직접 민주주의 과정을 의미하며, 후자는 시민사회의 다양한 자발적 · 자치적 정치과정을 포함한다. 표에서 볼 수 있듯이 각 과정은 여러 다양한 원칙과 가치—가령 대표성, 공정성, 책임성, 창의성, 혁신성, 이타성 등—를 지향한다. 예를 들어 사회적 경제 조직은 이윤 추구의 목적과 1주 1표의 원리로 조직된 일반 기업과 달리 1인 1표의 원리와 자치와 참여, 협동과 연대, 지역 사회에 대한 공헌 등 돈으로 환산할 수 없는 중요한 민주적, 공적 가치에 기초해 활동한다. 이 밖에 최근에는 협치 프로젝트, 미니 공중(mini-public), 소셜 리빙랩(living lab)과 같은 다양한 혁신적인 시민정치 방식이 발전하고 있다. 이들은 '실험적 입장'에서 사회적 가치 창출을 위한 아이디어를 배양함과 동시에 참여자와 당사자에 대한 사회혁신 교육의 중요한 의미 또한 지닌다.

셋째, 시민정치의 성과란 이러한 시민정치 과정을 통해 구현 · 촉진되는 사회적 가치와 궁극적인 사회적 변화를 의미한다. 여기에는 다양한 개별적 · 거시적 가치가 포함되며, 협력적인 문화나 이타성, 책임성과 같은 시민적 문화 내지는 시민성의 함양 등 규범적 발전도 포함한다. 최근에는 '시민력'이나 '협치력', '지역력'의 이름으로 시민정치의 성과를 개념화하기도 한다.

이러한 가치나 규범의 발전은 결국 해당 사회를 구성하는 주체인 시민의 자질과 역량의 발전으로 다시 연결된다. 사회를 구성하는 주체인 시민의 입장에서 보면, 사회적 가치는 목적임과 동시에 원인과 과정적 원칙이기도 한 것이다. 결국 시민정치는 시민을 중심으로, 사회적 가치를 창조, 재창조해 가는 순환적 인과관계의 가치사슬로서 이해할 수 있다.

그림 4-10 시민정치의 가치사슬: 주체, 과정, 성과, 환원

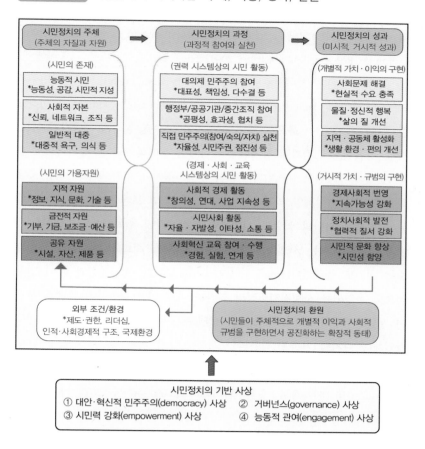

출처: 필자 작성

3. 시민정치의 이론·개념적 맥락: 4가지 기반 사상

이러한 시민정치의 가치사슬과 관련 있는 정치학 이론과 개념적 맥락
은 다음 네 가지 사상적 흐름에서 찾을 수 있다.

첫째, 1980년대에 시작한 민주주의 이론의 대안 모색이다. 세계적인
민주화의 흐름이나 민주적 선진국들의 질적 성장 등을 바탕으로, 1980년
대에서 1990년대 정치학에서는 대의 민주주의를 보완하는 대안적 민주주
의 모델에 관한 연구가 급속히 확산했다(Pateman 1982; Dahl 1985;
Cohen & Rogers 1992; Warren 2001; Hirst 2002). 이 흐름의 중심에 있
는 대안적 이론은 참여민주주의(participatory democracy), 결사체 민주주
의(associational democracy), 심의민주주의(deliberative democracy)이라고
할 수 있다. 모두 공통으로 주기적 선거와 다수결 원리에 제약받지 않고,
자발·자율적으로 정치에 참여하거나 다양한 형태의 조직을 창의적으로 설
립·운영하여(시민단체나 비영리조직, 주민조직이나 지역 공동체 등), 공공
정책에 대한 현실적인 의견을 제시하고 이성적인 토론을 활발하게 전개하
는 규범적인 시민의 역할과 시민문화적 잠재력에 주목한다. 1990년대 후
반과 2000년대에는 사회적 경제의 운영 자체를 새로운 민주주의 모델로
보는 시각도 등장했다(Smith and Teasdale 2012). 협동조합과 같이 민주
적으로 운영되는 사회경제조직의 확산과 이로 인한 공공복지 문제의 해결
이 시민민주주의(civil democracy) 모델로 구상되고(Pestoff 1998), 혁신적
사업체나 디지털 기술을 활용한 정책형성 등을 바탕으로 정치적, 사회적,
경제적 권리나 이익을 동시에 추구하는 모델이 민주주의 혁신(democratic
innovation)의 이름으로 실험된다(Smith 2009; APSA 2012; Elstub &
Escobar 2019; NESTA 2022).

둘째, 1980년대에 등장한 거버넌스 이론과 그 발전적 흐름이다. 거버
넌스 이론은 기본적으로 기존의 조직경영론이나 민주주의 이론보다 넓고
포괄적 관점에서 개별 조직이나 사회 시스템의 운영이나 통치, 관계구조

등을 파악하여 실천적 과제를 제공한다. 80~90년대에 기업 거버넌스 (corporate governance)나 공공기관 거버넌스(public governance), 근린 거버넌스(neighborhood governance), 네트워크 거버넌스, 중앙－지방의 다 층 거버넌스(multi－level governance) 등 적용하는 대상에 따라 다양한 이 론이 등장했다. 이후에도 이론적 발전에 따라 2세대, 3세대 이론 혹은 다른 융합적 이론의 발전이 이루어지고 있다. 예를 들어, 조직·사회의 심층적 구 조나 복합성에 주목하는 흐름으로 복합적응시스템론(complex adoptive system)이 있으며, 거버넌스 행위나 과정, 전략에 주목하는 흐름으로 협력 적 거버넌스론(collaborative governance), 공동생산론(co－production), 공 진화론(co－evolution), 다중심적 접근론(polycentric approach), 그리고 거 버넌스의 결과나 공통적 지향 가치에 주목하는 흐름으로 공유가치 창출론 (creating shared value), 공적 가치론(public value) 등이 있다. 이와 같은 이론의 등장과 발전이 주는 중요한 시사점 중 하나는 사회를 변화시키는 방법 혹은 사회변화 자체의 메커니즘은 다각적인 관점에서 설명할 수 있 으며, 언뜻 보기에 매우 견고하고 수정·해결 불가로 보이는 기존 시스템 이나 사회문제도 변화와 해결을 위한 돌파구를 찾을 수 있다는 점이다. 이 때 조직이나 사회를 구성하는 근본적 주체의 자발성이나 책임성, 주체들의 협력·협업·시너지, 공통의 목적의식 설정, 신뢰 관계 수립 등은 자주 거 론되는 거버넌스의 성공 요인이다. 이러한 맥락에서 정치적 거버넌스에 있 어서는 특히 사회 구성의 근본적 주체인 시민의 주체적 역할과 책임, 변화 를 위한 창의적인 노력이나 협력이 중요하게 되는 것이다.

셋째, 공동체 규범이나 사회기업가 정신, 신뢰 등 시민의 의식적·도덕 적 자질이나 정신적 혹은 지적 역량의 축적이나 강화를 의미하는 임파워 먼트(empowerment, 역량강화)에 주목하는 사상적 흐름이다. 위에서 언급 한 대안적 민주주의나 거버넌스 이론의 사상적 기반을 보면, 공통으로 시 민적 주체에 대한 이해 자체가 과거 혹은 고전 정치학적 이해와 다른 점 이 분명하다. 고전적 정치이론에서는 일반 시민이나 대중을 군중 혹은 이기적인 개인과 같은 부정적인 개념으로 이해했다. 플라톤(Plato)이 민주주의를 우중(愚衆)의 정치로, 홉스(Hobbes)가 시민에 의한 정치를 무질서 상태(anarchy)로 설명한 것이 유명하다. 일반 시민이 정치에 관여하면 원시인(savage)으로 전락한다는 슘페터(Schumpeter)의 엘리트 민주주의 시각도 잘 알려져 있다. 시민들은 이기적으로 각자의 이익을 추구하기 때문에 합리적으로 집단적 목표를 달성할 수 없고, 이들을 대신할 정부나 권력기구 그리고 엘리트가 꼭 필요하다는 것이다. 이러한 이해에 대한 선구적인 비판은 19세기 토크빌(Tocqueville)에 의해 제시되었는데, 그는 미국 민주주의의 성공 요인으로서 소위 결사의 예술(art of association), 즉 시민들이 자발적으로 모여 토론하고, 상대방과의 대화와 성찰을 통해 문제를 해결하는 점에 주목했다. 20세기에 들어 프래그머티즘(pragmatism) 철학자로 알려진 존 듀이(John Dewey)도 당시의 사회적 위기 상황과 민주주의의 기능 상실을 해결하기 위해서, 엘리트가 아닌 일반 대중(public)의 잠재력에 주목했으며, 이러한 정치 비전을 창조적 민주주의(creative democracy) 혹은 '보다 많은 민주주의'(more democracy)로 표현했다.[8] 교육이 보편화되며, 소통기술이 발달하고, 제도나 기회 그리고 사회경제적 조건이 개선된 현대사회에서 시민·대중을 우중으로 보는 관점은 현실적이지 않다. 서로 신뢰하고 협력하는 시민, 이타적이고 자기희생적인 시민, 높은 교양, 지식, 기술을 가진 시민 등 현명한 시민, 창의적인 시민은 현실에서 얼마든지 나타나고 있으며, 세계 각지에서 변화를 주도하고 있다. 다시 말해 현대적 상황에서는 지식이나 의식의 수준 혹은 지적 토양이나 도덕관이 개선되면서 시민·대중이 사회를 개혁하는 잠재력이 과거와는 분명히 다르다는 것이다.

이러한 시민의 잠재력은 정치학뿐만 아니라, 문화인류학, 경제학, 사회

---

8) 대표적으로 존 듀이(홍남기 역). 2010. 『현대 민주주의와 정치 주체의 문제 존 듀이의 민주주의론』. 서울: 씨아이알(CIR). John Dewey. 1939. "Creative Democracy: The Task before Us."

학, 행정학 등 사회과학 일반에서 널리 주목받고 있는 시대적 흐름이며, 공통으로 사용되는 현대적 키워드가 바로 임파워먼트 개념이다. 이 개념 자체는 1970년에 출판된 『페다고지: 피억압자들의 교육학』(*Pedagogy of the Oppressed*)의 저자인 교육학자 프레이리(Paulo Freire)에 의해 세계적 으로 확산한 것이며, 국내에서는 주로 역량 강화나 권한 부여와 같이 제한 적이고 전문적인 의미로 이해되는 경우가 있다. 그러나 프레이리의 사상은 개개인의 근원적인 민주 정신, 인간성의 함양 그리고 강한 시민·인간으로 의 성장 등을 교육이나 사회의 목표이자 사회발전의 심층적 동태로 보는 광범위한 사상이다.9) 이후 임파워먼트 개념은 정치학의 다양한 혁신적 이 론에서 활용되었다.

가령, 전 세계의 시민의식 동향을 분석한 세계가치관조사(world value survey)로 유명한 Welzel & Inglehart(2008)는 현대적 일반 시민들이 기존 의 정치적 자유(평등한 선거권 보장)나 경제적 생존권을 넘어 본인의 창의 성이나 능력을 보다 발전적으로 발휘할 수 있는 기회를 희망하고 있는 점을 중요시해 인간의 역량강화(human empowerment)를 현대 민주주의가 지향 해야 할 방향으로 제시한 바 있다. 또한 Fung & Wright(2003)는 시민들의 실천적 참여와 심의적 의사결정 방식을 보편화한 '역량강화 참여민주주 의'(empowered participatory democracy) 모델이 확산하고 있으며(주민자치 모델, 참여예산 모델 등), 이는 특히 분권(devolution), 심의(deliberation), 지역 내의 조율(coordination)을 촉구하고, 단순 봉사활동적 참여가 아닌 참 여민주주의와 거버넌스의 공식적인 제도화를 모색한다고 주장했다. 사회적 경제에 관한 담론에서도 사회적 가치를 추구하는 협동조합이나 사회적 기업 은 사람의 얼굴을 가진 경제, 즉 경제의 인간화(Humanizing the Economy) 를 촉진하여(Restakis 2010), 시민과 사회의 임파워먼트에 기여한다는 점을 강조한다(Wright 2009; Vail 2010).

넷째, 능동적 관여(engagement)에 관한 사상·이론적 흐름이다. 이는

---

9) 대표적으로 파울로 프레이리(남경태 역). 2002. 『페다고지: 피억압자의 교육학』. 서울: 그린비.

민주주의와 거버넌스라는 시스템 속에서 주체의 원동력을 실천적으로 발휘하는 측면과 관련 있는 키워드이다. 정치학에서는 이론과 실천, 지표와 베스트 프랙티스를 포함하는 광범위한 영역에서 civic engagement(시민의 적극적 참여나 관여) 개념으로 이해된다(Skocpol & Fiorina 1999; Gerston 2002; Zukin 2006; UN DESA 2007; OECD 2020). 이 개념은 형식적이고 일시적인 참여(participation)를 넘어 주도적이고 지속적인 방식으로 사회를 재구성해가는 능동적인 과정과 결과를 포함하는 의미를 지닌다.

한편, 교육학에서는 교육기관이나 학생, 교수·연구자가 사회와의 연계성을 강화함으로써 보다 적극적으로 사회적 가치를 창조하는 교육 모델을 public engagement(사회연계)나 community engagement(지역공동체 연계)로 제안하고 있다(Votruba, Beere & Wells. 2011; Watson, Hollister & Stroud 2013; NCCPE 2014). 경영학에서는 CSR나 지속가능경영과 같이 1980년대부터 발전해 온 기업과 사회의 관계 강화에 기반으로 둔 이론으로 stakeholder engagement라는 키워드가 있다. 이는 이해관계자 협력이나 관리 등으로 번역되는데, 기업의 직원과 고객, 주주, 지역 사회 등 모든 이해관계자 간 효과적 관계를 구축해 가는 것을 기업의 성장을 위한 중요한 과제로 인식한다(Jeffery 2019; Franklin 2020). 이와 같이 인게이지먼트(engagemnent) 혹은 능동적 관여 개념은 정치학뿐만 아니라 다양한 학문 분야에서 활용되고 있으며, 공통으로 관련 당사자의 사회적 관계 범위나 개입 수준을 능동적으로 확대하거나 혁신함으로써 더욱 의미 있는 가치를 창조하는 것을 강조한다.

이상, 네 가지 사상은 내용 면에서 상호 연관된 구조로 시민정치의 동태를 설명하거나 실천적인 방향성을 제공해 준다. 가치창조의 중심에 있는 시민 주체의 존재적 중심성과 사회변혁을 위한 잠재력이나 전략에 주목한 것이 임파워먼트와 인게이지먼트 사상이며, 이러한 상향적 사회변혁이나 문제 해결의 제도와 시스템에 주목하는 것이 대안적 민주주의와 거버넌스 이론이라 할 수 있다.

<참고문헌>

김의영. 2014. 『거버넌스의 정치학: 한국 정치의 새로운 패러다임 모색』. 서울: 명인문화사.

김의영 외. 2015. 『동네 안의 시민정치: 서울대생들이 참여 관찰한 서울시 자치구 사례』. 서울: 푸른길.

_____. 2016. 『동네 안의 시민경제: 서울대생들이 참여 관찰한 서울시 자치구 사례』. 서울: 푸른길.

존 듀이(홍남기 역). 2010. 『현대 민주주의와 정치 주체의 문제 존 듀이의 민주주의론』. 서울: 씨아이알(CIR).

서울시마을공동체종합지원센터. 2019. 『2019 서울형 주민자치회 시범사업의 성과와 개선방안』.

파울로 프레이리(남경태 역). 2002. 『페다고지: 피억압자의 교육학』. 서울: 그린비.

한국정치학회 외. 2018. 『CBL: Community Based Learning』. 서울: 서울시 마을공동체 종합지원센터.

Ansell, Chris & Alison Gash. 2007. "Collaborative Governance in Theory and Practice." *the Journal of Public Administration Research and Theory* 18(4).

APSA. 2012. "Democratic Imperatives: Innovations in Rights, Participation, and Economic Citizenship." APSA Task Force Report. https://www.apsanet.org/portals/54/Files/Task%20Force%20Reports/TF_D emocracyReport_Final1D_150.pdf.

Behrouzi, Majid. 2005. *Democracy As The Political Empowerment of The Citizen: Direct−Deliberative e−Democracy.* Lanham, MD.: Lexington Books.

Clifford, Michel. 2013. *Empowerment: The Theory and Practice of*

Political Genealogy. Lanham, MD.: Lexington Books.

Cohen, Joshua and Joel Rogers. 1992. "Secondary Associations and Democratic Governance." *Politics and Society* 20(4).

Dahl, Robert A. 1985. *A Preface to Economic Democracy.* Berkeley: University of California Press

Defourny, Jacques & Patrick Develtere. 1999. "Social Economy: the Worldwide Making of a Third Sector." in Jacques Defourny. Patrick Develtere. and Bénédicte Fonteneau. eds. *Social Economy North and South.* 17−47. HIVA. KULeuven.

Dewey, John. 1939. "Creative Democracy: The Task before Us."

Elstub, Stephen & Oliver Escobar eds. 2019. *Handbook of democratic innovation and governance.* Cheltenham, UK: Edward Elgar Publishing.

Franklin, Aimee L. 2020. *Stakeholder Engagement.* Cham: Springer Nature Switzerland.

Gerston, Larry N. 2002. *Public Policymaking in A Democratic Society: A Guide to Civic Engagement.* Armonk: M.E. Sharpe.

Graham Smith. 2009. *Democratic Innovations: Designing Institutions for Citizen Participation.* Cambridge University Press.

Hirst, Paul. 2002. "Renewing Democracy through Associations." *The Political Quarterly* 73(4).

Matto, Elizabeth, Alison McCartney & Elizabeth Bennion. 2014. Teaching Civic Engagement Globally. APSA. https://web.apsanet.org/teachingcivicengagement/teaching−civic−engagement−globally.

Jeffery, Nei. 2009. "Stakeholder Engagement: A Road Map to Meaningful Engagement." https://www.fundacionseres.org/lists/informes/attachments/1118/stakehol

der%20engagement.pdf.

Mendell, Marguerite and Beatrice Alain. 2015. "Enabling the Social and Solidarity Economy through the Co−construction of Public Policy." in Peter Utting ed. *Social and Solidarity Economy: Beyond the Fringe.* London: Zed Books.

NCCPE 2014. "Building an Engaged Future for UK Higher Education." https://www.publicengagement.ac.uk/sites/default/files/publication/t6442 2_−_engaged_futures_final_report_72.pdf.

NESTA. 2022. "Democratic Innovations." https://www.nesta.org.uk/project/democratic−innovations/?offset=9.

OECD. 2020. *Civic Engagement.* Paris: OECD Publishing.

Pateman, Carole. 1970. *Participation and Democratic Theory.* Cambridge: Cambridge University Press

Restakis, John. 2010. *Humanizing the Economy: Co−operatives in the Age of Capital.* Canada: New Publishers Societies.

Sirianni, Carmen & Lewis Friedland. 2001. *Civic Innovation in America: Community Empowerment, Public Policy, and the Movement for Civic Renewal.* Berkley, CA.: University of California Press.

Skocpol, Theda & Morris P. Fiorina. 1999. *Civic Engagement in American Democracy.* Washington, D.C.: Brookings Institution Press.

Smith, Graham and Simon Teasdale. 2012. "Associative Democracy and the Social Economy: Exploring the Regulative Challenge", *Economy and Society,* 41(2), 151−176.

UN DESA. 2007. *Civic Engagement in Public Policies: A Toolkit.* New York: United Nations.

UNRISD. 2016. Policy *Innovations for Transformative Change: Implementing the 2030 Agenda for Sustainable Development.* https://www.unrisd.org/UNRISD/website/document.nsf/(httpPublications)

/92AF5072673F924DC125804C0044F396?OpenDocument.

Utting, Peter et al. 2014. "Social and Solidarity Economy: Is There a New Economy in the Making?" UNRISD Occasional Paper 10, *Potentials and Limits of Social and Solidarity Economy.*

_____. ed. 2015. *Social and Solidarity Economy: Beyond the Fringe.* London: Zed Books.

Vail, John. 2010. "Decommodification and Egalitarian Political Economy." *Politics & Society.* 38(3).

Votruba, James C., Carole A. Beere & Gail W. Wells. 2011. *Becoming an Engaged Campus A Practical Guide for Institutionalizing Public Engagement.* San Francisco. CA: Jossey—Bass.

Warren, Mark E. 2001. *Democracy and Association.* Princeton: Princeton University Press.

Watson, David, Robert Hollister & Susan E. Stroud. 2013. *The Engaged University International Perspectives on Civic Engagement International Studies in Higher Education.* London: Routledge.

Weissberg, Robert. 1999. *The Politics of Empowerment.* Westport, CT.: Praeger Publishers.

Wright, Erik Orlin. 2010. *Envisioning Real Utopia.* London: Verso.

Zukin, Cliff ed. 2006. *A New Engagement?: Political Participation, Civic Life, and the Changing American Citizen.* Oxford: Oxford University Press.

CHAPTER 05

사회적 가치와 사회복지 특징의 교차

05 사회적 가치와 사회복지 특징의 교차[1]

박정민(서울대학교 사회복지학과 교수)

I 서론

사회적, 정치적 필요에 의해 등장하는 시대적 화두들이 있다. 1970년 대의 '경제발전', 1980년대의 '복지사회', 1990년대의 '세계화', 근래의 '공정'이나 '양극화' 등이 그 좋은 예라 할 수 있다. '사회적 가치'는 그 목록에 추가되어도 별 무리가 없을 정도로 최근 많이 회자되고 있다. 사회적 가치는 매우 익숙한 용어가 되었지만 정작 그 개념은 상당히 추상적이고 불분명하다.

사회적 가치가 무엇인지를 명확히 규정하는 것이 쉽지 않은 이유는 그 것이 "현상을 이론적으로 설명하기 위한 논리적 개념이라기보다 바람직한 가치를 구현하려는 전략적이고 정책적인 함의가 강하게 내포된 개념"(박명규 2018)이기 때문이다. 학술적 측면보다 실천적 측면에서 대두되고 발전해 온 개념이라는 것이다. 이는 사회적 가치가 그것을 규정하는 사람이나 집단의 시각과 목표에 영향을 받을 수밖에 없음을 의미한다.

철학자 W. B. Gallie는 사회정의나 민주주의와 같이 개념을 통해 파악하고자 하는 현실이 포괄적이고 모호하며, 그것의 개념정의를 시도할 때 말하는 사람의 해당 현실에 대해 평가하는(evaluative) 시각이 불가피하게 반영되는 대상을 '근본적으로 논란이 되는 개념'(essentially contested concept)이라고 지칭한 바 있다. 화자의 관점에 따라 개념정의 그리고 현

---

1) 이 글의 작성을 지원한 서울대학교 사회혁신교육연구센터와 문헌고찰을 도와준 서울 대학교 사회복지학과 대학원 조하영 조교에게 감사의 마음을 전합니다.

실에 대한 설명과 해석이 달라질 수 있기 때문이다. 사회적 가치도 그러한 사례라 할 수 있다.

사회적 가치를 논의할 때 자주 사용되는 접근법의 하나는 사회적 가치를 생산하는 주체와 그들의 활동에 초점을 맞추는 것이다. 예를 들어, 정부나 시장이 아닌 제3섹터에 속하는 비영리기관이 사회문제의 해결을 위한 사업을 수행하는 경우이다. 이때 사회적 가치는 비영리기구, 사회적 기업, 소셜 벤처, 그리고 사회복지프로그램이 창출하는 가치(Mulgan 2010; Barman 2016)이다. 최근에는 기업의 목표와 활동을 사회적 가치의 잣대로 재단하는 시도가 활발히 이루어지고 있다. 2006년부터 2019년까지 국내종합일간지에 보도된 8,000건이 넘는 사회적 가치 관련 기사들을 분석한 결과 주로 기업의 사회공헌에 집중되었고 그러한 경향이 점차 강화되는 추세가 나타났다(김용희·한창근 2020). 이는 사회적 가치에 대한 언론과 대중의 관심과 이해가 기업이 수행하는 활동에 초점을 두는 경향이 있다는 것을 보여준다.

다른 접근법은 사회적 가치를 경제적 가치(economic value)나 공공의 가치(public value)와 대조하는 것이다. 사회적 가치는 행위의 주체가 자신의 이익보다 사회구성원의 복리 향상을 명시적인 목표로 한 활동이라는 측면에서 생산자나 소비자의 이익과 효용 증가를 의도한 활동에서 발생하는 경제적 가치와 구분된다. 그리고 사회적 가치와 구분되는 공공의 가치는 정부가 국민의 욕구를 충족하기 위하여 구성원들이 함께 책임지고 협력하는 공동성(collectivity)을 추구하는 것과 밀접하게 연관된다.

사회적 가치를 측정하는 것은 정의하는 것보다 더욱 어려운 과제이다. 그래서 사회적 가치를 평가하는 작업이 "측정할 수 없는 것을 측정하는 것"(Forbes 1998)이라는 표현도 있다. 사회적 가치를 측정하기 어렵게 만드는 요인의 하나는 우선 개념정의가 이루어진다해도 추상적으로 기술된 개념을 측정이 가능하도록 규정하여 기술하는 조작적 정의가 쉽지 않다는 것이다. 다음으로는 사회적 가치를 창출하는 것을 의도한 활동이 이루어졌을 때 그것이 활동의 주체가 아닌 이용자나 수혜자에게 얼마나 중요하고 유용한지를 평가할 수 있어야 하는데 이들 당사자로부터 정보를 수집하기가 용이하지 않고 때로는 수혜자를 파악하기조차 어려울 수도 있다는 점이다.

사회적 가치의 개념과 실천은 정부와 비영리기관은 공익을 추구하고 기업은 이윤과 주주의 이익을 쫓는다는 전통적인 구분을 흐리게 한다. 점점 많은 기업들이 이익을 추구하면서 동시에 사회에 기여하는 목표와 활동을 강조하고 있기 때문이다. 사회적 가치 용어가 보편화되고 있는 현상은 기업과 시장이 공익 또는 공동체의 이익을 추구할 수 있는 효과적인 주체이자 수단이라는 견해가 확산되는 것과 밀접한 관련이 있다. 가령 비영리기관들이 많은 빈민구호활동을 수행해 왔음에도 불구하고 빈곤문제의 해결은 여전히 요원한데, 시장과 기업이 이러한 사회문제의 타개에 유용한 역할을 할 수 있다는 것이다(Prahalad 2004).

사회적 가치는 사회문제를 해결하고 공익을 추구하는 주체와 활동의 범위를 확장함으로써 많은 가능성과 기회를 제공할 수 있다. 그런데 한편으로는 '사회적 가치의 개념이 무엇이고, 목표와 기능은 무엇이며, 그것을 어떻게 측정할 수 있는가'라는 기본적인 질문이 여전히 제기된다. 공공기관이든 기업이든 사회적 가치를 추구하고 있는지, 그들의 활동이 목표 달성에 효과적인지 등은 개념의 정의와 성과의 내용과 측정방법이 정해져야 가능하다. 하지만 사회적 가치의 개념은 여전히 모호하고 측정은 까다롭다.

사회적 가치는 '사회적(social)' 지향성, 사회문제의 해결과 공익의 추구, 활동의 주체로서 정부와 비영리기구 및 기업을 포괄하는 점 등 여러 측면에서 사회복지와 유사한 특징을 가진다. 하지만 사회적 가치와 사회복지학 관련 학술지를 포함한 기존 문헌에서 사회적 가치와 사회복지의 연관성을 다룬 연구는 매우 드물다.

이 글에서는 사회적 가치에 대한 이해를 높이기 위하여 개념의 주요 특징, 목표와 필요성, 활동의 주체, 활동의 영역을 살펴본다. 그와 함께 사회복지의 특징을 고찰하면서 사회적 가치가 사회복지와 어떻게 교차되는지를 탐색하고자 한다.

Ⅱ 사회적 가치 개념의 특징

1. 사회적 가치의 정의

'사회적'이란 국가 및 시장과 구분되는, 개인이나 집단간 자율적이면서 자발적인 상호작용이 이루어지는 사회공동체의 특성을 가리킨다. 이때 사회적 가치는 여러 구성원들이 상호작용을 통해 인정하고 수용하는 어떤 가치이며, 그 내용은 사회마다 집단마다 상이할 수 있다. 사회적 가치를 구성하는 내용이 선택의 자유나 경쟁이 될 수도 있고 연대나 평등이 될 수 있다.

또한 '사회적'이란 사회보장이나 사회복지의 경우에서와 같이 행동의 지향을 가리킨다. 개인이 타인과의 관계에 기반하여 삶을 영위한다는 관점을 기초로 자신만의 이익을 추구하는 것이 아니라 다른 사람의 후생 또는 복리를 증진한다는 의도에 기반하여 행동하는 것을 가리킨다.

그리고 '사회적'이란 개인의 삶과 공동체를 개선하기 위한 조직화된 노력을 가리키기도 한다. 이는 사회구성원으로서 개인의 삶이 자신의 능력과 태도만이 아니라 사회환경의 영향을 받을 수밖에 없고, 이에 따라 개인과 사회의 후생을 향상하기 위해서는 조직화된 집합적 노력이 필요함을 의미한다.

'가치'는 인간의 욕구나 관심의 대상 또는 목표가 되는 것이며, 무엇이 중요한지(what counts) 결정하고 판단하게 한다. 가치는 개인이나 집단마다 상이할 수 있고, 사회적 지위나 물질적 관심에 따라 결정되기도 한다. 동일한 대상이라도(예: 자동차, 그림, 여행 등) 누구는 화폐로 측정되고 시장에서 통용될 수 있는 가치를 중시하고, 다른 누구는 그 대상이 자신에게 주는 즐거움이나 거기에 담긴 의미를 중시할 수 있다.

사회적 가치 개념의 추상성과 다양성 때문에 관련 정의는 기관에 따라 다르게 나타난다.

우선 정부와 국제기구는 사회적 가치의 개념을 매우 광범위하게 설정한다. 우리나라 정부는 사회적 가치를 경제, 사회, 환경, 개인 및 조직, 사회 공동체, 심지어 미래세대까지 아우르는 가치로 "공공의 이익과 공동체의 지속가능한 발전에 기여하는 가치"로 정의하고 있다(관계부처합동 2020). 사회구성원의 삶과 연관된 거의 모든 영역이 포함된다고 할 수 있다. 또한 '공공기관의 사회적 가치 실현에 관한 기본 법(안)'에 의하면, 사회적 가치는 "사회적, 경제적, 환경적, 문화적 영역에서 공공의 이익과 공동체 발전에 기여하는 가치"이다. 역시 사회적 가치의 개념이 매우 일반적이고 광범위한 영역을 포괄한다.

국제기구들은 "인권, 안전, 노동, 건강과 복지, 사회적 취약계층 지원, 상생협력, 지역경제, 일자리, 공동체 복원, 환경 지속성"을 공통적으로 제시하고 있어서 사회적 가치 개념이 폭넓게 정의되고 있음을 알 수 있다(윤수정 2018). 국제기구는 다양한 국가, 문화, 사회들을 포용해야 하는 정체성을 가지므로 이러한 포괄적인 접근은 오히려 자연스럽다 할 수 있다.

2. 사회적 가치 개념의 주요 특징

사회적 가치의 개념과 내용은 한 사회가 중요하게 여기는 것이 무엇인가에 따라 달라지기 때문에 사회적으로 구성되고 결정된다(Jordan 2008). 따라서 사회적 가치의 개념은 연구자, 지역사회, 국가마다 상이할 수 있다. 사회적 가치에 대한 정의는 다양하지만 여러 문헌에서 자주 언급되는 몇 가지 특징들이 있다.

첫째, 비화폐성, 즉 화폐 가치만으로 판단할 수 없는 비화폐적 가치를 강조한다. 사회적 가치란 어떤 프로그램이나 기관의 활동에 따른 비재무적 (non-financial) 영향을 가리키며, 비재무적 영향은 개인과 공동체의 안 녕, 사회적 자본, 환경을 포함한다(Mulgan 2010). 이의 연장선상에서 사회 적 가치는 경제적 개념과 대비되는 '사회적' 또는 '사회경제적' 특성을 강 조한다. 사회적 가치를 경제적 가치와 대조되는 사회가 지향해야 할 선으 로 보는 시각이 있고(이승규·라준영 2010), Social Value International은 경제적 가치와 사회적 가치가 공존하는 '사회경제적' 가치를 사회적 가치 의 구성요소로 제시하고 있다(배성호·신수진 2020). 사회적 가치가 경제 적 가치를 넘어서 가치의 개념과 대상에 대한 논의를 확장시키고자 한다 는 점은 분명하다(Porter & Kramer 2011; 정아름 외 2020 재인용).

둘째, 공동체의 강조이다. 사회적 가치는 행위의 주체나 행위의 결과와 관련하여 개인이나 기업을 넘어서는, 또는 개인이나 기업과 대비되는 '공 동체'를 강조한다. 학술지에 게재된 사회적 가치 관련 문헌 249건을 분석 한 연구에 따르면 이들 문헌에서 나타나는 대표적인 공통 키워드는 'community'(Kee 2020)이었다. 이는 사회적 가치의 특성이 공동체와 밀접 한 연관이 있음을 보여준다. 이 분야의 선행연구들에 의하면 사회적 가치 는 개인적인 관점을 넘어서서 사회 전반에 영향을 미치는 가치이고, 개인 의 범위를 넘어서 사회공동체가 공유하고 관심을 가지는 대상이다(김정인 2018; 배성호·신수진 2020; Jordan 2008). 나아가 사회적 가치란 개인과 집단이 목표를 설정하는 기준이고, 공동체에서 무엇이 수용되고 수용되지 않는지, 무엇을 해야 하고 하지 말아야 하는지, 무엇이 바람직하고 바람직 하지 않는지를 정하는 사회 질서의 형태와 속성을 형성하는 기준이 된다 (Tsirogianni & Sammut 2014). 공동체 구성원들의 인식과 행동에도 영향 을 미치는 것이다. 여기서 짚고 넘어가야 할 것은 '공동체'의 범위와 구성 원이 누구인지 모호하다는 점이다. 사회적 가치에서 가리키는 공동체는 대 체로 지역사회활성화, 주민참여, 지역균형발전 등에서와 같이 지역사회공 동체라고 볼 수 있다(남궁근 2019). 한편 사회적 가치에서의 공동체라는 것은 지역사회를 넘어 국가 심지어 세계의 인류 공영을 대상으로 하는 공동체 지향적이고 인간 지향적 활동이라고 기술되기도 한다(진희선 2013). 사회적 가치는 논자에 따라 그 대상과 범위가 가변적이지만, 개인적인 관점을 넘어서서 공동체에 주목한다는 공통점을 지닌다.

셋째, 사회적 약자에 대한 고려이다. 사회적 가치가 개인과 기업을 넘어서 공동체를 강조하게 된 맥락은 관련 논의가 사회 구성원의 일부만 고려하는 것이 아닌 사회적 약자를 포함한 모두에게 영향을 주는 가치에 대한 고민으로부터 진행되었기 때문이다. "사회적 약자 계층은 인권, 안전부터 주민참여까지 다른 계층에 비하여 훨씬 취약하기 때문에 사회적 가치의 구성요소 및 실현 조건으로 사회적 약자 보호는 사회통합과 더불어 가장 중요"(남궁근 2019)하다는 지적은 이러한 특성을 잘 보여준다. 나아가 사회적 가치는 좁은 의미에서 "사회적 약자 보호"의 실현과 관련된다는 견해도 있다(임의영 2009). 하지만 사회적 가치를 사회적 약자에만 초점을 맞추는 것으로 제한하기는 어렵다. 사회적 가치는 흔히 사회적 약자를 포함한 사회구성원 전체의 이익을 추구하기 때문이다. 사회적 약자의 고려라는 특징은 이들이 공익의 수혜에서 배제되지 않아야 한다는 점을 강조하고 있다.

3. 사회적 가치의 측정방법

사회적 가치를 측정하기 위한 수단으로 지표들을 지수나 점수로 정량화하는 방법과 이러한 정량지표를 화폐 가치로 변환하는 방법이 있다.

먼저, 사회적 가치 또는 소셜임팩트를 화폐단위로 측정하는 방법으로 투자의 사회적수익률(Social Return On Investment, SROI)이 있다. 흔히 사회투자수익률로 불리는 방법으로, 투자액 대비 성과를 측정할 때 영리기업에서 사용하는 재무적 성과만이 아니라 사회적 성과를 포함한다. 가령, 노숙자를 위한 주거지원 사업의 사회적 성과로 주거지원 이외 공공부문의 복지예산 절감과 노숙자의 소득증대 그리고 해당 지역 상권 활성화와 세수증가 등을 포함할 수 있다. 투자의 사회적수익률이 사회적 가치나 소셜 임팩트를 측정하는 유용한 방식이기는 하지만 무엇을 사회적 성과로 볼 것인가에 대한 합의와 대상으로 꼽힌 성과에 관한 데이터를 필요로 한다.

다음으로 비용편익분석(CBA)도 특정한 목적달성을 위해 드는 비용과 그 비용을 투입하여 수행한 활동의 성과를 비교하는 방법이다. 비용편익비율(B/C), 순현재가치(NPV), 내부수익률법(IRR)을 활용하여 특정 활동의 효과와 영향을 평가한다. 사회적 가치를 화폐단위로 측정하기 위해서는 회계기준에 부합하는 재무제표의 구성요소(자산, 부채, 수익, 비용)를 갖추고, 사회적 가치를 창출하는 활동이 무엇인지 구체적으로 명시될 필요가 있다(정도진 외 2019).

사회적 가치를 측정할 때 성과를 화폐가치로 계산하지 않으면서 정량적 접근을 취하는 방법이 있다. 예를 들어, 사회적 기업의 사회적 가치를 측정하기 위하여 1) 취약계층의 고용 규모, 2) 근로자의 4대보험 가입률, 3) 근로자의 임금 수준, 4) 지역사회 내 창업 및 일자리 창출을 비롯하여 그 외에 5) 사회서비스 이용자 수, 6) 협동조합의 조합원 수 및 조합원의 출자금액, 7) 마을기업의 매출액 중 지역사회 공헌액 비율, 8) 마을기업의 지역 자재와 원료의 조달 비중, 9) 마을기업의 지역 주민 고용률, 10) 자활기업의 참여자 및 탈수급자 수와 같은 지표를 사용할 수 있다(임성은 외 2018).

다음으로 사회적 가치나 사회적 성과를 계량화하지 않고 등급으로 표현하는 방법이 있다. 가령, 사회혁신조직의 국제네트워크를 제공하는 아쇼카는 사회혁신 성과를 평가할 때 점수가 아니라 '우수', '보통'과 같이 등급을 부여한다(신현상 외 2020). 이러한 접근은 성과를 점수화하는 것이 적합한가 그리고 점수의 차이가 실제 활동의 질이나 성과의 차이를 나타내는데 적합한가에 대한 논란에서 상대적으로 자유롭다는 장점을 가진다.

그 외에도 사회적 가치를 평가할 때 참여자나 구성원의 소득증가, 안전사고 감소, 이윤의 재투자, 지역사회 내 사회서비스의 제공 등과 같은 양적 지표, 그리고 지역사회에 대한 기여, 사회적 책임과 영향력 등에 관한 질적 지표를 사용하여 혼합적 접근을 취할 수도 있다(이명진·천희주 2018).

사회적 가치를 실현하려는 주체들은 공공기관, 비영리기구, 사회적 기업이나 일반기업을 불문하고 자신들이 사회적 가치 창출에 기여한 결과를 평가하고, 공개하며, 외부와 효과적으로 소통하기 위하여 자신들의 활동의 성과를 측정할 수 있는 적절한 방법을 선택할 필요가 있다.

4. 사회적 가치와 유사한 개념들

(1) 사회적 책임과 공유가치

사회적 책임은 흔히 기업의 활동과 연관된다. Bowen(1953)은 일찍이 <기업가의 사회적 책임>에서 "우리 사회의 목적과 가치에 도움이 되는 의사결정을 하거나 행동을 하거나 정책을 추구하는 기업가의 의무"를 사회적 책임이라고 하였다. 이러한 견해는 '기업의 사회적 책임(Corporate Social Responsibility, CSR)' 개념으로 발전해서 "기업과 사회와의 공생관계를 성숙시키고 발전시키기 위해 기업이 취하는 행동"(OECD) 그리고 "기업이 사업을 할 때나 다른 이해관계자(stakeholder)와의 상호관계에서 자발적으로 사회적, 환경적 요소들을 함께 고려하는 것"(EU)과 같이 정의된다. 중소벤처기업부에 의하면, 기업의 사회적 책임이란 "기업활동에 의해 영향을 받거나 영향을 주는 이해관계자들에게 발생할 수 있는 제반 이슈들에 대한 법적, 경제적, 윤리적 책임을 감당하고, 기업의 리스크를 줄이고 기회를 포착하여 중장기적 기업가치를 제고할 수 있도록 추진하는 이해관계자 기반 경영활동"이다. 사회적 책임은 기업활동에 사회윤리적 관점을 적용하여, 기업이 이윤을 내기 위해 노력하는 동시에 공동체발전과 환경보호 등에 책임감을 가지고 활동하는 것을 강조한다. 한편, 기업의 사회적 책임(CSR)과 유사한· 공유가치창출(Creating Shared Value, CSV) 개념이 있다. 이는 사회적 가치를 창출하면서 이윤을 추구하는 기업 활동과 경영방식을 가리킨다(Porter and Kramer 2011). 공유가치창출(CSV)은 기업의 사회적 책임(CSR)보다 사회적 가치의 목표를 더욱 분명히 한다는 차이가 있다.

(2) 사회혁신

사회혁신(Social Innovation)은 빈곤, 질병, 환경오염, 교육격차 등의 사회문제를 해결하는데 기존의 방법보다 더 효율적이거나 효과적이거나 지속가능하거나 공정한 해결방안을 의미한다(Phills et al. 2008). 사회혁신의 대표적인 특징으로 공동체의 이익과 포용성을 강조한다는 점을 들 수 있다. 혁신은 어떤 문제를 해결하는데 기존의 방법보다 더 효율적이거나 효과적인 해결책인데, 사회혁신은 혁신으로 창출된 가치가 특정 개인이나 집단이 아닌 사회 전체를 위한다는 특징을 가진다(신현상 외 2020). 사회혁신의 또 다른 특징은 그 자체가 목적이라기 보다 개인의 삶을 질을 높이고 사회문제의 해결에 기여함으로써 사회에 긍정적인 변화를 가져오는 것을 지향한다는 점이다. 마지막으로 사회혁신은 사회적 가치와 마찬가지로 그 개념이 광범위한 분야에서 다양한 형태로 적용될 수 있다는 실천적 함의를 가진다.

(3) 소셜임팩트

최근에는 소셜임팩트에 대한 논의도 많이 진행되고 있다. 소셜임팩트(Social Impact)는 혁신적 아이디어와 활동을 통하여 사회 전체에 긍정적인 변화를 일으키는 영향력이다(고영민 2019). 소셜임팩트의 주체는 사회적 기업이나 비영리기구만이 아니라 영리기업, 개인, 네트워크나 조직이 될 수도 있다. 소셜임팩트의 영역은 경제적, 사회문화적 가치 등을 포함하며, 일회성이 아닌 지속가능성 그리고 공동체의 이익에 기여하는 공공성을 강조한다.

III   사회적 가치와 사회복지의 목표와 필요성

1. 사회적 가치의 목표와 필요성

첫째, 사회적 가치가 시대적 화두의 하나로 등장한 배경에는 현대사회가 직면하고 있는 다양한 사회문제의 해결에 기여할 수 있다는 기대와 가능성이 있다. 여기에는 소득과 자산 등 경제적 양극화, 기회의 불평등, 젠더·국적·문화적 차이에 따른 차별, 기후변화와 생태계 위기 등의 사회문제가 정부나 공공부문만의 노력으로는 해결하기 어렵다는 인식이 깔려 있다. 사회적 가치는 국가, 시장, 시민사회가 공동체의 관점에서 사회와 인류가 당면한 문제의 해결을 위해 참여하고 협력하는 것이 필요함을 강조한다. 사회적 가치는 특히 공동체를 중시하는 개념이므로 자본주의가 발달하면서 파생된 여러 문제를 해결하기 위하여 공공과 민간 영역의 여러 주체들이 공동체 관점에서 문제를 접근해야 한다는 함의를 가진다(Kee 2020). 공동체적 접근은 구성원들이 타인과 다른 집단에 대한 배려를 할 수 있도록 함으로써 기회의 불평등, 계급 간의 격차, 소득 불평등의 심화, 노동시장에서의 격차와 불안정성을 해결할 수 있는 유용한 방안이 될 수 있다(김태영 등 2017; 김문준 2017; 박임수·안이슬 2019).

둘째, 사회적 가치는 포용적 성장을 지향한다. 이는 경제적 합리성과 수익성만을 강조하지 않고 특정 집단만이 아닌 사회구성원 모두가 성장의 수혜를 받아야 함을 강조한다. 사회적 가치는 과거 경제적 합리성과 수익성만을 강조하는 성장의 한계를 극복하고자 나타난 개념으로서, 성장과 복지가 균형을 이루는 포용적 사회 그리고 특정 집단만이 이익을 취하는 것이 아닌 모든 사회구성원이 경제발전의 혜택을 받는 포용적 성장을 강조한다(김정인 2018; 남궁근 2019; 배성호·신수진 2020). 사회적 가치는 사회구성원 일부가 성장의 혜택을 독점하거나 특정 집단이 배제되지 않도록 하면서 공동체 구성원 모두의 이익을 증진하는 포용적 성장을 강조하는 개념이자 전략이다.

셋째, 사회적 가치는 포용적 성장에 더해 '지속가능한' 성장과 공동체의 발전을 강조한다. 생태계 위기가 심화되고 있는 상황에서 성장이 환경에 미치는 영향과 지속가능성을 고려하지 않는 성장은 의미가 없다고 바라볼 정도로 지속가능성은 사회적 가치의 중요한 구성요소이다(권청재 2019; 윤수정 2018; Wood & Leighton 2010).

넷째, 사회적 가치는 사회구성원 간 연대성을 중시한다. 이는 성별, 연령, 국적, 지역, 직업, 소득과 자산 등 인구사회경제적 특성에 따른 특정 집단의 배제가 아닌 포용과 통합에 가치를 둔다는 것이다. 또한 커뮤니티에의 참여와 임파워먼트, 즉 구성원들이 공동체 또는 지역사회에 참여해서 해결이 필요한 문제를 제기하고 해결방안을 세우고 실행하는 것, 그를 통해 소속감을 높이고 동질감과 연대성을 높이는 것을 목표로 한다.

2. 사회복지의 목표 & 필요성

다음으로 사회복지의 목표와 필요성을 간략히 살펴본다.

사회복지의 주요 목표는 빈곤, 불평등, 차별 등과 같은 사회문제의 해결과 예방, 사회를 구성하는 개개인의 삶의 질 향상을 포함한다. 이때 사회적 약자나 취약계층을 포함한 사회구성원의 삶의 질 향상을 중시한다. 사회문제의 해결과 삶의 질 향상은 사회적 위험(social risk)의 해결과도 밀접한 연관을 맺는다. 현대사회에 개인의 생존과 인간다운 삶을 영위하는 것을 위협하는 여러 가지 위험이 있고, 그 중 "사회구성원 대부분에게 발생할 가능성이 높고 그 위험의 원인과 결과에 대한 책임을 개인에게 묻기 어려운 경우"를 사회적 위험(social risk)이라 한다. 예를 들어, 노령과 퇴직, 실업, 산업재해는 누구에게나 혹은 많은 사람들에게 발생할 수 있고 그로 인해 초래되는 소득감소, 빈곤, 질병, 장애는 그것을 경험하는 개인과 가족의 생존과 삶의 질에 큰 영향을 미친다. 이들 사회적 위험과 그로 인해 초래된 어려움을 사회문제로 규정할 수 있고, 사회복지는 이와 같은 사회적 위험과 사회문제의 해결을 추구한다.

사회복지는 또한 사회참여와 자아실현에 필요한 제도와 여건 조성을 목표로 한다. 사회복지는 흔히 사회입법을 통해 사회구성원의 보호와 자아실현을 추구하는데, 위와 같은 목표는 사회보장기본법을 통해서도 살펴볼 수 있다. 사회보장기본법(2012년 전부 개정)은 헌법 제34조에 명시되어 있는 인간다운 생활을 할 권리(제1항) 그리고 사회복지와 사회보장을 제공할 국가의 의무(제2항)를 구체화하고 사회복지제도 관련 법률을 지휘하는 기본법이다. 사회보장기본법 제3조 제1호에 의하면 "사회보장이란 출산, 양육, 실업, 노령, 장애, 질병, 빈곤 및 사망 등의 사회적 위험으로부터 모든 국민을 보호하고 국민 삶의 질을 향상시키는데 필요한 소득 서비스를 보장하는 사회보험, 공공부조, 사회서비스를 말한다." 사회복지를 사회보장을 포함하는 개념으로 보기도 하는데, 여기에서 사회보장은 사회복지와 동의어로 보아도 무방하다. 사회복지와 사회보장은 사회적 위험에 대처하고 구성원의 사회참여와 자아실현을 돕는 노력과 제도들이 체계화된 것을 가리킨다. 이는 사회의 질(Quality of Society) 향상과 일맥상통한다. 구체적으로 경제적·사회적 안전과 보호(socioeconomic security), 신뢰와 협력과 소통과 참여에 기반한 사회적 응집(social cohesion), 기회의 평등과 배려에 기반한 사회적 포용(social inclusion), 개인이 가치 있다고 여기는 삶을 추구할 수 있는 자율성과 역량을 발휘할 수 있는 사회구조를 가리키는 역능성(empowerment)을 가진 사회적 환경과 문화를 포함한다.

사회복지의 또 다른 목표와 기능은 경제성장의 기반을 강화하는 것이다. 이는 전 생애주기에 걸친 돌봄, 교육, 훈련 등을 통해 인적 자본을 강화하는 것, 불평등과 경제적 양극화 완화 등을 통해 사회적 갈등과 정치적 불안을 해소함으로써 안정적인 경제성장에 기여할 수 있다는 것이다.

Ⅳ 사회적 가치와 사회복지 실천의 주체

1. 사회적 가치 실현의 주체

사회적 가치를 실현하는 주체는 정부, 공공기관, 국제기구, 사회적 기업과 협동조합, 기업 등 매우 다양하다.

(1) 공공기관

사회적 가치는 인간의 존엄성을 보호하기 위한 지향과 전략으로 해석될 수 있는데 국가 존재의 목적은 국민의 존엄성 보장이므로, 국가는 사회적 가치 구현의 책임을 가지며 사회적 가치의 주체가 된다.

정부와 공공기관은 기실 공동체의 이익과 공공성이 정체성의 핵심이다. 공공기관은 공동체에서 중요하게 여기는 가치를 파악하고 실현함으로써 사회적 가치의 실현을 수행하고 그것이 공공기관의 사회적 책임이다(박임수·안이슬 2019). 또한 공공기관은 사회적 가치를 강조함으로써 시민들의 참여와 주도성을 중시하고 장려하기도 한다(이명진·천희주 2018). 공공기관은 사회적 가치를 주목함으로써 공동체의 이익, 자신의 사회적 책무, 그리고 시민 참여의 중요성을 강조한다.

<공공기관의 사회적 가치 실현에 관한 기본 법(안)>은 공공기관이 사회적 가치를 실현하는 주체로서 책임을 가진다는 점을 명확히 한다. 여기에서 '공공기관'은 중앙행정기관, 지방자치단체, 「공공기관의 운영에 관한 법률」에 따른 공공기관, 지방직영기업과 지방공사와 지방공단 등을 포함한다. 이 법안은 사회적 가치의 내용에 인간의 존엄성을 유지하는 기본

권리의 보호를 가장 먼저 내세우고 있는데, 이는 중앙정부와 지방자치단체의 존재 이유이기도 하다. 공공기관은 사업수행을 통하여 사회, 경제, 환경, 문화 등 모든 분야에서 공공의 이익을 추구하기 때문에 공공기관이 사회적 가치 실현에 기여하는 영역 역시 인권, 노동권, 근로 환경, 사회적 약자 포용 등 매우 포괄적이다.

　　정부와 공공기관은 국내외를 막론하고 근래에 점점 더 사회적 가치의 실현에 중요한 주체로 자리매김해 왔다. 영국은 <공공서비스(사회적 가치) 법>(2012)에서 공공기관이 공공서비스의 계약과 조달을 수행할 때 사회, 경제, 환경과 관련한 안녕을 고려할 것을 명시하였고, 유럽연합 역시 <사회적책임 조달 가이드라인>(2010)을 제정한 바 있다. 우리나라에서는 <사회적기업 육성법>(2012) 그리고 자립적이고 자치적인 협동조합 활동을 촉진하기 위한 <협동조합기본법>(2021)과 같이 사회적 가치 실현의 주요 주체를 육성하고 지원하기 위한 법과 지원제도를 시행하였다. 자발적인 참여와 자치 및 자립이 정체성의 핵심인 협동조합이나 사회적 기업의 지원을 법제화할만큼 사회적 가치 실현에 대한 정부의 관심과 역할이 커졌음을 알 수 있다.

(2) 국제기구

　　국제기구는 사회적 가치의 개념과 지표의 개발에 크게 기여해왔다. OECD가 개발한 Better Life Index는 11개 영역 24개 지표로 구성되어 있는데, 물질적 생활조건만이 아니라 삶의 질과 그것의 지속가능성을 포괄하는 사회적 가치 영역을 포함한다(남궁근 2019). 유럽연합은 사회적 경제를 통해 창출하는 사회적 가치를 강조하는 경향이 있다(정아름 외 2020). 사회적 가치 인터내셔널(Social Value International)은 사회적 가치와 소셜임팩트를 고양하는 것을 목표로 이에 동조하는 세계 각지의 기관들이 상호연계하고 지지할 수 있도록 네트워크를 추구하는 단체이다. 이 단체는 사람들이 경험하는 변화에 초점을 맞추고, 사회적 가치는 경험의 당사자들이 자신들의 변화에 부여하는 중요성과 우선순위라고 본다. 이 단체는 지난 15년 동안 사회적 가치의 원칙을 정립하고 측정과 관리에 관한 국제적 기준을 수립하기 위한 노력을 해왔다.

(3) 사회적 기업과 협동조합

사회적 기업과 협동조합은 사회적 가치를 실현하기 위한 대표적인 주체로 꼽힌다. 사회적 기업은 시민사회 주도성, 시민의 참여, 사회적 이윤 분배, 지역사회 공헌의 4가지 차원에서 사회적 가치의 실현에 기여한다(이명진·천희주 2018). 사회적 기업에 대한 정의는 다양하지만 공통적으로 많이 언급되는 부분은 기존의 일반적인 기업과 달리 이윤극대화가 아닌 사회적 가치를 최우선으로 한다는 점이다(OECD 1999; 기영화 2017). 그리고 사회적 기업은 흔히 취약계층이나 사회적으로 배제된 집단의 삶의 질을 향상시키고 사회통합에 기여하는 것으로 사회적 가치를 추구한다(유효선·김생수 2012). 서울시는 사회적 기업이 수행하는 주요 역할로 1) 지속가능한 일자리 제공, 2) 사회서비스에 대한 수요 충족, 3) 지역사회 통합 및 지역경제 활성화에 기여, 4) 윤리적 소비시장 확산을 제시한 바 있다. 여러 논의를 거쳐 2012년에 시행된 <사회적기업 육성법>은 사회적 기업이란 "취약계층에게 사회서비스 또는 일자리를 제공하거나 지역사회에 공헌함으로써 지역주민의 삶의 질을 높이는 등의 사회적 목적을 추구하면서 재화 및 서비스의 생산·판매 등 영업활동을 하는 기업"이라 정의한다. 여기에서 취약계층은 필요한 사회서비스를 시장가격으로 구매하기 어렵거나 취업이 곤란한 계층을 말한다. 사회적 기업의 주목적이 이윤추구가 아니라 이윤의 배분과 사회적 약자 보호라는 것이 분명하게 나타나 있다. 사회구성원으로서 시민들의 역할도 중요하다. Defourny(2001)에 따르면 사회적 기업의 사회적 가치 실현에서 핵심 요소는 시민들이 외부로부터 주어져서가 아니라 스스로 사회적 기업의 활동에 참여할 수 있는 것이라고 하여 시민의 자발적 참여가 중요하다는 것을 강조하였다.

협동조합은 전통적으로 시민의 자발적인 조직화를 바탕으로 사회문제를 해결하고 사회적 가치를 실현하는 주체로 여겨져 왔다. 협동조합은 사회적 기업과 더불어 사회적 경제의 핵심주체라 할 수 있다. 협동조합은 "공동으로 소유하고 민주적으로 운영되는 사업체를 통해 공통의 경제적, 사회적, 문화적 필요와 욕구를 충족시키고자 사람들이 자발적으로 결성한 자율적인 인적 결사체"이다(김의영 외 2016: 55). <협동조합 기본법>에서는 협동조합을 "재화 또는 용역의 구매·생산·판매·제공 등을 협동으로 영위함으로써 조합원의 권익을 향상하고 지역사회에 공헌하고자 하는 사업조직"으로 정의한다. 협동조합은 이윤 추구보다 상호부조, 협력, 공생의 가치를 강조해 온 조직이며, 국제연합은 협동조합의 운영방식이 사회적 가치 실현을 위한 주요 주체라고 강조하였다(박명규 2018). 그 밖에도 자활기업, 마을기업, 비영리법인 등 다양한 주체들이 사회적 경제를 통해 사회적 가치를 추구한다.

(4) 기업과 소셜 벤처

민간부문의 조직은 영리추구 여부를 기준으로 크게 비영리 부문, 사회적 기업, 영리 부문으로 나눌 수 있다. 비영리 부문의 조직들은 애초에 공익성을 목표로 하고 사회적 기업은 사회적 경제 활동을 포함하여 사회적 가치를 실행하는 주요 주체인데, 최근에는 영리 부문에서도 점차 사회적 가치와 책임을 강조하는 기업들이 많아지고 있다. 전통적인 사회공헌 (Philanthropy) 활동에서 나아가 고용증대, 지역간 격차 해소, 기후위기와 환경문제와 같은 사회문제에 대응하는 사회적 책임(CSR)과 공유가치창출 (CSV)을 강조한다.

또한 사회문제의 해결을 위해 창의적인 비즈니스 모델과 투자를 통해 사회적 가치를 추구하면서 경제적 수익을 내는 기업이나 조직인 소셜 벤처가 있다. 이들은 사회적 가치와 혁신성을 두 축으로 한다. 소셜 벤처는 법적 기준이 없어서 지역이나 기관마다 그 정의가 상이했으나, 2021년 7

월 <벤처기업육성에 관한 특별조치법> 일부개정안이 시행되면서 사회적 경제기업의 유형의 하나로 자리매김하고 법적 기준도 마련되었다. 중소벤처기업부의 제시한 기준에 맞는 소셜 벤처는 2020년 기준 1,509개이다.

2. 사회복지 실현의 주체

사회복지를 실천하는 주체는 크게 공공부문과 민간부문으로 나눌 수 있다. 공공부문에는 중앙정부와 지방자치단체, 공공조직(공공기관의 운영에 관한 법률에 의한 기관 등)이 포함된다. 민간부문은 비영리단체가 활동하는 부문과 영리추구 활동이 이루어지는 부문을 구분할 수 있는데, 전자는 흔히 제3부문으로 후자는 제2부문으로도 불린다. 사회복지의 발달사를 보면 민간, 특히 제3부문이 빈곤이나 사회적 배제 등 어떤 현상을 사회문제로 인식하고 그것을 해결하기 위한 공동체의 노력을 이끌어내는데 큰 역할을 수행하고, 점차 공공부문이 역할을 늘리면서 주도적인 주체로 되며, 그 기반에서 제2부문이 꾸준히 참여와 역할을 확대하는 방향으로 발전하였다.

사회복지의 주체로서 공공부문의 역할은 헌법과 법률에 명시되어 있다. 헌법 제 34조 제2항을 보면 "국가는 사회보장·사회복지의 증진에 노력할 의무를 진다." 사회복지를 위한 국가의 의무를 구체화하고 사회복지제도 관련 법률을 지휘하는 역할을 하는 사회보장기본법 역시 "국가와 지방자치단체는 모든 국민의 인간다운 생활을 유지·증진하는 책임을 가진다"는 것을 명시한다. 구체적으로 국가와 지방자치단체는 사회변화에 선제적으로 대응하고, 지속가능한 사회보장제도를 확립하며, 사회보장에 관한 책임과 역할을 분담하고, 필요한 재원을 조달하여야 한다(사회보장기본법 제5조).

국가와 지방자치단체가 사회복지 증진을 위해 수행하는 구체적인 활동은 보험의 방식으로 국민의 건강과 소득을 보장하는 '사회보험'(국민연금,

국민건강보험, 노인장기요양보험, 고용보험, 산업재해보상보험), 생활이 어려운 국민의 최저생활을 보장하고 자립을 지원하는 '공공부조'(국민기초생활보장, 긴급복지, 임대주택 등), 복지, 보건의료, 교육, 고용, 주거, 문화 등의 분야에서 상담, 재활, 돌봄, 정보의 제공, 관련 시설의 이용, 역량 개발, 사회참여 지원 등을 통하여 국민의 삶의 질이 향상되도록 지원하는 '사회서비스'로 구성된다. 많은 사회서비스는 정부가 제공하는 법정서비스이다. 공공부문의 사회복지 증진을 위한 제도와 활동은 대개 법률에 의거하여 실행되므로 관련 활동의 재원은 주로 일반조세와 사회보험료에 기반한다.

제3부문은 비영리부문이나 자발적 섹터와 동의어로 취급되기도 하는데, 우리나라에서는 특히 사회서비스의 제공에서 중요한 공급자 역할을 하고 있다. 시설보호, 재택보호, 양육돌봄, 상담, 사례관리 등 민간기관이면서 정부의 위탁으로 사회서비스를 제공하는 경우가 많다. 일부 사회복지관과 같이 정부에서 시설을 세우고 민간기관에 운영을 위탁하는 경우는 공공부문으로 간주된다.

개인, 법인, 민간단체 역시 사회복지의 공급과 향상을 위한 한 주체이다. 중앙정부와 지방자치단체는 이들의 참여를 장려하고, 상호협력체계를 만들고, 필요한 지원을 제공하여야 한다(사회보장기본법 제27조). 지역사회와 마을공동체의 강화와 구성원의 참여를 지원하는 것, 자원봉사나 기부 등 나눔을 활성화하는 것, 돌봄을 제공하는 가족구성원에 대한 지원 등이 이에 해당하는 사례들이다. 제2부문 역시 사회서비스의 공급자로서 역할이 커져 왔다. 비영리기관과 달리 영리부문 공급자는 사회복지 활동을 하면서 이윤을 추구한다. 공공부조의 일종인 자활사업을 수행하는 회사를 예로 들 수 있다.

국가와 지방자치단체로 대표되는 공공부문은 우리나라에서는 지난 반세기 동안 그리고 서구에서는 지난 한 세기 동안 사회복지가 활성화되고 확장되는데 주도적 역할을 수행하였고, 이는 법률이 규정한 책임과 의무이기도 하다. 비영리기관으로 대표되는 제3부문은 정부 주도로 사회복지의 제도화가 이루어지기 전부터 사회복지를 위한 집단적이고 조직적인 활동의 주체로 활동하였고 여전히 중요한 주체이다. 영리기업과 사회적 기업을 포함하는 영리부문은 사회복지 공급과 창의적 접근의 주체로 그 역할이 늘고 있다.

Ⅴ 사회적 가치와 사회복지 영역의 다차원성

1. 사회적 가치의 다차원성

사회적 가치는 공공의 이익과 공동체의 발전에 기여하는 가치로 정의되다 보니 그것의 실천 영역 역시 매우 포괄적이다. 선행연구들을 보면 사회적 가치는 사회구성원을 모두 포용하는 가치로 "인권, 안전, 노동, 건강 및 복지, 사회적 약자 보호와 사회통합, 상생협력, 일자리 창출, 지역사회 활성화, 지역경제에의 공헌, 지역균형발전, 환경보호, 주민참여와 투명성 강화"(남궁근 2019), 또는 "복지, 안전, 봉사, 연대, 협력, 균형, 생태, 윤리, 인권, 공정"(윤수정 2018) 등과 같이 포괄하는 범위가 매우 넓다.

<공공기관의 사회적 가치 실현법(안)>은 사회적 가치의 개념과 내용이 집약되어 있다. 동법 제2조에 의하면 사회적 가치란 사회, 경제, 환경, 문화 등 모든 영역에서 공공의 이익과 공동체의 발전에 기여할 수 있는 가치로서 다음 각 목의 내용을 포괄한다:

가. 인간의 존엄성을 유지하는 기본 권리로서 인권의 보호
나. 재난과 사고로부터 안전한 근로·생활환경의 유지
다. 건강한 생활이 가능한 보건복지의 제공
라. 노동권의 보장과 근로조건의 향상
마. 사회적 약자에 대한 기회제공과 사회통합 증진

바. 협력업체와의 상생협력 및 공정거래

사. 품위 있는 삶을 누릴 수 있는 양질의 일자리 창출

아. 지역사회 활성화와 공동체 복원

자. 경제활동을 통한 이익이 지역에 순환되는 지역경제 공헌

차. 윤리적 생산과 유통을 포함한 기업의 자발적인 사회적 책임 이행

카. 환경의 지속가능성 보전

타. 시민적 권리로서 민주적 의사결정과 참여의 실현

파. 그 밖에 공동체의 이익실현과 공공성 강화

사회적 가치법은 사회적 가치가 구체적으로 어떤 목표를 가지고 어떤 활동을 통해 실행될 수 있는지 내용을 제시하고 있다. 반면에 그 범위가 매우 방대하고, 사회가 갖추어야 한다고 사회구성원들이 쉽게 동의할 수 있는 내용들의 집합이다. 그래서 시간과 공간을 넘어 비교적 광범위한 합의를 얻은 인간의 핵심 가치를 보편적 가치라고 한다면 사회적 가치는 보편성을 가진 가치로 볼 수 있다는 것이다(김경동 2020). 하지만 사회경제적 안전, 사회적 응집성, 포용성, 자율성을 포괄하는 사회의 질(Quality of Society)이나 빈곤종식부터 불평등완화, 지속가능한 공동체, 양질의 일자리, 목표달성을 위한 파트너십 등 17개의 목표로 구성된 UN의 지속가능한 발전(Sustainable Development)과 같이 그 내용이 매우 포괄적이어서 다른 보편적 가치와 구분하고 실천적 함의를 찾기에 어려움을 겪을 수 있다.

2. 사회복지의 다차원성

사회복지는 개념, 법률, 제도, 선행연구 모두 그것이 포괄하는 영역이 광범위하고 다차원적이라는 것을 보여준다. 사회복지에 대한 합의된 개념을 제시하기는 어렵지만, 사전적 개념을 기초로 '사회를 구성하는 개개인이 건강하고 행복하며 풍요로운 상태와 그를 이루기 위한 집합적 노력'으

로 정의할 수 있다. 그 밖에 '함께 행복을 추구하기 위한 인간들의 상부상조 기능을 통한 공동체적 노력'(조흥식 외 2015), '인간이 사회에 적응하지 못하는 문제를 해결하기 위한 조직적이고 사회적인 활동'(박광준 2013)과 같이 정의되기도 한다. 사회복지는 빈곤, 불평등, 차별 등과 같은 사회문제를 해결하고 경제적·사회적·문화적 차원에서 개인의 삶의 질을 향상시키고자 하는 사회적 노력이므로 이러한 개념정의에서도 삶과 사회의 다양한 영역과 관련됨을 잘 알 수 있다.

사회보장기본법에 따르면 "사회보장"이란 출산, 양육, 실업, 노령, 장애, 질병, 빈곤 및 사망 등의 사회적 위험으로부터 모든 국민을 보호하고 국민 삶의 질을 향상시키는데 필요한 소득과 서비스를 보장하는 제도라고 기술한다. 또한 사회보장은 생애주기에 걸쳐 보편적으로 충족되어야 하는 기본욕구와 사회적 위험에 의하여 발생하는 특수욕구를 동시에 고려하는 제도이기도 하다. 사회복지와 사회보장을 추구하기 위해서는 삶의 질과 관련된 다양한 영역에서의 문제해결과 욕구 충족이 필요하다는 것이 법규정을 통해 매우 잘 드러나 있다.

한두 가지의 기본적 욕구 결핍을 경험하는 개인이나 가구가 있고 복합적인 결핍을 경험하는 경우도 있다. 한 개인이나 가구의 경제 수준만 해도 소득 뿐 아니라 주거, 부채 상태 등 여러 요인에 의해 결정되며, 개인이나 가구가 필요로 하는 경제적 자원이 반드시 같지도 않다. 사회복지 분야의 선행연구들은 기본적 욕구에 대한 단차원적 접근의 한계를 극복하기 위한 노력으로 실현능력(capability), 사회적 배제(social exclusion), 박탈(deprivation) 등의 개념을 이용한 다양한 접근을 시도하였다.

Doyal과 Gough(1991)에 의하면, 사회에 따라 그 구성이 일부 달라질 수 있더라도 한 사회에서 인간이 유효한 '사회적 존재'로서 생활을 영위하기 위해서는 기본적으로 충족되어야 할 욕구가 있다. 구체적으로 적절한 수준의 식생활, 주거, 근로환경, 의료, 교육, 안전한 아동기, 신체보호, 경제적 보장 등을 예로 들 수 있는데, 이들 매개적 욕구(intermediate needs)의 충족을 통해 인간의 기본적 욕구(basic needs)인 건강(health)과 자신의 삶에 대한 의사결정에서의 자율성(autonomy) 확보가 가능하다. 즉 인간의 기본적 욕구 충족은 다양한 차원에서 적절한 수준의 생활을 영위할 수 있어야 가능하다.

Amartya Sen은 기존의 물질 중심이나 공리주의적 접근을 비판하면서 발전(development), 개인의 안녕, 사회정의를 반영하는 역량접근 방식을 제안하였다. 역량(capability)은 경제적 자원, 정신, 사회적 요소, 경제적, 정치적, 문화적 차원들 간의 연결에 주목하여 인간 안녕에 관련된 모든 차원을 포괄하는 개념이다(Robeyns 2005). 인간의 안녕은 물질뿐만 아니라 가족관계, 친구, 신념, 건강 등 '비경제적' 요소들에 의해 영향을 받고 심지어 경제적 자원은 개인의 안녕에 직접적인 영향이 없는 경우도 있기 때문이다(Gasper 2005). 역량접근이 취하는 다차원성은 인간의 삶과 욕구의 다양성에 기초한다.

사회적 배제의 접근은 사회, 경제, 정치, 문화, 지역, 성, 인종, 문화 영역에서의 제도적이고 집단적인 배제와 소외를 포괄한다. 개인은 이러한 다양한 영역에서 동시에 배제와 박탈을 겪을 수 있고, 다양한 영역에서의 배제는 서로 밀접하게 연결된다. 또한 사회적 배제는 소득이나 서비스를 넘어서 삶의 질과 권리의 경제, 사회, 문화적 요소들을 융합하는 폭넓은 개념이기도 하다.

국내 기존문헌에서는 기본적 욕구 및 사회복지와 관련된 주요 영역으로 경제적 상황(소득, 소비, 자산, 금융 등), 고용 및 노동능력, 비화폐적 기본욕구(주거, 건강/의료, 교육 등), 사회적 관계망(가족/사회/대인 관계, 사회적 참여 등), 사회보장 등을 많이 포함하였다(박정민 외 2015).

VI 결론

이 글은 한국사회의 대표적인 화두의 하나라고 할 수 있는 사회적 가치의 내용에 대한 이해를 높이고, 사회적 가치가 사회복지와 어떤 공통점과 차이점을 가지는 지 탐색하는 것을 목표로 하였다. 사회복지와 사회적 가치의 두드러지는 교차성은 다음과 같다.

첫째, 상생하는 공동체의 추구라는 지향과 목표의 공통성이다. 인구구조가 급속도로 변화하고 과학기술이 발달하면서 노동과 생활의 형태가 개인 중심으로 바뀌고 있다. 사회경제적 양극화는 심화되고, 개인주의와 물질적 가치가 선호되며, 공동체의 형성과 유지는 힘겨운 시대이다. 사회적 가치와 사회복지는 가능한 모든 사회구성원이 성장의 혜택과 기본 권리의 향유에서 소외되지 않는 상생하는 공동체를 지향한다. 이는 현대사회가 직면한 다양한 사회문제를 해결하기 위한 실용적 필요 때문이기도 하고, 개인의 자아실현은 건강하고 자유로운 공동체 속에서 가능하다는 공동체주의(communitarianism) 시각의 반영이기도 하다. 공동체의 강화를 위해서는 소속감, 규범과 가치의 공유, 변화를 위한 공동의 노력과 행동 등이 필요한데, 이는 사회적 약자를 포함한 구성원을 위한 자원배분의 공평성과 역량의 증대라는 목표로 이어진다.

둘째, 물질적 이익과 경제적 가치 추구를 최우선으로 하는 세태에 대한 문제의식의 공유이다. 한국의 경제발전 성과는 눈부시다. 명목 국내총생산(GDP) 규모는 세계 10위안에 들고 1인당 GDP는 3만 달러를 상회한다. 유엔무역개발회의(UNCTAD)는 한국을 개발도상국 그룹에서 선진국 그룹으로 변경하였는데 이는 기구의 설립 이후 최초의 사례로 꼽힌다(정책브리핑, 2021). 반면에 행복감 또는 삶의 만족도는 그에 훨씬 못 미친다. 유엔의 <2021년 세계행복보고서>에 의하면 한국의 국민행복지수는 10점 만점에 5.8점으로 세계 149개국 중 62위이다. OECD(2020)의 <더 나은 삶 지수(BLI)>에 따르면 전반적인 삶의 만족도가 27개국 중 26위에 머물

렀고, 어려움에 처할 때 의지할 수 있는 사회적 지지의 수준은 41개국 중 40위로 보고되었다. 국가는 부유해졌으나 국민은 행복해지지 않았고, 소통의 수단은 크게 발전했으나 고립감은 높아졌다. 사회적 가치와 사회복지는 물질적 성장이나 경제적 안정과 더불어 비물질적 요인들 — 예, 사회적 관계, 사회적 신뢰, 관용과 포용, 자율성 등 — 이 개인의 삶의 질과 사회의 질을 높이는데 중요하다는 것을 강조한다.

셋째, 정부와 공공기관, 비영리기관, 기업, 지역사회 등 다양한 주체 참여의 중요성과 상호보완성 그리고 협력의 필요성을 강조한다. 공공부문과 민간부문의 구분 또는 제1부문, 제2부문, 제3부문의 구분은 공공성과 영리추구 여부에 따라 분류되고, 전통적으로 공공부문은 공익성과 책임성을 추구하고 민간부문은 효율성을 중시하는 것으로 간주되었다. 사회적 가치의 실천 그리고 사회복지의 확장이 이루어지면서 이러한 기존의 구분과 대조가 더 이상 적합하지 않다. 모든 부문이 공익 추구와 책임성 그리고 효율성을 요구받는 것이다. 공공성만을 강조하던 공공부문에서 효과성과 효율성이 중요해지고, 민간부문에서는 효율성만이 아니라 사회적 책임이 중요해졌다(장용석·황정윤 2018). 공공기관과 비영리기관과 함께 영리활동을 하는 기업도 사회문제의 해결과 같은 공익 추구의 주체로 간주된다. 이러한 변화는 다양한 주체들간의 소통, 협력, 협치가 중요하고 필요하다는 것을 시사한다. 공동체의 이익을 추구하는 주체가 다양해지는 것은 우리가 직면한 사회문제의 해결 가능성이 커지는 것을 의미한다.

우리나라는 지난 반세기 동안 산업화와 민주화를 성공적으로 달성하는 위업을 이루었으나 이제 경제성장과 민주적 정치체제의 수립만으로 해결하기 어려운 여러 난제에 직면하고 있다. 이는 '지속가능한 상생공동체'(박명규·이재열 외 2018)의 중요성을 더욱 체감하게 한다. 공석기·임현진 (2020)은 문제의 원인이 경제성장과 사회적 배제가 함께 발생하는 상극적 발전(antagonistic development)이며 이에 따라 빈부격차와 경제적 불평등 그리고 세대, 성별, 지역, 고용지위 등에 따른 사회적 양극화와 갈등과 혐오가 심화되는 현상이 나타난다고 하였다. 문제의 해결방안은 사회구성원 모두의 상생과 이윤공유를 목표로 하는 이해관계자의 사회(stakeholder society)를 추구하는 것이며 이를 통해 사회적 포용과 통합은 물론 지속가능한 성장도 가능할 것이라 제안한다. 이재열(2018)은 우리 사회가 안고 있는 문제의 핵심은 '사회적인 것의 공동화'이며 사회적 관계가 제대로 작동하지 않고 타인과 제도에 대한 신뢰 및 규범의 존중 등을 포괄하는 사회적 신뢰가 매우 취약한 현실을 지적한다. 문제의 해결을 위해 공감과 공동체 의식의 회복이 필요한데 이를 사회적 가치로 표현할 수 있고 사회적 가치가 잘 구현되어야 '개인들이 공동체의 사회, 경제, 문화생활에 참여하여 자신의 잠재력과 복지를 극대화 할 수 있는' 사회의 질(social quality)이 높은 사회를 이룰 수 있다고 주창한다. 조흥식 외(2015)는 심화되는 사회경제적 양극화를 해소하고 경제성장의 잠재력을 극대화하며 모든 사회구성원의 생존권 보장과 실질적 평등을 구현하기 위하여, 기본권으로서의 사회권을 확립하고 그에 기반하여 사회복지제도를 강화하며 공동체의식을 고양하는 것이 필요함을 강조한다.

이들의 공통점은 우리 사회가 안고 있는 사회문제를 해결하고 지속가능한 성장을 이루기 위하여 공동체의 강화가 필요하다는 것이다. 그를 실현하기 위하여 구성원의 참여(engagement)와 소통(communication)을 기반으로 협치(governance)와 혁신(innovation)이 필요하다. 그 결과는 사회경제적 보장과 안전, 사회적 신뢰의 회복, 사회적 포용성과 역능성이 높은 공동체의 형성이 된다. 사회적 가치와 사회복지는 우리가 그것을 추구하는 이유, 도달하고자 하는 사회의 모습, 그 목표를 달성하기 위해 활용하는 수단에서 많은 것을 공유한다. 사회적 가치와 사회복지에 관한 연구와 실천활동에서의 상호협력과 혁신을 통해 '지속가능한 상생공동체'의 구현을 위한 상승효과를 촉발하는 접근이 필요한 때다.

<참고문헌>

고영민. 2019. "디지털 커뮤니케이션과 '소셜임팩트': 기부 트렌드까지 변화시키는 4차 산업혁명 기술" 지역정보화, 116(0), 76-77.

공석기·임현진. 2020. 『마을에 해답이 있다: 한국 사회에서 지역 되찾기』. 과천: 진인진.

관계부처합동. 2020. 사회적 가치 실현을 위한 공공부문의 추진전략. Retrieved from https://www.korea.kr/archive/expDocView.do?docId=38779.

권청재. 2019. "국책연구기관 사회적 가치 평가 개선방안: 경제인문사회분야 국책연구기관을 중심으로" 사회적경제와 정책연구, 9(1), 91-120.

기영화. 2017. "사회적경제 차원의 사회적 기업과 기업의 사회적 책임의 비교 연구" 사회적경제와 정책연구, 7(3), 79-108.

김경동. 2020. 사회적 가치의 철학과 비전. 서상목 외. 『사회적 가치 시대를 연다』. 한국사회복지협의회.

김문준. 2017. "마을기업의 현황과 정책방안에 관한 연구" 기업경영리뷰, 8(4), 113-131.

김용희·한창근. 2020. '사회적 가치' 이슈를 다룬 언론기사의 의미연결망 분석: 2006년부터 2019년까지 국내 중앙지 언론보도를 중심으로. 한국사회복지학, 72(2), 201-229.

김의영·구양미·권헌익·안도경·안상훈·이준웅·이옥연·최인철·한신갑. 2016. 『사회적 경제의 혼종성과 다양성』. 성남: 푸른길.

김정인. 2018. "사회적 가치 실현을 위한 공직가치에 관한 시론적 연구: 포용적 성장을 중심으로" 한국인사행정학회보, 17(1), 57-83.

김태영·송성수·김기룡. 2017. "정부신뢰 제고를 위한 대안 탐색" 한국공공관리학보, 31(4), 123-144.

남궁근. 2019. "사회적 가치 실현을 위한 성과 거버넌스: 문재인 정부 국정과제의 성과평가를 중심으로" 한국행정연구, 28(3), 35-71.

박광준. 2013. 『사회복지의 사상과 역사』. 파주: 양서원.

박명규. 2018. 사회적 가치의 다차원적 구조. 박명규 · 이재열 · 최정규 · 김홍중 · 김병연 · 강정한 · 엄한진 · 조형근 · 이원재A · 이원재B · 장용석 · 황정윤 · 라준영 · 윤제용 · 한상진. 『사회적 가치와 사회혁신: 지속가능한 상생공동체를 위하여』. 파주: 한울아카데미.

박임수 · 안이슬. 2019. "사회적 가치 분류체계 연구: 공기업(K-water)을 중심으로" 『기업경영리뷰』, 10(2), 333-350.

박정민 · 이승호 · 김윤지 · 탁장한. 2015. "소득빈곤선과 결핍지수의 정합도: 빈곤 여부와 국민기초생활보장 수급지위를 기준으로" 『사회보장연구』, 31(4), 83-107.

배성호 · 신수진. 2020. "사회적 가치와 사회적 책임과 차이: 개념 및 측정방법의 관점에서" 한국경영학회 융합학술대회, 553-569.

신현상 · 이호영 · 김하은. 2020. "사회혁신과 임팩트". 서상목 저. 『사회적 가치 시대를 연다』. 한국사회복지협의회 출판부.

유효선 · 김생수. 2012. "사회적 기업의 개념과 유형에 관한 고찰" 『한국행정과 정책연구』, 10(1), 23-45.

윤수정. 2018. "사회적 가치 실현과 헌법" 『공법학연구』, 19(3), 197-222.

이명진 · 천희주. 2018. "사회적 기업의 지역사회 내 사회적 가치 평가에 관한 탐색적 연구" 『노동연구』, 36, 115-142.

이승규 · 라준영. 2010. "사회적 기업의 사회경제적 가치 측정: 사회투자수익률" 『벤처경영연구』, 13(3), 41-56.

이재열. 2018. "시대적 전환과 사회적 가치" 박명규 · 이재열 · 최정규 · 김홍중 · 김병연 · 강정한 · 엄한진 · 조형근 · 이원재A · 이원재B · 장용석 · 황정윤 · 라준영 · 윤제용 · 한상진. 『사회적 가치와 사회혁신: 지속가능한 상생공동체를 위하여』. 파주: 한울아카데미.

임성은 · 문철우 · 이은선 · 윤길순 · 김진희. 2018. 『사회적경제의 사회 · 경제적 가치 측정을 위한 통합 지표 개발 연구』. (연구보고서(수시) 2018-01). Retrieved from http://repository.kihasa.re.kr/handle/201002/30030.

임의영. 2009. "사회적 형평성의 정의론적 논거 모색: '다원주의적 정의론'을 중심으로" *한국행정학보*, 43(2), 1 – 18.

장용석·황정윤. 2018. 공공가치 융합시대의 사회혁신. 박명규·이재열·최정규·김홍중·김병연·강정한·엄한진·조형근·이원재A·이원재B·장용석·황정윤·라준영·윤제용·한상진. 『사회적 가치와 사회혁신: 지속가능한 상생 공동체를 위하여』. 파주: 한울아카데미.

정도진·박성환·김종현·강평경. 2019. 공공기관의 사회적 가치 인식 및 측정 사례연구. *회계저널*, 28(6), 251 – 277.

정아름·허승준·송기광·김보영. 2020. 사회적 가치 측정방법의 특징 분석 및 최신 동향. *Korea Business Review*, 24(3), 145 – 171.

정책브리핑. 2021. 대한민국 달라진 국제위상. Retrieved from https://www.korea.kr/news/policyNewsView.do?newsId = 148894061.

조흥식·김상균·최일섭·최성재·김혜란·이봉주·구인회·홍백의·강상경·안상훈. 2015. 『사회복지개론(개정4판)』. 파주: 나남.

진희선. 2013. "한국 사회적 기업에서의 사회적 가치와 그 구성요소에 대한 논의" *윤리연구*, 91(0), 127 – 167.

Barman, E. 2016. Caring Capitalism: *The Meaning and Measure of Social Value*. Cambridge University Press.

Bowen, H. 1953. *Social responsibilities of the businessman*. University of Iowa Press.

Defourny, J. 2001. *From Third Sector to Social enterprise*. In Borzaga C., & Degourny, J. (eds). *The Emergence of Social Enterprise*. London & New York: Routledge, 1 – 28.

Doyal, L., & Gough, I. 1991. *A Theory of Human Need*. Macmillan.

Forbes, D. P. 1998. Measuring the unmeasurable: Empirical studies of nonprofit organization effectiveness from 1977 to 1997. Nonprofit and voluntary sector quarterly, 27(2), 183 – 202.

Gasper, D. 2005. Subjective and objective well – being in relation to economic inputs: Puzzles and responses. Review of Social Economy, 63(2), 177−206.

Jordan, B. 2008. *Welfare and well−being.* Policy Press.

Kee, Y. 2020. Major Issues in the Concept of Social Value. 사회적경제와 정책연구, 10(4), 1−25.

Mulgan, G. 2010. Measuring social value. Stanford Social Innovation Review, 8(3), 38−43.

OECD. 1999. *Social Enterprises.* OECD Publishing.

OECD. 2020. Better Life Index. Retrieved from https://doi.org/10.1787/data−00823−en.

Phills, J. A., Deiglmeier, K., & Miller, D. T. 2008. Rediscovering social innovation. Stanford Social Innovation Review, 6(4), 34−43.

Porter, M. E., & Kramer, M. R. 2011. Creating Shared Value. Harvard Business Review, 89, 62−77.

Prahalad, C. K. 2004. *The Fortune at the Bottom of the Pyramid: Eradicating Poverty through Profits.* Wharton Publishing.

Robeyns, I. 2005. The capability approach: A theoretical survey. Journal of Human Development, 6(1), 93−117.

Tsirogianni, S., & Sammut, G. 2014. Transitivity analysis: A framework for the study of social values in the context of points of view. British Journal of Social Psychology, 53(3), 541−556.

Wood, C., & Leighton, D. 2010. Measuring Social Value: the Gap between Policy and Practice. Undercurrent, (2), 7−9.

비판적 공간연구와 사회적 가치 논의의 만남: 공간적 역량 개념을 매개로

06 | 비판적 공간연구와 사회적 가치 논의의 만남: 공간적 역량 개념을 매개로

신혜란(서울대학교 지리학과 교수)

I 서론

본 연구는 사회적 가치, 사회혁신 개념에 대한 논의를 공간연구와 연결시키려는 이론적 탐색이다. 이 글에서 '사회적 가치'는 '사회의 지속 가능한 발전을 위해 소수자 권익, 삶의 질, 가용적 기회를 보장하고 국가, 기업, 조직, 거주민들에게 사회적 책임을 묻는 가치'를 뜻한다. 사회적 가치 개념은 원칙적으로 열려 있고 맥락에 따라 강조되는 가치가 다르다. 현재 사회적 가치 개념은 경제성장에 몰두하는 사회에 근본적인 의문을 던지면서 인권, 복지, 협력, 공동체, 지속가능성, 참여, 배려와 같은 가치를 강조하고 있다. 사회혁신 개념은 '주민을 중심으로 사회문제를 해결하는 새로운 방법'을 뜻하며 사회적 가치를 극대화하는 방법을 강조한다(Mulgan et al. 2007). 이 두 개념은 다른 것이지만, 혁신을 통해 사회적 가치를 추구하고자 한다는 노력에서 서로 전제하고 강화하기 때문에 같이 논의되는 경우가 많다(예를 들어, 정서화 2017). 사회적 가치를 통해 사회 문제를 진단하고, 사회혁신을 통해 해법의 변화를 제시한다는 의미에서이다.

이 글의 목적은 사회적 가치 논의에서 다소 소홀히 다루어진 공간/장소적 측면을 이론적으로 고찰하고, 기존 비판적 공간연구에서 활발히 이루어진 논의를 사회적 가치 개념으로 재해석하는 것이다. 특히 사회적 가치와 비판적 공간연구가 공통적으로 추구하는 궁극적 목표를 '공간적 역량1)

---

1) Capability를 대체로 역량으로 번역하고 있고 대표적인 학자인 Nussbaumk의 책

(spatial capability)' 개념으로 설명한다. 본 연구는 사회적 가치의 공간적 탐색과 비판적 공간연구의 지향점을 명확히 함으로써 두 논의를 연결시키는 데 기여한다. 여기에서 공간적 역량은 공간을 생산하는 과정에 참여하고 공간을 이용하고 가로지르는 이동에 대한 역량과 자유를 뜻한다.

1980년대 이후 한국 사회의 민주화 요구와 성과가 높아지는 가운데 인문지리학, 도시연구에서 비판적 공간연구가 발전하였다. 핵심 주제는 근대 한국 사회의 급속한 경제성장, 도시화에 따른 공간 불평등 문제와 자본주의 특성이 필연적으로 가져온 자본의 축적과 공간구조(조명래 2013; Sonn and Shin 2020)에 대해 질문을 던지는 것이었다. 1990년대 이후 한국의 국가 변화, 세계화를 위시해 공간 문제를 둘러싼 환경과 주체, 해결 방식이 전반적으로 복잡해졌다. 문제가 나타나는 방식과 해결책이 얽히고 국가, 기업, 시민사회 3주체 사이의 구분이 불투명해졌다. 비판적 공간연구에서 주로 비판의 대상이었던 기업이 정부, 시민사회와 협력하는 경우가 증가하고, 비판의 주체였던 시민사회가 문제 해결의 주체로 떠오르게 되었다. 큰 구조적 문제뿐만 아니라 마을의 문제 해결을 통한 변화 등도 중요한 주제가 되었고 창의적이고 구체적인 해결방식(박세훈, 2015)에 대한 관심이 증가하였다. 비판적 공간연구는 비판을 넘어서는 지향점과 실천 과정에 대한 모색이 필요했다.

이런 변화를 반영하고 구체적인 문제 해결을 중심에 놓은 것이 사회적 가치, 사회혁신 개념이다. 일찍이 미국에서는 기업의 사회적인 책임이 강조되어 사회적 가치, 사회적 기업이 중요한 담론으로 떠올랐다(Lindgreen et al. 2019). 유럽연합에서는 1998년에 혁신체제론을 발표했고 혁신을 통한 사회적 가치를 추구했다(정서화 2017). 영국에서는 제3의 길과 큰 사회론(Big society) 개념을 중심으로 시민사회, 주민이 정책에 직접 참여하여

Creating Capabilities도 '역량의 창조'로 출판되었으므로 이 글에서도 역량으로 쓴다. 하지만, 우리말에서 역량은 competency나 capacity를 나타내기도 하는데, 역량이론에 말하는 capability는 경제적, 신체적, 제도적, 문화적 형편에서 오는 자유, 가용적 기회를 그 핵심으로 하고 있다.

해결책을 내고 실천하는 사회혁신 접근이 발전하였고 사회적 가치 법까지 만들어졌다. 21세기에 들어서 사회적 가치, 사회혁신 개념은 유럽과 미국에서 산업, 공공서비스, 복지 영역에서 주요 개념이 되었다. 한국 사회에서는 2005년 경부터 사회적 가치 이슈가 언론, 학계, 정책, 기업에서 사회변화를 모색하는 움직임으로 나오기 시작했고(김용회·한창근 2020), 2018년에는 문재인 정부가 주도하면서 학술적 정책적 관심이 급격히 올라갔다.

본 논문의 문제의식은 이 사회적 가치, 사회혁신 개념이 비판적 공간연구와 서로 보완할 점이 많은데도 뚜렷한 접점이 충분치 않았다는 것이다. 사회적 가치가 필요한 영역이 지역에 기반한 주택, 도시개발과 같은 장소 만들기, 주거 공간, 교육 공간 등과 긴밀히 연결되어 있는데도, 사회적 가치 논의가 경제학, 사회학, 사회복지학 위주로 이루어지면서 그 공간적 측면은 소홀히 연구되었다. 한편 지리학, 도시연구에서 행해진 비판적 공간연구는 사회적 가치, 사회혁신이 가져다줄 수 있는 지향점과 방법에 대한 풍부한 논의를 받아들이는 데 다소 소극적이었다.

본 연구는 사회적 가치, 사회혁신의 중심 주제를 공간적 문제에서 재해석하고 비판적 공간연구의 지향점을 살리고자 한다. 아마르티아 센(Amartya Sen)의 역량 접근(capability approach)은 사회적 가치 논의와 르페브르의 '도시를 위한 권리(the right to the city)' 논의에서 공통적으로 논의, 연결되었던 개념이다. 이 연구는 그 역량 개념을 공간적으로 발전시킨 '공간적 역량(spatial capability)' 개념을 개진한다. 공간적 역량 개념은 도시권 개념에 비해 궁극적 지향점으로서 뚜렷한 기준, 간과할 수 있는 집단 내 불평등을 보게 하는 강점이 있다. 이 연구에서 다루는 공간적 역량은 공간생산, 공간이용, 이동의 영역에서의 역량이다.

위와 같은 내용을 전개하기 위해 이 장의 제2절—제6절은 다음과 같이 구성된다. 다음 제2절에서는 사회적 가치에 대한 기존 논의를 비판적으로 검토한다. 제3절에서는 비판적 공간연구에서 사회적 가치와 연관이 깊은 논의를 검토하고 사실상 사회적 가치 논의와 그 궤를 같이한다는 것을 논한다. 제4절에서는 역량이론을 발전시킨 공간적 역량 개념을 통해 비판적 공간연구와 사회적 가치 논의를 연결시킨다. 제5절은 공간적 역량을 공간생산, 공간이용, 이동의 영역에서 설명한다. 결론에서는 사회적 가치와 공간연구의 연결, 공간적 역량 접근의 학술적 정책적 함의를 밝힌다.

Ⅱ 사회적 가치의 기존 논의 배경

현대 시각에서 사회적 가치라는 용어 자체는 특이할 게 없지만, 이 개념의 초기 논의에서 사회적 가치와 대척점이 되는 것은 근대 자본주의, 신자유주의가 추구하는 개인적 가치 혹은 자본의 물신화였다. 예를 들어, 1909년 Schumpeter(1909)는 근대 이론이 개인적 가치만 추구했다고 비판하며 자본주의 사회에서 등한시, 훼손되는 공동의 가치, 사회적 가치를 추구할 것을 제안하였다. 사회적 가치는 기업의 사회적 책임을 강조하며, 사회적 기업(social enterprises), 사회적 경제(social economy)를 중심으로 발전했다. 사회적 가치와 비슷한 선상에서 사회혁신(social innovation)은 넓게는 마르크스, 베버, 뒤르케임의 사회적 변화에 대한 논의에 뿌리를 두고 있었다(Tiwari 2017). 사회혁신은 Robert Owen이 선도한 19세기 생협 운동에서 발전한터라 지역사회에 대한 기여(염찬희 외 2010)를 강조했다.

사회적 가치, 사회혁신 논의가 일부의 규범에서 확장하여 학계, 정책에서 본격적으로 주목을 받은 것은 1990년대 들어서이다. 자본주의적 경제 발전, 사회 작동방식, 삶의 양식에 대한 비판과 성찰이 광범위하게 진행되는 흐름 속에 사회적 가치 개념이 주목을 받았다. 이 사회적 가치 논의는 철학적, 이론적 접근보다는 현실 문제 해결에 중점을 두었다(김태영 외 2019: 36. 이론적 논의를 위해 김경동 2019 참고). 마르크스주의에 기반한 자본주의 비판은 노동자 착취, 노동 소외 문제를 제기했고, 여성주의, 환경주의에서는 자본주의를 넘어선 인간의 역사를 통해 나타난 주류—비주류 위계의 문제, 전 지구적인 소비, 생산, 개발에서 필연적으로 나타나는 환경문제에 대한 논의를 발전시켰다(이상헌 2013).

예전 사회 문제 논의에 비하면, 사회적 가치 논의는 취약계층의 빈곤 문제와 같은 구체적인 계급 계층의 문제에서 보편적 인류의 삶의 문제로 확대되고 있다(장용석 외 2018). 구조적인 체제의 위기, 경제성장을 위주로 하는 제도, 개인의 이익을 앞세우는 상식, 이데올로기, 일상, 관계에 대한 폭넓은 문제의식이 중심이었다. 구체적인 지역 문제부터 전 지구적 문제로까지 다양한 스케일이 포함되어 논의되었다. 그 대안으로 협력의 경제, 사회적 경제, 공유경제에서 사회적 가치를 회복하는 것이 제시되었다(고동현 외 2016).

사회적 가치와 사회혁신에서 내세우는 주체와 방법론은 적극적인 시민사회와 기업이다(Moore 2013; Wieland 2017). 사회 문제의 복잡성과 종합성 때문에 한 주체가 독자적으로 해결책을 내는 것이 무리일 뿐만 아니라 국가의 재정위기, 정당성 위기 때문에 적극적으로 파트너십을 요청해야 하는 상황이 증가하였기 때문에 기업, 시민사회의 참여와 협력을 강조하는 거버넌스가 여러 사회에서 대안적 형태로 제안되었다(Donaghy 2013; Shin & Lee 2017). 사회적 가치, 사회혁신 논의는 기업과 시민사회가 정부의 보조자로 협력하는 것을 넘어서서 문제를 진단하고 해결책을 낼 것을 요구한다. 구분하자면 사회적 가치 논의는 사회적 기업의 역할을 강조하는 데 비해 사회혁신은 그 초기에서 커뮤니티의 역할에 중점을 두었기 때문에 시민사회의 적극적인 참여(정서화 2017)를 전제하고 고무하는 편이다. 하지만 무엇보다 다양한 주체들 간의 유연하고 종합적인 관계를 강조한다. 특히 사회혁신은 시장, 정부, 시민사회, 가정/가구의 교차점을 뜻하기도 하고(The Young Foundation 2012) 지역사회 주민이 사회적 요구에 답할 해결책을 찾기 위해 조직하는 역동성과 대안적 지식으로 정의되기도 한다(미우라 히로키·김의영 2020). 또한, 사회혁신은 권력관계를 바꾸고 인간 역량을 증진하고 문제 해결을 발전시키기 위해 사회구조적으로 다른 차원에서 새로운 생각과 해결책을 내는 것을 뜻하기도(Chiappero–Martinetti et al. 2017) 한다.

나라와 지역에 따라 대안을 가져오는 스케일과 방식도 점점 다원화되었다. 국가 차원의 사회혁신 프로젝트는 스웨덴, 덴마크, 핀란드, 네덜란드에서 행해졌고, 중범위 수준의 사회혁신 연구는 캐나다, 덴마크, 영국 등에서 나왔고, 미시적 접근은 기업의 사회적 책임과 아이디어, 서비스를 강조하는 미국, 캐나다와 같은 자유주의 시장경제 중심 학계에서 나타났다(정서화 2017). 방식이 비조직적이며 프로젝트 기반으로 유연한 형태를 띠고 창조적인 해결책을 강조하는 것도 특징이다.

한국 학계에서 성장 중심의 근대 한국 사회의 발전을 성찰하는 움직임이 계속되는 가운데, 사회적 가치에 관한 기존 문헌은 2004년경부터 시작해서 2019년까지 본격적으로 진행되었다. 우리 사회가 지속 가능한가의 물음 아래, 정의, 연대, 평등, 인간 존엄을 가장 근본적인 사회적 가치로 두고, 구체적인 구성요소로 인간 안보, 사회적 승인, 사회적 응집성, 개인의 역량을 거론했다(이재열 2019). 또한 재생산, 가족과 공동체의 위기(이재열 2019), 시장 가치와 비시장 가치(한상진 2019)에 관한 논의가 있었다. 사회복지학에서는 사회적 가치를 "개인과 지역사회의 복지(wellbeing), 사회적 자본과 환경을 포함하는 프로그램 및 조직적 개입의 비경제적 영향력"(이상우 2020)으로 보기도 했다.

한국 학계 내 사회적 가치 논의는 많은 분야와 조직에 걸쳐 규범적이고 종합적인 성격을 가졌다. 그 핵심 내용으로는 안전과 일자리, 역능성과 혁신, 공동체와 공공성, 상생과 지속가능성이 광범위하게 논의되었다. 그 실행 영역으로는 사회적 책임이 있는 공공서비스는 물론이고 기업과 시민의 역능성도 포함하고 있다(박명규 2018). 사회적 가치가 사회의 다양한 곳에서 어떻게 구현되는지를 평가하는 많은 연구가 있었다. 방송정책에서 사회적 가치 구현(정인숙 2019), 사회적 가치 평가 모형(한상진 2019), 공공기관의 사회적 가치 개념과 평가 내용(라영재 2020), 지방공공기관(원구환 2019)의 역할과 같은 논의가 있었다.

한국에서 사회적 가치의 정부 주도성이 두드러진 계기는 2018년에 문재인 정부가 혁신 방향을 발표하고 3대 전략을 수립하면서이다. 그 첫 번째 전략이 '정부운영을 사회적 가치 중심으로 구현'하는 것이었다. "그 내용으로 정책과 재원 배분의 우선순위를 공공의 이익과 공동체 발전에 기여하는 사회적 가치 중심으로 전환하고, 이를 위한 인프라로서 정부의 예산 · 인사 · 조직 · 평가체계를 획기적으로 바꾼다."[2)]는 것이었다. 그 당시 관계부처 합동 보도자료를 보면 사회적 가치를 '사회 · 경제 · 환경 · 문화 등 모든 영역에서 공공의 이익과 공동체의 발전에 기여할 수 있는 가치'로 정의하였다. 세부 분야로는 인권, 안전, 환경, 복지, 공동체, 사회적 약자 배려, 양질의 일자리, 시민참여, 대기업-중소기업 간 상생, 지역사회 활성화를 내세우고 있다.

사회적 가치, 사회혁신 논의의 성장과 기여에도 불구하고 본 연구가 보는 사회적 가치 논의의 한계는 다음 두 가지이다. 첫째, 기존 사회 담론에 비해 사회적 가치, 사회혁신은 지역에 관련한 가치와 방법을 더 강조하는 편인데도 공간적 논의가 부족했던 점이다. 사회의 지속 가능성에 의문이 들게 한 사회 문제의 많은 부분이 수탈적 도시발전, 식민화된 일상이 나타나는 공간 생산(최병두 2018b), 불로소득 자본주의(김용창 2021)와 연관되어 있는데도 그러했다. 둘째, 게다가 사회적 가치, 사회혁신 논의가 확대되면서 경계가 흐려지고 가치와 이해관계 충돌부분이 희석되고 다소 비정치화되는 측면이 있는 것이다(Tiwari 2017). 사회적 가치와 사회혁신은 대중성이 확대되고 정부정책에서 적극적으로 쓰이면서 순진한 지역주의(localism), 낭만적 동네 정치, 중앙관료적 시각이라는 우려와 비판(Chatterton 2016; Chatterton and Pusey 2020; Mulgan et al. 2007)이 지

---

2) 행정안전부 보도자료 2018. 3. 19.
  https://www.mois.go.kr/frt/bbs/type010/commonSelectBoardArticle.do?bbsId＝BBSMS
  TR_000000000008&nttId＝62476 2021년 6월 30일 확인.

속되었다. 특히 중립적인 혁신성, 방법론에 치중하면 그 본질인 사회적인 의미가 줄고(Mulgan et al. 2007) 민주성이 훼손된다는(정서화 2017)는 비판이 대두하였다.

III 비판적 공간연구에서 사회적 가치 연관성

'사회적 가치' '사회혁신'이라는 개념을 거론하지는 않았지만, 비판적 공간연구에서 사회적 가치, 사회혁신적 논의는 내내 계속되었다. 비판적 공간연구자들은 도시개발, 경제적 성장, 기술 발전의 과정과 결과로 나타난 이윤추구 위주의 도시개발, 서울 집중과 지방 소외 현상, 부동산 불평등, 도시공간에서 장애인, 여성, 소수자 배제, 이주민들의 인권 문제를 오랫동안 연구하고 논의를 만들었다. 한국 사회에서 비판적 공간연구는 마르크스주의, 포스트 마르크스주의, 여성주의, 비판이론에 기반하여 공간과 장소를 관통하는 자본주의와 성장주의를 비판했다. 마르크스주의 지리학과 여성주의 지리학이 공통적으로 기여한 점은 단일한 실체로서 공간이 아니라 불평등에 의한 공간 분화에 중점을 둔 것이다. 마르크스주의 지리학과 여성주의 지리학 논의는 간단히 다음과 같이 전개되었다.

첫째, 1970년대 초반부터 서구에서 활발해진 마르크스주의 지리학은 공간, 장소, 지역, 로컬리티가 자본주의의 불균등 발전 과정에서 생성된다고 주장하며 불평등에 관한 현상을 이론화했다(로즈 2011. 한국 개발국가의 경우는 손정원 2006; 이석희·김수현 2014). 1980년대 한국 사회에서 공격적인 도시 재개발로 세입자인 도시 빈민들이 대책 없이 철거를 당하고, 젠트리피케이션으로 끝없이 오르는 상가 골목에서 세를 든 상인들이 쫓겨나고 사회적 비판이 떠오르자 마르크스주의 공간연구의 중요성이 높아졌다. 저소득층의 주거가 사회 문제화되자(이덕복 1993) 정부의 개입이 높아지고 공공임대주택이 제안되고(김수현 1997), 하향식 도시정책이 비판

받으며 주민참여가 논의되고 고무되었다.

기존 비판공간 논의들은 자본주의에서 주택, 사무용 건물, 컨벤션 센터와 같은 건조환경에 대한 투자(자본의 2차 순환)를 통해 자본주의 위기를 늦춘다고 지적(Harvey 2018; 임조순·양준호 2017)했다. 또한, 근대 재산권의 한계(김용창 2019)와 도시정책을 좌우하는 정치세력이 개발세력과 결탁한 사례에 대한 비판(홍기창·김천권 2012)도 이루어졌다. 궁극적으로 도시 엘리트가 추구하는 도시성장이란 자본의 논리와 같고 한국의 토건국가는 그런 역할을 해 왔다(박배균 2009)는 비판적 시각도 가져왔다.

2000년대 그 비판에 대한 대안 모색이 증가하면서 경제, 지역 정체성, 문화적 매력을 다 높이고 함께 상생하자는 도시재생이 대안으로 나왔다(이영아 2019; Shin and Stevens 2014). 저소득층의 주거가 사회 문제화되자 정부의 개입이 높아지고, 공공임대주택을 건설할 것을 정부와 지자체에 요구하였고, 사회적 기업들이 공유재로서 짓는 사회 주택에 대한 연구(신수임 2020; 오도영 외 2015)도 이루어졌다.

둘째, 여성주의 지리학에서는 공간구조는 단순히 사회활동이 일어나는 그릇과 같은 장이 아니라, 사회적 삶을 생산하고 억압과 현실을 재생산하고 드러내는 매개물(Gregory 1986: 451; 정현주 2012)로 보았다. 지리학이 남성들, 특히 백인 중산층 남성의 시각에서 보는 공간, 장소, 경관을 인류 공통의 것인 양 일반화시켰다고 비판했다(맥도웰 2010; 로즈 2011; McKittrick 2006). 이렇게 여성주의 지리학은 사회적 가치를 공간 주제에 적극적으로 반영시켰다.

여성주의 지리학(feminist geography)은 여성뿐 아니라 권력관계에서 밀리는 다양한 소수자들의 힘과 사회적 관계를 통해 공간이 생산되는 것을 규명하였다. 2000년대에 들어서 공간의 규칙은 차별화와 긴밀하게 연관되어 있다고 보고 위계적인 관계가 어떻게 공간구조에서 반영되고 공간구조에게 영향을 받는가를 규명하는 것에 중점을 두고 연구했다(김현미 2008). 또한 심화된 세계화와 신자유주의의 흐름 속에서 국가를 뛰어넘는 지구적인 공간에 대한 관심이 높아졌다. 사회과학 각 분야에서 국제 이주와 이주자들의 삶에 관심이 증가했는데, 비판 지정학적인 접근에서는 일상의 물질과 실재(materiality)에 대한 이론적, 방법론적 주의를 기울였다 (Dixon and Marston 2011). 세계화가 심화됨에 따라 공적 공간은 글로벌 공간과 남성의 공간으로, 사적 공간은 로컬 공간과 여성의 공간으로 치환 (안숙영 2012)되고 있다는 비판도 나왔다.

기존 비판공간 논의 중 사회적 가치와 연관하여 눈여겨볼 개념은 르페브르(Lefebvre)의 '도시에 대한 권리(the right to the city)', 즉 '도시권'이다. 르페브르가 주장한 도시권은 국적, 시민권과 무관하게 살고 있는 도시에 대한 거주자의 권리에 집중하고 있다. 예를 들어 비자 없는 이주민이 동일하게 권리를 가지는 것을 의미하는 급진적 개념이다. 비판적 도시연구는 '도시권'(the right to the city)(Harvey 2012; 강현수 2021) 논의를 통해 거주하고 있는 사람들이 시민권, 권력, 나이, 인종, 성별과 관계없이 주거 공간, 일터, 도시기반 시설과 공간이용 서비스를 이용할 수 있고 도시공간 형성과정에 참여할 수 있는 권리를 주장하였다.

이 도시권 개념은 이 논문에서 주장하는 공간적 역량 개념에 대한 기반을 제공하고 있다. 도시권의 범위는 상당히 종합적이어서, 예를 들어 거주민들이 집합적 작품으로서 도시를 만들 작품의 권리, 전유의 권리, 도시 거주자의 권리 등을 종합적으로 포괄하고 있다(강현수 2021). 마르크스주의자이면서 여성의 생활공간, 일상 공간이 학문 대상에서 배제되었다고 문제를 제기한 르페브르는 또한 식민화된 일상성, 즉 사람들이 자본주의 도시의 발전에서 주변으로 밀려나서 직접적으로 체험하는 구체적인 일상 공간의 중요성을 얘기하였다(최병두 2018b). 그는 자본주의에서는 계량화, 단일화, 상품화되고 국가가 저항을 허용하지 않는 경찰 공간(police space)이 된다고 비판하며, 공간적 실천(이상적인 일상이 구현되는 장소)의 역할을 강조하였다(Lefevre 2009).

세계적으로 2015년 이후 사회혁신 연구가 급증했고 한국 학계에서도 공공영역 혁신을 중심으로 다루어졌다(정서화 2017). 지난 몇 년간 공간연구에서도 사회적 가치에 대한 관심이 증가하였다. 공간적으로 사회적 가치를 실현하는 사례를 본 공간연구(조명래 2016)와 공간적 관점에서 사회적 경제를 본 연구(주성재·노경란 2018)를 들 수 있다. 문재인 정부의 운영 방향과 기조로 사회적 가치를 내세운 후 지리학, 공간연구 분야에서 공기업에 관한 사회적 가치, 공기업의 개선방향에 관한 연구(예를 들어, 라영재 2020; 원구환 2019)가 있었다. 사회적 가치를 높이는 경영환경의 변화 속에서 건설산업에서의 사회적 가치 창출(정철 2019), 국책 연구기관의 사회적 가치 평가(권청재 2019)도 논의되었다.

　사회적 가치 개념을 공간연구에서 본격적으로 쓰기 시작한 것은 탈 자본주의 논의와 커먼스, 리빙랩을 중심으로 대안을 제시하기 시작하면서일 것이다(Schmid and Smith 2021). 탈 자본주의는 깁슨 그레엄(Gibson-Graham 1996. 번역본은 2013)의 논의에 기반하여 경제, 커뮤니티, 주체가 자본주의를 극복하는 다양한 방식을 탐구하는 방법을 논의했다(Chatterton and Pusey 2020). 지리학과 공간연구에서 탈 자본주의 논의는 주로 자본주의적인 공간이용에 대해 비판하고 평등하고 지속 가능한 공간을 위해 커먼즈, 도시농업, 임대주택, 저탄소 주택 도시권 운동 등을 대안으로 내었다. Chatterton and Pusey(2020)는 자본주의 종획이 아닌 집단적 공간소유(커먼즈), 상업화를 대신하는 사회적 생산, 소외가 아닌 주인된 실천을 탈 자본주의 대안으로 내세웠다. 탈 자본주의 행위인 플랫폼 협동주의는 급성장하는 디지털 경제와 창조경제 내에서 커뮤니티 민주주의와 노동자들의 자율관리, 노조화, 공유 소유, 도덕적 가치, 부 공유, 사회적 가치 창조에 대한 관심이다.

　비판적 공간연구는 평등, 정의, 권리와 같은 가치를 전제하고 있으면서도 명시적으로 사회적 가치 개념을 쓰는 논의와는 다소 거리를 두었다. 그 이유로는 사회과학에서 전통적으로 존재했던 구조주의적 접근(비판적 공간이론의 주된 접근)과 문제해결 접근(사회적 가치 이론의 접근) 사이의 긴장이 있었기 때문이다. 비판적 공간연구가 사회계급의 집단적인 사회 저항, 정치 참여, 협상(예를 들어 최병두 2018a; 황진태·정현주 2015)을 강조한다면, 사회적 가치/사회혁신 논의는 가치 발견적 탐구모델에 기초하여 자원과 잠재력에 주목하고 창조적이고 긍정적으로 접근하는 방식을 보인다(이승원 외 2017). 그 때문인지 몰라도, 자본주의 개발방식, 환경 문제, 불평등과 포용 도시(박인권 2015; 진종헌 2017) 문제를 광범위하게 논의했던 비판적 공간연구는 여전히 사회적 가치 논의와 다소 거리를 두고 있었다. 비판적 공간연구 시각에서 볼 때, 사회적 가치와 사회혁신의 접근이 개념은 정부주도의 규범인데다 실행은 지극히 미시적이며 충분히 비판적이지 않게 보이는 측면도 있었다. 그 결과, 사회적 가치 연구에서 공간적, 지역적 측면을 깊게 파고들지 못한 부분을 강화시켰다.

그 거리의 결과, 사회적 가치가 가져다줄 수 있는 이점이 충분히 발휘되지 못했다. 공간 연구자들이 발전시킨 문제의식을 사회적 가치로 연결하는 작업은 구조주의적 비판을 넘어서 지향점을 명확하게 해주고 문제해결과정에 고민을 주는 이점이 있을 것이다. 비판적 공간연구가 성장 위주의 도시공간 개발을 이끄는 결정 과정, 좋은 환경을 강자가 독식하는 현상, 불안정한 삶을 가지게 되는 소수자의 문제(신혜란 2017)를 다루었지만, 이런 구조적 비판이 지향하는 궁극적 목표의 내용이 무엇인가를 충분히 다루지는 않았다. 비판적 공간연구가 지향하는 점이 사회적 가치 논의와 맞닿는 지점이 많고 서로에게 기여하기 때문에, 비판적 공간적 연구와 사회적 가치에 대한 논의가 적극적으로 연결될 필요가 있다. 그리고 무엇보다 현재 사회적 가치, 사회혁신으로 대표되는 전환에 대한 공간연구의 분석이 필요하다.

IV '공간적 역량(spatial capability)' 개념을 통한 사회적 가치와 공간연구의 만남

이 글은 그 접점의 이론 틀로 사람이 삶에서 선택할 수 있는 자유, 즉 가용적 기회를 뜻하는 아마르티아 센(Amartya Sen)의 역량이론(capability theory)(1992, 1999)을 제안한다. Sen의 역량이론(Sen 1992, 1999)은 선택할 자유와 가용적 기회를 뜻하는 역량(capability)을 활동 자체(functioning)와 구분한다. 예를 들면 여행은 functioning이며, 여행을 떠날 수 있는 자유, 즉 기회가 있고 형편이 되므로 선택할 수 있는 자유는 capability이다. 굶는 활동 자체는 functioning인데, 같은 활동이라고 하더라도 음식이 없어서 굶는 것은 역량이 제한된 경우이고 종교적인 실천으로 단식을 하는 것은 역량이 보장된 것이다. 복지경제와 페미니즘에 큰 영향을 끼친 Sen(1992)은 무엇의 평등이냐고 질문하며 평등을 생각할 때 역량이 보장되었는지를 중심으로 볼 것을 제안하였다.

경제적 빈곤에서 벗어나는 것의 목표는 다름 아닌 인간역량의 확대에 있으므로, 경제적 성장은 역량, 즉 인생에서 선택할 수 있는 자유를 이루기 위한 수단이라고 강조한다. 역량이론에서 빈곤은 단지 소득이나 재화가 부족한 것이 아니라 기회와 선택의 부족으로 본다(Kato et al. 2018). 소득 자체는 목적이 아니라 수단(Alkire 2002)이기 때문에, 일정 수입을 넘어섰다고 해서 빈곤하지 않다고 보는 것은 그 본질을 놓치고 있다. 휠체어와 타인의 서비스를 받아야 하는 장애인은 더 많은 수입이 필요하고, 여기에서 핵심은 수입 자체가 아니라 선택할 수 있는 형편이 마련되는가이다.

본 연구는 비판적 공간이론에서 이미 익숙한 도시권(the right to the city) 개념에 기반하면서도 여기에 머무르지 않고 역량 개념을 사회적 가치 논의와 연결시킨다. 공간적 역량 개념은 사회적 가치와 비판적 공간연구의 궁극적인 목표를 제시하면서 사회적 가치 접근을 아우른 역할을 한다. 공간적 역량 이론의 구체적인 강점은 같다. 첫째, 역량이론은 사회적 가치가 복지경제와 연관이 깊어 사회적 가치 연구에서 역량이론에 대한 논의(Certo and Miller 2008; Mulgan 2012)가 이미 활발했다. Weaver(2018)는 역량 접근이 사회적 가치를 개념화하고 측정하는 대안적 방법이 될 것이라고 주장했고, Auerswald(2009)는 역량이론에 기초하여 웰빙을 통한 사회적 가치 창출을 논의했다. 역량이론이 사람을 중심에 두고 인간발전에 접근하기 때문에 사회적 변화의 에이전트로서 사회적 기업인(Scarlato 2013. 사회적 기업인의 혁신 사례를 위해서는 김동헌 2018 참고)을 바라보고 사회혁신의 '사회적인 것'을 역량이론 틀에서 정의하였다.

역량 개념은 사회적 가치 개념과 긴밀히 연결되는 동시에 도시권과도 잘 연결된다. 역량이론은 도시권 개념과 비슷하면서도 상호보완적이어서 두 개념을 비교, 결합하는 시도(Fainstein 2014; Deneulin 2014)도 있었다. Fainstain(2014)은 과정, 민주성, 다양성, 형평성을 강조하는 정의도시(the just city)로 가는 방법으로 도시권과 역량이론의 결합을 제안했다. Deneulin(2014)은 어떻게 역량접근이 도시권 논의에 기여하는지를 밝히며 역량접근을 통해 도시권 개념을 발전되는지 논하고 있다.

둘째, 역량이론은 발전(development, 개발로도 표현되는)의 최종목표를 명확히 함으로써 사회적 가치와 비판적 공간이론을 이어준다. 본 연구는 사회적 가치와 비판적 공간연구가 공통적으로 가지는 궁극의 목표를 상기시킴으로써 두 분야를 연결시키고자 한다. 사회적 가치와 비판적 공간연구의 접점에서 두 논의가 공통적으로 지향하는 목적은 무엇인가? 도시에 대한 권리는 '-을 위한 권리'와 같이 그 자체가 목적이 아니라 목적인 내용을 이루기 위한 과정에 놓인 개념이다. 정의, 평등, 공평과 같이, 권리는 그 자체가 궁극적인 목표이기보다는 궁극적인 목표를 향해 가는 과정에서 성취하는 것이다. 발전의 목표는 '인간역량의 확대'이며 그것을 중심에 두고 평가해야 한다는 것이다. 사회혁신의 목표가 역량이라는 점에서 사회혁신과 역량이론은 서로를 강화시킨다(Capriati 2013; Zeigler 2010). 비판적 공간연구가 공간 내 불평등한 사회적 관계에 집중하고, 사회적 가치가 인간 삶의 질의 지속 가능성을 꾀하는 진정한 발전을 지향한다고 볼 때, 그 공통점은 공간을 형성하는 개발(변창흠 2006)과 공간에서 나타나는 인간의 삶의 질과 인간발전(human development)과 연관이 있을 것이다.

셋째, 역량접근의 특성이 사회적 가치에 호응한다. 도시권은 집합적인 개념인데 반해, 역량개념에서 핵심적으로 보는 것은 개인의 역량이다. 왜냐하면, 가정, 특정계층, 이주민과 같이 사회구성 단위 조직의 역량을 중심에 놓으면 그 안에서 일어나는 차별을 자칫 놓칠 수 있기 때문이다(Sen 1999). Sen은 또한 평가를 위한 역량 목록을 만드는 것은 인간역량의 복잡성이나 모호성을 무시하게 될 것이라며 반대했다. 불평등한 상황에서는 역량 논의 자체도 남성과 시장을 중심으로 하는 용어로 논의되기 때문에 역량을 결정하는 과정은 열려 있어야 하고 역량 목록을 작성할 때 공정하고 일관된 민주적 절차를 거쳐야 한다고 주장했다(Parnell and Robinson 2012). 이 열린 개념의 특징은 사회적 가치의 탐구적인 특성과 연결되는 것에 기여할 것이다. 사회적 가치 논의에서도 열려 있어서 가능성을 가지는 점을 강조하고 있다(Follet and Ianko 2015). Mulgan(2012)도 사회적 가치가 객관적이고 불변하는 것으로 본다면 사회적 가치 창출이 방해될 것이라고 지적했다.

하지만 사회적 가치, 역량이론 두 분야는 공통되게 공간적 측면을 소홀히 했다. 자본주의, 불평등 문제는 공간생산과 이용에 대한 접근성을 통해 발현되는 측면이 핵심적이어서 공간적 지역적 접근 없이 그 비판과 대안 마련이 어렵다. 역량이론(Sen 1992, 1999)의 공간적 측면에 대해서는 몇몇 학자들(예를 들어, Corbridge 2002; Shin 2011)이 공간연구에서 유용함을 주장했다. Robeyns(2003)는 공간역량의 개념이 인간 삶의 궁극적인 목표 중 하나라고 주장했고 Cronlid(2008)는 이동성을 역량으로 고려해야 한다고 했다.

'공간적 역량(spatial capability)'(Shin 2011) 개념은 역량이론에서 간과하고 있는 공간적 측면을 발전시켜 만든 개념으로, 공간을 생산/재생산하고 이용할 수 있는 자유를 뜻한다(Shin 2011). 즉, 공간을 만드는 과정에 참여하고 공간을 주거, 이동을 위해 이용할 때 가용적 기회를 선택할 수 있는 자유가 있는 형편을 뜻한다. 이 역량은 같은 가구 구성원이라고 해도 다를 수 있다. '공간적 역량'이라는 개념도 역량이론의 장점처럼 수단이 아닌 궁극적인 목표가 무엇인지에 몰두한다(Alkire 2002; Nussbaum 2003). 본 논문은 공간적 역량 개념이 사회적 가치와 공간연구를 접목시키는 매개점이 될 것이라고 주장한다. 공간적 역량 확대라는 비판적 공간연구의 궁극적 지향점을 보여주는 것과 동시에, 공간의 생산화 이용에서 공간적 역량이 제한되는 다양한 층위의 권력을 밝힘으로써 사회적 가치의 정치적인 면을 되살려주는 역할을 할 것이다.

   본 연구에서는 비판적 공간연구, 특히 도시권에서 제시한 주제에 기반하여 세 가지 공간적 역량 영역을 살펴본다. 1) 장소 만들기(도시개발, 재개발, 도시재생, 마을만들기), 2) 공간이용(주거 공간, 노동 공간, 여가 공간 등), 3) 이동(일상 이동, 국내외 이주)에 있어서의 공간적 역량이다. 첫째, 장소 만들기 역량이란 장소 만들기에 참여한 참여자가 결정, 선택할 수 있는 실제 역량을 뜻한다(Shin 2011). 장소 만들기 역량을 강화시키는 것은 참여, 접근성, 민주주의와 같은 사회적 가치가 궁극적으로 이루고자 하는 목표이다. 주민 참여, 거버넌스 등을 통해 몸담은 공간을 생산하는 과정에 참여할 수 있는 자유를 가지는 것은 평등과 공유의 사회적 가치를 실현시켜서 가질 수 있는 일이기 때문이다. 둘째, 인간적인 환경을 갖춘 주거, 노동, 여가, 공공공간을 사용할 수 있는 자유를 뜻하는 공간적 역량이다. 최소한의 질을 갖춘 공간을 사용할 수 있는 것은 인간 삶의 질에서 핵심적이기 때문에, 도시에서 다양한 소수자들이 가지게 되는 주거 빈곤이 주요한 사회 문제로 거론되었다. 셋째, 일상 이동, 국내외 이주를 선택할 수 있는 공간적 역량이다. 이동은 그 자체로 긍정적이거나 부정적인 것은 아니지만, 가사일, 장애로 일상 이동을 제한받거나 반대로 저개발국가에서 국제 이주하도록 내몰리지 않게 보장받는 이동의 자유를 뜻한다. 다음 절은 세 가지 차원의 공간적 역량의 구체적 내용을 다룬다.

V 공간적 역량의 세 가지 영역

1. 장소 만들기 역량(Place-making capability)

첫 번째 공간생산 역량은 다양한 장소 만들기인데, 도시개발에 있어서 의사결정, 도시재생과 같은 도시발전 프로젝트에서 시민참여, 거버넌스의 사례를 포함한다. 주거와 이동을 선택할 수 있는 자유와 같이, 장소 만들기 역량은 자신이 속한 다양한 규모의 장소 생산, 구성, 재생산에서 선택할 수 있는 자유를 뜻한다.

장소 만들기 역량은 사회적 가치와 공간연구에 다음과 같은 역할과 기여를 한다. 첫째, 공동체의 공공성이 중심이 되는 장소 만들기는 지역 기반의 사회적 가치와 지속 가능한 장소 만들기를 보여준다. 이제껏 자본주의 도시개발에서는 공간의 사용가치가 아니라 교환가치를 중심으로 도시성장을 추구한 엘리트들(성장연합, 성장레짐)이 만든 도시와 장소에서 많은 불평등과 불공정을 낳았다. 사람이 자기가 속한 장소를 가꾸고 변화시키는 과정(Habarakada and Shin 2019)에 참여할 자유와 기회를 보장하는 것은 사회적 가치와 사회혁신에서 중심이 되는 지향점이자 인간개발이라는 큰 영역이다. 이 장소 만들기의 규모는 다양할 수 있다. 관여하려는 규모가 자기가 경험, 사용하는 규모를 벗어나더라도(예를 들어 지구의 환경문제) 그 공간의 장소 만들기에 관여하는 것이다.

권력이 없는 사람들에게 이 장소 만들기 역량을 제한하는 데는 지식의 역할이 결정적이다. 그 이유는, 사회의 근본적인 추진력이 되는 지식경제 사회에서 지식의 역할이 중요한데(Hall 2013), 장소 만들기에서 지식은 권력과 밀접히 연관되어 있기 때문이다(Hacking and Flynn 2017). 제도화된 전문가의 지식, 정부의 자료에 대한 접근성이 떨어지는 시민사회는 거버넌스에 참여하더라도 형식적인 수준에 그치기 쉽다(Shin 2016; Shin and Lee 2017). 하지만 동시에 지역에 기반한 지식, 지식 소통과 공유 또한 중요하기 때문에(Hess and Ostrom 2007; Kim et al. 2017), 지역주민의 장소 만들기 역량의 중요성은 더욱 강조된다.

둘째, 장소 만들기를 소수자 역량의 관점에서 보면 도시에 대한 권리, 도시개발에 있어서 사회정의 문제가 소수자를 고려한 장소 만들기 정치와 연관이 있다는 것이 설명된다. 여성, 장애인, 이주민, 성 소수자가 장소 만들기 의사결정에 참여하거나 장소를 점유하거나 장소의 정체성을 만들어 나가는 과정은 주민, 시민의 자율과 혁신 실천이다(김동완·신혜란 2016). 단순히 경제적인 이해관계와 권력관계에서 불이익을 비판하는 것을 넘어서서 장소 만들기는 스스로에게 힘을 주는 혁신이다.

사회적 가치 논의에서 자주 보이는 장소 만들기 사례는 리빙랩이다. 리빙랩이란 구체적인 문제 해결을 위한 프로젝트 방식으로 주민이 주도하는 사회혁신 운동이다. 유럽과 아시아 다른 나라에서 볼 수 있듯이 한국에서도 리빙랩(living lab) 방식이 시작되었다. 유럽에서 보여준 리빙랩의 특징은 온라인을 통한 개방형 플랫폼으로 다양한 이해당사자들이 모여 문제를 해결하고 사용자가 주도하는 점, 실험과 검증을 통한다는 점, 지역 기반 혁신이어서 지역 공동체에 기반은 둔다는 점, 지역의 기술과 지식인의 역할이 중요하다는 점이다(신상범 2020). 한국의 리빙랩은 유럽에 비해 정부 주도적이다. 중앙정부가 사회혁신 방법으로 리빙랩을 도입하고 부산, 김해와 같은 지자체와 한국토지주택공사 등 공공분야가 주도하고 있다(박준호 외 2019). 육아 친화적 스마트시티 리빙랩(강은진 외 2020), 시민참여형 스마트시티 리빙랩과 같은 사례들은 공통적으로 사용자 주도와 지역 혁신을 강조하고 있다.

2. 공간이용 역량(Place-use capability)

두 번째 공간적 역량은 공간을 이용하는 자유이다. 이 역량은 주거 공간을 확보하는 것과 적당하고 인간적인 일터를 보장받는 것을 포함한다. 사회적 가치에서 서민주거 안정(이호진·고성수 2020) 논의가 이 주제에 해당한다. 부동산 가격을 대다수 거주민이 감당할 수 없게 된 많은 대도시에서 이 공간이용 역량은 상당히 제한적이고 사회에서 기본 주거권, 평등, 복지와 같은 사회적 가치가 훼손되는 현상이 만연했다. 도시의 주택은 자본주의 위기를 지연하는 역할과 함께 경제위기의 진원지가 되었다(곽노완 2012). 코로나 19 상황에서 많은 사람이 재택근무를 하게 되면서 근무시설을 갖춘 주거공간에 관한 관심과 문제가 불거졌다(Shin 2021).

이 공간이용 역량 개념을 묻는 질문에는 모두를 위하는 공공장소가 실제로 누가 사용하고 누가 그 공간을 점유하고 대표하는가의 비판에서 시작되고, 화장실 공간이 마련되어 있는가 문제부터 시작해서, 안전한 공간이 되어 있는가, 심리적으로 불편하지 않도록 접근성이 보장되는가, 동성애자가 자유롭게 자신을 표현할 곳이 있는가 등의 문제에까지 이른다. 식민지 근대의 여성공간(태혜숙 외 2004), 여성공간에 대한 이론적 접근(이현재 2012), 여성 청소노동자의 공간(안숙영 2012) 등이 여성 공간에 대한 이해를 높이는 데 기여를 했다. 장애인을 배려하지 않는 도시공간을 비판하면서 여러 가지 시설이 생기고, 모유수유의 장소를 공공장소에 설치하는 식의 실천이 생기는 것도 이 장소가 누구를 위한 곳인가 성찰이 일어난 것의 결과이다. 최근 몇 년간 여성주의 지리학과 여성학에서 떠오른 퀴어공간 주제도 정체성으로 인해 제한받는 공간이용 역량에 관한 것이다.

3. 이동 역량(Mobility capability)

세 번째 이동 역량은 일상 이동, 국내 이동, 국제 이동에서 의사에 반해 이동을 해야만 하는 경우와 이동을 하고 싶지만 못한 상황으로부터 자유를 뜻한다. 2000년대 들어서 이동 연구에서 이동 자체가 아니라 이동할 수 있는 역량, 가능성, 자유로 주의를 돌리고 있다(Kaufmann 2002; Shin 2011: 2356). 이동을 할 수 있는데 안 하기로 선택한 것과 이동을 선택할 수 있는 자유가 애당초 없는 것은 차이가 크기 때문이다.

특히 젠더화된 이동 연구(Morin 2007; Secor 2002, 2004)에서 많은 관심을 쏟았다. 여성이 일상생활에서 보육과 가사노동을 떠맡고 있어서 직장, 어린이집, 집, 반찬가게로 다녀야 한다면, 일어난 이동에도 불구하고 공간적 역량은 제한되어 있는 것으로 본다(Guelk and Morin 2007). 이민자 여성, 어린이, 노인 및 아픈 사람들을 돌보는 여성들의 이동 역량은 제한된 경우가 많다(Robeyns 2003; Uteng 2009). 그 전에 학문 영역에서 무시되었던 일상 이동은 시간 지리학에서 중요한 주제로 떠오르며, 여성의 시공간 이용은 지역사회의 보육시설, 노동시간 조건, 가정 내 젠더 관계에 따라 달라진다는 것이 밝혀졌다. 미국 교외 지역 중산층 가정이 교외로 이주한 후 여성들의 시공간 이용은 그들이 담당한 집안일, 가사도우미 존재 여부에 따라 차이를 나타냈다(로즈 2011). 또한 많은 중산층이 교외로 이사하자 차가 없는 가사도우미들이 일하러 갈 수 없어, 중산층 주부들은 가사일에 매여 외출할 자유를 더 제한당했고 당시 위생 기준이 더 강화되자 여성들은 더욱 가사에 매진하게 되었다. 이처럼 이동성과 일상 문화의 관계에 관한 연구가 발전하였다(McEvoy et al. 2012).

이동에는 사회적, 정치적으로 형성된 국제 이주와 다문화가 가져오는 공간의 역동성 또한 중요하다(정현주 2018; Silvey 2000, 2004). 가령, 여성이 이주를 하긴 하나 그 여성의 결정권은 매우 제한되어 있었다면 이동 '할 수 있는 선택을 할 자유'의 측면에서, 이주라는 functioning은 이루어졌지만 공간적 역량은 제한되어 있다고 본다. 자국에서 찾기 힘든 돈 벌 기회를 위해 이주를 하거나, 가사노동과 돌봄의 지구화로 전 지구적으로 젠더화된 노동 분업(김현미 2008)은 여성들의 국제 이주를 촉진시켰는데,

그 노동 이주와 결혼 이주 여성 같은 경우는 이동 역량이 제한된 경우일 것이다. 가족 단위로 하는 국제 이주 결정을 할 때 여성들은 배제되는 경우도 그렇다. 자유로워 보이는 이동도 승진, 생존, 자기 스펙을 쌓기 위해서 가는 경우가 많아서 그런 사회적인 압박 속에서 이루어진 경우가 많을 것이다.

앞선 장소 만들기와 공간이용 역량은 어느 정도 그것이 보장되는 것이 긍정적인 데 반해, 이동 자체는 긍정적이거나 부정적이지 않다. 다만 하려는 의지가 있을 때 그 자유를 누릴 만큼 자원이 공평하게 나누어져 있는가의 문제이다. 공간적 역량 관점은 이동이 사회뿐 아니라 가정 내 권력관계와 밀접하게 관계있고, 또 이동이 권력관계를 재구성한다는 것을 잘 보여준다. 또한, 실천적 과제를 이끌어낼 수 있다.

VI   결론: 공간적 역량의 학술적, 정책적 함의

본 장은 사회적 가치 논의와 비판적 공간연구가 공통적으로 자본주의에 대한 비판과 성찰에서 시작되었고 대안을 내려고 했음을 밝히며 둘을 접목하는 이론화를 시도했다. 궁극적인 목적은 인간역량 확장이며, 사회적 가치 논의와 역량이론에서 부족한 공간적 측면을 발전시켜 '공간적 역량' 개념을 제안했다. 사회적 가치와 역량 개념은 비판적 공간연구의 지향점을 밝혀주고, 사회혁신 개념은 방법론의 유연함과 창조성을 가져다준다. 이 연구에서 중점을 두는 공간적 역량은 다음 세 가지이다. 유한한 공간의 쓰임새를 결정하고 장소의 특정한 성격을 형성하는 장소 만들기 역량, 공간을 이용하는 역량, 공간을 가로지르면서 이동할 수 있는 역량, 즉 그렇게 할 수 있는 자유는 개인과 집단의 삶과 사회구조에서 확보하고 발전시켜야 할 주요 역량이다.

이 글의 학술적 기여는 사회적 가치에서 장소 만들기, 공간이용, 이동을 좌지우지할 수 있는 역량이 평등, 공정, 공유에서 주요한 주제임을 여러 경험 연구에서 확인하고 '공간적 역량'을 사회적 가치와 공간연구의 연결고리로 제안한 것이다. 공간적 역량 개념을 도입함으로써 사회적 가치 논의의 공간적 측면을 발전시키고 비판적 공간연구의 지향점을 뚜렷이 하는 데 기여한 것이다. 향후 연구에서 공간적 역량 개념이 정교화, 구체화되거나 다른 개념을 통해 공간연구와 사회적 가치를 연결시킬 수 있을 것이다. 이 연결의 정책적 함의는 뚜렷하다. 정책 분야에서도 공간적 역량이 주요한 요소로 고찰되면 지역 문제와 공간, 장소를 통해 나타나는 사회적 문제에 접근이 용이하게 되고 기술적인 면이 아니라 그 장소 만들기와 공간이용에서 인간의 자유가 보장받는가 하는 본질적인 목적을 잊지 않게 하는 역할을 할 것이다.

<참고문헌>

강은진·황명화·박진아·조혜주. 2020. "육아친화적 스마트시티의 개념과 리빙 랩 활용 방안".『한국도시지리학회지』, 제23권 제3호, 21-34.

강현수. 2021.『도시에 대한 권리 - 도시의 주인은 누구인가』. 서울: 책세상문고.

고동현·이재열·문명선·한솔. 2016.『사회적 경제와 사회적 가치: 자본주의의 오래된 미래』. 파주: 한울아카데미.

곽노완. 2012. "도시토지공유와 주거평등권의 비전".『마르크스주의 연구』, 제9 권 제3호, 238-265.

권청재. 2019.『국책연구기관 사회적 가치 평가 개선방안』. 충북대학교 국제개 발연구소, 사회적경제와 정책연구, 2019. 2, 12.

김경동. 2019.『사회적 가치: 문명론적 성찰과 비전』. 파주: 푸른사상사.

김동완·신혜란. 2016. "대항품행 그리고 성미산 스타일: 발전주의 도시화를 넘 어".『경제와 사회』, 제111권, 174-204.

김동헌. 2018.『성공하는 사회적 기업가는 어떻게 혁신하는가: 혁신으로 사회 적 가치와 올바른 성공을 이룬 사회적 기업 36』.

김수현. 1997. "한국 공공임대주택 정책의 전개과정과 성격".『공간과 사회』, 제9권, 270-277.

김용창. 2019. "자본주의 사적 토지소유의 역사적 한계와 대안적 토지재산권의 구성".『국토계획』, 제54권 제2호, 141-159.

김용창. 2021. "부동산 불로소득 자본주의 체제와 탈취에 바탕을 둔 축적의 특 성".『마르크스주의 연구』, 제18권 제3호, 41-83.

김용회·한창근. 2020. "사회적 가치이슈를 다룬 언론기사의 의미연결망 분석: 2006년부터 2019년까지 국내 중앙지 언론보도를 중심으로".『한국사회복 지학』, 제72권 제2호, 201-229.

김의영·미우라. 2020. "지역기반 시민정치교육을 통한 대안적 지식 창출: 성 격, 한계, 과제에 관한 탐색적 연구".『한국정치연구』 제29권 제1호, 163-196.

김태영·정효정·정원희·송성수. 2019. 『사회적 가치 이해와 평가』. 국가공무원인재개발원 연구개발센터.

김현미. 2008. "페미니스트 지리학". 『여/성이론』, 제19권, 276-293.

깁슨-그레엄(엄은희, 이현재 옮김). 2013. 제2장 "자본주의와 반본질주의, 그 모순적 만남" 『그 따위 자본주의는 벌써 끝났다 -여성주의 정치경제비판』 알트. (Gibson-Graham, J. K., 1996, The End of Capitalism(as we knew it), Malden, Oxford: Blackwell.)

라영재. 2020. "공공기관 사회적 가치 평가지표의 변화와 영향 분석". 『한국부패학회보』, 제25권 제4호, 171-194.

린다 맥도웰(여성과 공간 연구회 옮김). 2010. 제7장 "국민국가를 젠더화하기" 『젠더, 정체성, 장소: 페미니스트 지리학의 이해』 파주: 한울아카데미. (McDowell, L. 1999. Gender, identity and place: Understanding feminist geographies. Univ. of Minnesota Press.)

미우라 히로키·김의영. 2020. 시민정치연감 2020: 지역기반교육의 이론과 실천, 서울: 푸른길.

박명규(박명규·이재열 엮음). 2018. 제1장 "사회적 가치의 다차원적 구조" 『사회적 가치와 사회혁신: 지속가능한 상생공동체를 위하여』. 파주: 한울 아카데미.

박배균. 2009. "한국에서 토건국가 출현의 배경: 정치적 영역화가 토건지향성에 미친 영향에 대한 시론적 연구". 『공간과 사회』, 제31권, 49-87.

박세훈. 2015. "마을만들기 중간지원조직 운영특성 연구: 정부-시민사회 관계의 관점에서". 『도시행정학보』, 제28권, 3호, 75-104.

박승규. 2009. 『일상의 지리학』, 서울: 책세상.

박인권. 2015. "포용도시: 개념과 한국의 경험". 『공간과 사회』, 제25권 제1호, 95-139.

박준호·박정우·남광우. 2019. "시민참여형 스마트시티 리빙랩 활성화 방안 연구". 『지역연구』, 제35권 제3호, 33-44.

변창흠. 2006. "지속가능성 기준으로 본 대규모 국책개발사업의 평가". 『공간과 사회』, 제26권, 120 – 153.

손정원. 2006. "개발국가의 공간적 차원에 관한 연구~1970년대 한국의 경험을 사례로".『공간과 사회』, 제25권, 41 – 79.

신상범. 2020. "기후위기와 도시의 대응: 리빙랩 사례".『철학과 현실』, 제127 호, 127 – 143.

신수임. 2020. "공유재로서의 사회주택을 위한 공공성 개념 고찰".『공간과 사회』, 제73권 제1호, 209 – 239.

신혜란. 2017. "이동통치와 불안계급의 공간전략".『공간과 사회』, 제27권 제4 호, 9 – 35.

안숙영. 2012. "글로벌, 로컬 그리고 젠더". 『여성학연구』, 제22권 제2호, 7 – 32.

안숙영. 2012. "젠더와 공간의 생산".『여성학연구』, 제22권 제3호, 89 – 112.

염찬희 · 엄은희 · 이선옥. 2010. 『협동조합과 지역사회: 생협운동을 중심으로』. (재)아이쿱협동조합연구소(2010).

오도영 · 박준 · 김혜승. 2015. "영국 주거복지정책의 변화: 2010년 이후 심화된 신자유주의적 변화를 중심으로".『공간과 사회』, 제52권, 227 – 266.

우명숙 · 이나영. 2013. "'조선족' 기혼여성의 초국적 이주와 생애과정 변동".『한 국사회학』, 제47권 제5호, 139 – 169.

원구환. 2019. "지방공공기관의 사회적 가치 실현을 위한 제도적 방안".『한국 지방공기업학회보』, 제15권 제2호, 1 – 22.

이덕복. 1993. "불량주거지역 재개발사업의 정당성 문제".『환경논총』, 제31권, 282 – 297.

이상우. 2020. "지역자활센터의 사회적 가치 창출에 관한 연구".『공공정책연 구』, 제37권 제1호, 55 – 86.

이상헌. 2013. "자연중심기술과 환경철학의 새로운 관점 모색".『환경철학』, 제 15권 제15호, 145 – 171.

이석희, 김수현. 2014. "한국 주택체제의 성격과 변화: 동아시아 발전주의 국가 의 특성을 중심으로".『공간과 사회』, 제48권, 5 – 37.

이승원·이명신·김소연·장훈교·심은정. 2017. 『사회혁신 교육 설계 및 협업 방안 연구』. 경희대학교 공공대학원, 서울시NPO지원센터, 사회혁신리서치랩.

이영아. 2019. "우리나라 도시재생 논의에 대한 비판적 분석: 2013~2018년 도시재생 관련 연구 동향 분석". 『공간과 사회』, 제69권, 192 – 232.

이재열. 2019. "시대적 전환과 공공성, 그리고 사회적 가치". 『한국행정연구』, 제 28권 제3호, 1 – 33.

이현재. 2012. "여성 "공간"을 어떻게 이해할 것인가?". 『젠더와 문화』, 제 5권 제1호, 41 – 69호.

이호진·고성수. 2020. "정책모기지의 공급효과와 사회적 가치 제고 방안". 『부동산학연구』, 제26권 제1호, 65 – 78.

임조순·양준호. 2017. "정치경제학적 도시연구의 동향에 관한 지식사회학적 고찰 – 맑스주의 그리고 제도주의적 도시론의 과거와 현재". 『인천학연구』, 제1권 제26호, 7 – 67.

장용석·조희진·김보경·황정윤·이영동. 2018. 『사회적 가치의 재구성: 대한민국 사회문제 지도로 사회적 기업의 미래를 그리다』. 고양: 문우사.

정서화. 2017. "사회혁신의 이론적 고찰: 개념의 유형화와 함의". 『기술혁신학회지』, 제20권 제4호, 888 – 914.

정인숙. 2019. "방송정책의 '사회적 가치' 구현에 대한 평가". 『사회적경제와 정책연구』, 제9권 제4호, 203 – 230.

정철. 2019. "사회적 가치 창출과 건설산업의 미래". 『대한토목학회지』, 제67권 제10호, 16 – 17.

정현주. 2012. "이주여성들의 역설적 공간". 『젠더와 문화』, 제5권 제1호, 105 – 144.

정현주. 2018. "초국적 이주와 다문화의 공간적 변증법". 『공간과 사회』, 제266권 제4호, 264 – 272.

조명래. 2016. 『공간으로 사회 읽기 – 개념, 쟁점과 대안』. 파주: 한울아카데미.

주성재·노경란. 2018. "사회적 경제에 관한 경제지리학의 연구 주제". 『한국경제지리학회지』, 제21권 제2호, 173-191.

진종헌. 2017. "포용적 국토발전을 위한 국토기본법 개정방향".『대한지리학회지』, 제52권 제6호, 683-699.

질리언 로즈 (정현주 옮김), 2011. 제2장 여성과 일상공간,『페미니즘과 지리학 - 지리학적 지식의 한계』 파주: 한길사. (Rose, G. 1993. Feminism & geography: The limits of geographical knowledge. Cambridge, Polity Press)

최병두. 2009. 『도시 공간의 미로 속에서』. 파주: 한울아카데미.

최병두. 2018a. "도시적 소외와 정의로운 도시".『한국지역지리학회지』, 제22권 제3호, 576-598.

최병두. 2018b. "르페브르의 일상생활 비판과 도시·공간적 소외".『대한지리학회지』, 제53권 제2호, 149-172.

태혜숙·김연숙·김윤선·문영희·이경·이윤미·이은경·임옥희·임우경·정미옥·정혜영. 2004.『한국의 식민지 근대와 여성공간』. 서울: 도서출판 여이연.

한상진. 2019. "공동자산의 사회적 가치 평가 시론".『환경사회학연구』, 제23권 제2호, 43-65.

홍기창·김천권. 2012. "성장기제론 관점에서 바라본 한국의 지역개발에 관한 이론적 고찰".『한국지역개발학회 세미나 논문집』, 1-17.

황진태·정현주. 2015. "페미니스트 공간연구에 다중스케일적 접근 접목하기: 여성운동연구를 중심으로".『대한지리학회지』, 제50권 제1호, 123-139.

Alkire, S. 2002. *Valuing Freedoms: Sen's Capability Approach and Poverty Reduction.* Oxford, UK: Oxford University Press.

Auerswald, P. E. 2009. "Creating social value." *Stanford Social Innovation Review* (Spring 2009).

Beck, U. and E. Beck-Gernsheim. 2014. *Distant Love: Personal Life in the Global Age* (R. Livingstone, Trans.). Cambridge, U.K.: Polity,

1－19. (Original work published 2011)

Capriati, M. 2013. "Capabilities, freedoms and innovation: exploring connections." *Innovation and Development.* Vol. 3, No. 1, 1－17.

Certo, S. T. and Miller, T. 2008. "Social entrepreneurship: Key issues and concepts." *Business Horizons.* Vol. 51, No. 4, 267－271.

Chatterton, P. 2016. "Building transitions to post－capitalist urban commons." *Transactions of the Institute of British Geographers,* Vol. 41, No. 4, 403－415.

Chatterton, P. and A. Pusey. 2020. "Beyond capitalist enclosure, commodification and alienation: Postcapitalist praxis as commons, social production and useful doing." *Progress in Human Geography.* Vol. 44, No. 1, 27－48.

Chiappero－Martinetti, E., C. H. Budd, and R. Ziegler. 2017. "Social innovation and the capability approach—Introduction to the Special Issue." *Journal of Human Development and Capabilities.* Vol. 18. No. 2, 141－147.

Corbridge, S. 2002. "Development as freedom: the spaces of Amartya Sen." *Progress in Development Studies.* Vol. 2, No. 3, 183－217.

Deneulin, S. 2014. *Creating more just cities: The right to the city and capability approach combined* No. 32). Bath Papers in International Development and Wellbeing.

Dixon, D. P., & Marston, S. A. (2011). Introduction: Feminist engagements with geopolitics.Gender, *Place & Culture,* 18(4), 445－453.

Donaghy, G. 2013. "Canadian diplomacy and the offshore islands crisis, 1954-1955: A limited national interest." *International Journal: Canada's Journal of Global Policy Analysis,* Vol. 68, No. 2, 242－254.

Elster, J. 1983. *Sour Grapes: Studies in the Subversion of Rationality.*

Cambridge: Cambridge University Press.

Fainstein, S.S., 2014. The just city. *International journal of urban Sciences,* 18(1), 1−18.

Follet, C. and I. E.Ianko. 2015. *Understanding social value creation: A process study of Romanian beggars and Swedish volunteers.* Master Thesis Business Administration, Uppsala University Campus Gotland.

Gregory, D. 1986. Spatial strucutre, In R. J. Johnston et al. (eds.), *The Dictionary of Human Geography,* second edition, Oxford: Blackwell.

Gregory, D. 2004. *The colonial present.* 18−19. Victoria: Blackwell Publishing.

Guelke, J. K. and K. Morin, 2007. "Missionary Women in Early America: Prospects for a Feminist Geography." In Morin, Karen M.and Jeanne Kay Guelke (eds.) *Women, Relgion, and Space: Global Perspectives on Gender and Faith.* New York: Syracuse University Press.

Habarakada, S. and HR. Shin. 2019. "Transnational Religious Place−Making: Sri Lankan Migrants' Physical and Virtual Buddhist Places in South Korea." *Space and Culture.* Vol. 22, No. 4, 474−488.

Hacking, N. and A. Flynn. 2017. "Networks, power and knowledge in the planning system: A case study of energy from waste." *Progress in Planning,* Vol. 113, 1−37.

Hall, B.L., 2013. "Knowledge, democracy and action: An introduction." In Hall, B. L., Jackson, E. T., Tandon, R., Fontan, J. M., & Lall, N. L. (eds.) *Knowledge, Democracy and Action: Community − University Research Partnerships.* Manchester: Manchester University Press. 3−16.

Hanson, S. and G. Pratt. 1995. *Gender, Work, and Space.* London; New York: Routledge.

Harvey, D. 2012. *The right to the city. In The Urban Sociology Reader* 443−446. Routledge.

Harvey, D. 2018. *A companion to Marx's Capital: The complete edition.* Verso Books.

Hess, C. and E. Ostrom. 2007. *Understanding Knowledge as a Commons: From Theory to Practice.* MA: Cambeidge. the MIT Press.

Kato, S., Ashley, S. R., & Weaver, R. L. 2018. "Insights for measuring social value: Classification of measures related to the capabilities approach." *VOLUNTAS: International Journal of Voluntary and Nonprofit Organizations.* Vol. 29, No. 3, 558−573.

Kaufmann, V. 2002. *Re−thinking Mobility* (No. BOOK). Ashgate.

Kim, K., HR. Shin, M. Kim, and J. Y. Jang. 2017. "Knowledge communication and non−communication in the water governance of the Saemangeum area, South Korea." *Journal of Cleaner Production.* Vol. 156, 796−804.

Kronlid, D., 2008. Mobility as capability. Uteng, TP & Cresswell, T.(eds) Gendered Mobilities, 5-34.

Law, R. 1999. "Beyond 'women and transport': towards new geographies of gender and daily mobility." *Progress in Human Geography.* 23: 567−588.

Lefebvre H. 2009. *State Space, World: Selected Essays* Brenner N and Elden S (eds) Minneapolis: University of Minnesota Press.

Lindgreen, A., N. Koenig−Lewis, M. Kitchener, J. D. Brewer, M. H. Moore, and T. Meynhardt. 2019. Public Value: *Deepening, Enriching, and Broadening the Theory and Practice.* New York, NY: Routledge.

Longhurst, R. 2002. "Geography and gender: a 'critical' time?". *Progress in Human Geography,* Vol. 26, No. 4, 544−552.

Mcevoy, Jamie; Peggy Petrzelka, Claudia Radel and BirgitSchmook. 2012.

"Gendered Mobility and Morality in aSouth—Eastern Mexican Community: Impacts of Male LaborMigration on the Women Left Behind." Mobilities 7 (3): 369—388.

Mackenzie, S. and D. Rose. 1983. Industrial chang, the domestic economy and home life. In. Anderson, J. et al. (eds) *Redundant Spaces in Cities and Regions? Studies in Industrial Decline and Social Change,* London, Academic Press, 155—200.

Massey, D. 1990. Space, Place, and Gender. University of Minnesota Press Minneapolis.

McDowell, L. 1993. "Space, place and gender relations: Part I. Feminist empiricism and the geography of social relations." *Progress in Human Geography* Vol. 17 No. 2, 157—179.

McDowell, L. 1999. *Gender, identity and place: Understanding feminist geographies.* U of Minnesota Press, 1999.

McKenzie, J. 2001. *Perform or Else: From Discipline to Performance.* London, GBR: Routledge.

McKittrick, K. 2006. *Demonic Grounds: Black Women and the Cartographies of Struggle.* Minneapolis, MN: University of Minnesota Press, 92.

Monk, J. and S. Hanson. 1982. "On not excluding half of the human in human geography." *The Professional Geographer,* Vol. 34, No. 1, 11—23.

Moore, M. 2013. *Recognizing Public Value.* Cambridge, MA: Harvard University Press.

Moss, P. 2007 *Feminisms in Geography: Rethinking Space, Place, and Knowledges.* Rowman & Littlefield Publishers.

Mulgan, G. 2012. "Social innovation theories: Can theory catch up with practice?" In Franz, HW. J. Hochgerner, and J. Howaldt. (eds)

Challenge Social Innovation. Springer, Berlin, 19−42.

Mulgan, G., S. Tucker, R. Ali, and B. Sanders. 2007. *Social innovation: What It Is, Why It Matters and How It Can Be Accelerated.* Oxford Said Business School.

Nussbaum, M. 2000. *Women and Human Development.* Cambridge: Cambridge University Press.

Nussbaum, M. 2003. "Capabilities as fundamental entitlements: Sen and social justice." *Feminist Economics,* 9(2/3), 33−59.

Parnell, S. and J. Robinson. 2012. "(Re)theorizing cities from the global south: Looking beyond neoliberalism." *Urban Geography,* Vol. 33, No. 4, 593−617.

Robeyns, I. 2003. "Sen's Capability Approach and Gender Inequality: Selecting Relevant Capabilities." *Feminist Economics.* Vol. 9, No. 2−3, 61−92.

Rose, G. 1993. *Feminism & Geography: The Limits of Geographical Knowledge.* Minneapolis, MN: University of Minnesota Press.

Scarlato, M. 2013. "Social enterprise, capabilities and development paradigms: Lessons from Ecuador." *The Journal of Development Studies.* Vol. 49, No. 9, 1270−1283.

Schmalzbauer, L. 2008. "Family Divided: the Class Formation of Honduran Transnational Families." *Global Networks−a Journal of Transnational Affairs.* Vol. 8, No. 3, 329−346.

Schmid, B. and T. SJ Smith. 2021. "Social transformation and postcapitalist possibility: Emerging dialogues between practice theory and diverse economies." *Progress in Human Geography.* Vol. 45, No. 2, 253−275.

Scholten, C., T. Friberg, and A. Sandén. 2012. "Re-Reading Time-Geography from a Gender Perspective: Examples from Gendered mobility."

Tijdschrift voor economische en sociale geografie, 103(5), 584–600.

Schumpeter, J. 1909. "On the Concept of Social Value." *The Quarterly Journal of Economics.* Vol. 23, No. 2, 213–32.

Seager, J. and L. Nelson. (Eds.). 2004. *Companion to Feminist Geography.* Williston, VT, USA: Blackwell Publishing.

Secor, A. 2002. "The Veil and Urban Space in Istanbul: Women's Dress, Mobility and Islamic Knowledge." *Gender, Place and Culture.* Vol. 9, 5–22.

Secor, A. 2004. "There is an Istanbul that belongs to me: citizenship, space, and identity in the city." *Annals of the Association of American Geographers.* 94: 352–68.

Sen, A. 1992. *Inequality Reexamined.* Cambridge, MA: Harvard University Press.

Sen, A. 1999. *Development as Freedom.* New York: Anchor Books.

Sen, A. 2002. *Rationality and Freedom.* Cambridge, MA: Harvard University Press.

Shin, H. 2011. "Spatial Capability for Understanding Gendered Mobility for Korean Christian Immigrant Women in Los Angeles," *Urban Studies.* Vol.48, No. 11, 2355–2373.

Shin, H. 2016. "Re–making a place–of–memory: The competition between representativeness and place–making knowledge in Gwangju, South Korea." *Urban Studies,* Vol.53, No. 16, 3566–3583.

Shin, H. 2021. "Governing the city through im/mobilities during COVID–19-technological self–governance." *Eurasian Geography and Economics,* 1–15.

Shin, H. and K. Lee. 2017. "Participatory governance and trans–sectoral mobilities: The new dynamics of adaptive preferences in the case of transport planning in Seoul, South Korea." *Cities,* Vol. 65, 87–93.

Shin, H. and Q. Stevens. 2014. "Debates around Cultural Re-imaging and Culture-led Urban Regeneration: The Politics of two Festivals in Gwangju and Glasgow." *Asian Journal of Social Science.* Vol. 41, No. 6, 628-652.

Silvey, R. (2000) Stigmatized spaces: gender and mobility under crisis in South Sulawesi, Indonesia, *Gender, Place, and Culture,* 7(2), 143-161.

Silvey, R. (2004) Power, difference and mobility: feminist advances in migration studies, *Progress in Human Geography,* 28(4), 490-506

Sonn, J. W. and H. B. Shin. 2020."Contextualizing accumulation by dispossession: The state and high-rise apartment clusters in Gangnam, Seoul." *Annals of the American Association of Geographers,* Vol. 110, No. 3, 864-881.

The Young Foundation (2012) Social Innovation Overview: A deliverable of the project: "Thetheoretical, empirical and policy foundations for building social innovation in Europe" (TEPSIE), European Commission - 7th Framework Programme, Brussels: European Commission, DG Research

Tiwari, M. 2017. "Exploring the role of the capability approach in social innovation." *Journal of Human Development and Capabilities.* 18, no. 2: 181-196.

Uteng, T. P. 2009. "Gender, ethnicity, and constrained mobility: Insights into the resultant social exclusion." *Environment and Planning* A. Vol. 41, No. 5, 1055-1071.

Warf, B. 2010. *Encyclopedia of Geography Critical Human Geography.* University British Columbia-vancouve.

Weaver, R. L. 2018. "Re-conceptualizing social value: applying the capability approach in social enterprise research." *Journal of Social*

Entrepreneurship. Vol. 9, No. 2, 79−93.

Wieland, J. 2017. *Creating Shared Value: Concepts, Experience, Criticism.* Cham, Switzerland: Springer.

Yeoh, B. SA, S. Huang, and T. Lam. 2005. "Transnationalizing the 'Asian' Family: Imaginaries, Intimacies and Strategic Intents." *Global Networks−a Journal of Transnational Affairs.* Vol. 5, No. 4, 307−315.

Ziegler, R. 2010. "Innovations in doing and being: capability innovations at the intersection of Schumpeterian political economy and human development." *Journal of Social Entrepreneurship.* Vol. 1, No. 2, 255−272.

CHAPTER 07

사회적 가치 추구는 어떠한 가치의 반영인가?

07 사회적 가치 추구는 어떠한 가치의 반영인가?

최인철(서울대학교 심리학과 교수)
구자일(서울대학교 심리학과 박사과정 수료)

I 서론

ESG로 상징되는 사회적 가치(Social Value)가 우리 사회의 큰 화두가 되었다. 사회적 가치 실현에 목적을 둔 법안들(예, 사회적 가치 기본법, 사회적 경제 기본법)이 꾸준히 발의되고 있으며, 정부는 공공기관 경영평가 시 사회적 가치지표(Social Value Index, SVI)를 활용하는 것을 제도화하였다. 민간 기업들 역시 사회적 가치를 실현하기 위한 다양한 시도를 하고 있다. 예를 들어, SK 그룹은 사회적 기업의 설립 지원 및 사회적 가치 제고 프로그램을 운영하였으며, 2020년 기준으로 10조 원이 넘은 사회적 가치를 창출한 것으로 알려졌다(강경민 2021). 이런 사회적 추이를 반영하듯, 사회적 가치를 다룬 신문 기사의 수는 2011~2015년 1,682건에서 2016~2019년 6,263건으로 크게 증가하였다(김용회·한창근 2020). 이러한 사회의 흐름에 발맞추어, 법학, 사회학, 정책학, 정치학, 행정학 등 다양한 학문 분야에서도 사회적 가치를 주제로 한 학술대회를 개최하는 등 사회적 가치에 관한 연구를 활발히 진행 중이다.

이처럼, 정치·경제·언론 및 학계 등 여러 분야에 걸쳐 사회적 가치에 관한 관심은 계속 증대되고 있음에도 불구하고, 지금까지 실시된 사회적 가치에 관한 논의 및 연구들은 몇 가지 한계점을 지닌다.

첫째, 지금까지 실시된 사회적 가치 관련 문헌들을 대부분 사회적 가치에 대한 개념적 고찰, 법적·행정적 쟁점, 운영 방안, 그리고 측정 방안 등 만을 주로 다루어왔다. 그러나 다양한 연구적·실천적 함의에도 불구하고, 기존 연구들은 대부분 사회적 가치를 분석하는 '전문가들의 견해'로 제한되어 있다는 한계가 있다. 다시 말해, 사회적 가치 정책의 대상이자 핵심 주체인 '일반 사람들의 인식'에 관한 연구는 놀라울 정도로 미비한 실정이다. 비록 일부 연구들이 사회적 가치에 관한 사람들의 인식을 확인하기는 하였으나(예, 김은희·이용재 2017), 심리학적인 이론과 방법론을 바탕으로 정교하게 실시된 연구는 드물다. 제도 및 정책이 효과적으로 시행되기 위해서는 일반 국민들의 지지가 반드시 뒷받침되어야 한다는 점을 고려하면, 사회적 가치에 관한 사람들의 인식을 알아보고, 이와 관련한 인구통계학적·심리적 요인을 검증하는 것은 매우 중요하다.

둘째, 사회적 가치의 개념에 대한 합의가 이루어지지 않은 채로 연구 및 논의들이 진행됐다. 지금까지 논의된 사회적 가치의 개념을 살펴보면, 사회적 가치는 크게 두 가지의 특성을 가진 것으로 보인다. 먼저, 사회적 가치는 화폐적 가치만으로 판단할 수 없는 다양한 비화폐적 가치를 포함하는 '비화폐성'을 핵심 특징으로 갖는다(예, Mulgan 2010). 이러한 관점에서는 사회적 가치 정책은 사회에 미치는 비재무적 영향에 초점을 두며, 그 영역에는 공동체의 웰빙(well-being; Brickson 2007; Mulgan 2010) 및 사회문제 해결(예, 라준영·김수진·박성훈 2018; Dohrmann, Raith, & Siebold 2015) 등이 포함된다. 사회적 가치의 또 하나의 핵심 특성은 사회적 약자에 대한 배려를 포함하는 '공공성'이다(예, 남궁근 2019; Kee 2020). 즉, 사회적 가치 정책은 사회 내의 여러 공익(common good)을 증가시키는 활동으로 정의되며(Murphy & Coombes 2009; Whitman 2009), 특히 사회적 약자의 웰빙을 향상시키는 것으로 개념화되기도 한다(Kroeger & Weber 2014; Martin & Osberg 2007). 학술지에 게재된 사회적 가치 관련 문헌(249건)의 공통적인 주요어가 공동체(community)라는 것이 최근 밝혀지기도 했다(Kee 2020). 그러나 이러한 혼재된 사회적 가치의 개념은 사회적 가치의 객관적 측정을 어렵게 할 뿐만 아니라, 사람들로 하여금 사회적 가치에 관한 혼란과 오해를 일으키고, 궁극적으로는 사회적 가치에 대한 태도에도 부정적 영향을 미칠 가능성이 있다. 공공성을 띠고 있다면 화폐적 가치, 즉 경제적 가치 실현도 사회적 가치라고 볼 수 있는 것인지, 아니면 오직 비화폐적 가치만이 사회적 가치인지가 특히 불분명하다. 이로 인해, 공공기관 내에서 사회적 가치의 개념 혼란이 가중되고 있거나(김정우 2018), 사회적 가치가 사회주의적 가치로 확대 해석된다는 지적이 일고 있다(이종재 2020). 따라서 일반 사람들이 사회적 가치를 어떠한 관점으로 바라보고 있는가, 즉 어떠한 개념적 정의에 부합되게 바라보고 있는가를 확인할 필요가 있다.

본 연구에서는 '사회적 가치 추구는 어떠한 가치의 반영인가?'라는 매우 기본적인 문제 제기에 대한 답을 탐색하고자 한다. 세부적으로, 본 연구에서는 '전문가'들의 견해가 아닌 '일반 사람들'의 인식을 알아보는 데 초점을 두며, 특히 사회적 가치의 개념적 정의 중 하나인 '비화폐성'의 특성에 대해 '일반 사람들'이 어떻게 인식하고 있으며 이러한 인식이 사회적 가치에 대한 태도에 어떠한 영향을 미치는가를 검증하고자 한다.

연구문제1: 사람들은 사회적 가치와 경제적 가치의 관계를 어떻게 인식하는가? 상생 관계인가 아니면 상충 관계인가?

앞서 언급한 바와 같이, 비화폐성이 사회적 가치의 주요한 특성으로 전문가들로부터 인식되고 있지만, 사회적 가치가 화폐성을 나타내는 경제적 가치(Economic Value)와 어떠한 관계를 맺고 있는가에 대해서는 제대로 논의된 바가 없다. 예를 들어, SK 그룹은 사회적 가치와 경제적 가치를 구분하고, 두 가지 가치를 동시에 추구하는 방식을 'DBL(Double Bottom Line) 추구'라고 부르면서 사회적 가치를 추구하고 있지만, 공공부문에서는 사회적 가치를 공공의 이익과 공동체의 발전에 기여하는 최상위 가치로 정의함으로써, 사회적 가치가 경제적 가치를 포함하는 것으로 개념화하고 있다. 일례로, 공공기관의 사회적 가치 구현의 정도를 평가하는 지표에는 경제적 가치를 나타내는 일자리 창출이 포함되어 있다(기획재정부 2019). 특히, 코로나로 인해 경제적 불황을 겪고 있는 상황에서 일반 사람들에게 는 사회적 가치 정책이 과연 경제적 가치를 저해하는 것인지, 아니면 오히 려 경제적 가치를 더 창출하는 것인지가 중요한 이슈로 부각될 가능성이 크다. 따라서 본 연구에서는 일반 사람들이 사회적 가치와 경제적 가치의 관계를 상생 관계(win-win)로 인식하는지, 상충 관계(trade-off)로 인식 하는지를 알아보고자 한다.

연구문제2: 누가 사회적 가치와 경제적 가치의 관계를 상생 관계 혹 은 상충 관계로 더 인식하는가?

사회적 가치와 경제적 가치의 관계에 대한 인식은 사람들의 특성에 따 라 다를 가능성이 크다. 따라서 본 연구에서는 누가 상생 관계 혹은 상충 관계로 인식하는지를 알아보고자 한다. 이를 위해, 우선 연령, 성별, 사회 계층, 및 정치적 성향에 따라 인식이 어떻게 달라지는가를 확인하고, 이어 서 심리학 분야에서 사회정책에 대한 태도를 잘 예측하는 것으로 밝혀진 심리적 요인인 사회적 가치지향성(Social Value Orientation, SVO)과 사회 적 지배경향성(Soical Dominance Orientation, SDO)의 효과를 알아보고자 한다. SVO는 주어진 자원을 본인과 타인 사이에 배분하는 상황에서 어떠 한 방식을 더 선호하는지에 대한 경향성을 나타낸다(Van Lange 1999). SVO 연구에서는 타인에 대한 고려 없이 본인에게 배분되는 자원을 최대 화하거나, 타인보다 본인에게 상대적으로 더 많은 자원을 배분하려는 사람 을 친자기적(pro-self) 성향으로 분류하고, 자원을 본인과 타인에게 균등 하게 배분하거나, 오히려 타인에게 더 많은 자원을 배분하려는 사람을 친 사회적 성향(pro-social)으로 분류한다. 반면, SDO는 특정 집단이 다른 집단보다 권력과 지위를 더 많이 부여받고, 지배계층과 피지배계층의 구분을 정당화하는 가치를 옹호하는 경향성을 나타낸다(Pratto, Sidanius, Stallworth, & Malle 1994). 선행 연구에 따르면, 친자기적 SVO 및 SDO가 높은 사람들은 정치적으로 보수적인 경향이 띄고(Chirumbolo, Leone, & Desimoni 2016; Duckitt & Sibley 2009; Sheldon & Nichols 2009), 공익과 관련한 행동을 덜 하려고 하며(Gärling, Fujii, Gärling, & Jakobsson 2003; Van Lange, Bekkers, Schuyt, & Vugt 2007), 보수적인 사회정책을 옹호하는 것으로 나타난다(Cotterill, Sidanius, Bhardwaj, & Kumar 2014; Craig & Richeson 2014; Harnish, Bridges, & Gump 2018). 정치적으로 진보성향의 정치인들이 주로 사회적 가치와 관련한 행보를 보이는 상황을 고려했을 때, 일반 국민들의 경우에도 SVO, SDO, 및 정치적 성향에 따라 사회적 가치와 경제적 가치의 관계에 대한 인식이 달라지는지를 확인하는 것은 흥미로운 주제라 할 수 있다.

연구문제3: 사회적 가치와 경제적 가치의 관계 인식은 사회적 가치에 대한 지지도에 어떠한 영향을 미치는가?

상생 관계 혹은 상충관계 인식에 따라 사회적 가치에 대한 지지도가 어떻게 달라지는가를 확인하는 것도 중요한 연구 질문이다. 본 연구를 통해 개인의 SVO, SDO 및 정치적 성향에 따라 달라지는 관계 인식이 사회적 가치에 대한 태도까지 영향을 미친다는 것을 밝힌다면, 다양한 이론적·정책적 시사점이 도출될 것으로 기대된다. 첫째, 본 연구는 사회적 가치 연구를 정치학, 경제학, 법학, 사회복지학의 등의 영역으로부터 심리학의 영역으로 확장함으로써, 사회적 가치에 대한 보다 깊이 있는 논의가 가능해질 것으로 보인다. 둘째, 심리학 이론과 방법론을 바탕으로 사회적 가치에 대한 사람들의 태도를 확인한 연구가 부족한 실정에서, 본 연구가 이를 밝힘으로써 학술적 함의를 제공할 수 있을 것이다. 셋째, 개인의 가치관(SVO, SDO)이 정치적 성향 및 경제적 가치 vs. 사회적 가치의 관계 인식을 통해 사회적 가치에 대한 지지를 유의하게 예측한다면, 사회적 가치와 관련된 이슈가 지나치게 진보─보수의 정치적 프레임을 통해서만 논의되고 있는 현 상황 속에서 사람들에게 또 다른 생각의 프레임을 제공할 수 있을 것으로 예상된다.

Ⅱ 방법

1. 연구 개요

본 연구는 크게 2개의 세부 연구(연구 1, 연구 2)로 진행되었다. 연구 1에서는 개인의 가치관(SVO, SDO), 인구통계학적 변수(연령, 성별, 사회계층, 정치적 성향), 사회적 가치와 경제적 가치의 관계 인식(상생 vs 상충)이 사회적 가치에 대한 지지도에 미치는 영향을 확인하고, 연구 2에서는 이러한 관계가 실제 행동(예산 배분)으로까지 확장되어 발현되는지를 확인하였다. 연구 대상자(응답자)는 전문 조사 기관(엠브레인)을 통해 모집하였다. 모집된 연구 대상자는 총 2,150명으로 성별과 연령대(20대~50대)에 따라 고르게 편성되었다.

표 7-1 ▌연구 개요

	연구 1	연구 2
1. 연구 대상자(N)	1,000	1,150
2. 측정 내용		
1) 가치관	SVO, SDO (공통)	
2) 인구통계학적 변수	연령, 성별, 사회계층, 정치적 성향 (공통)	
3) 사회적·경제적 가치 관계 인식	1개 문항	2개 문항
4) 사회적 가치에 대한 지지	태도	행동 경향성

2. 측정 도구

(1) 가치관(SVO, SDO)

사회적 가치지향성(SVO)은 Murphy, Ackermann과 Handgraaf(2011)가 개발한 SVO 슬라이더(slider) 척도를 통해 측정하였다. SVO 슬라이더 척도는 6개의 문항으로 구성되어 있으며, 문항별로 본인(응답자)과 타인 사이에 일정한 자원을 배분하는 9개의 방식이 제시된다. 응답자들은 주어진 9개의 방식 중 본인이 가장 선호하는 자원 배분 방식을 선택하며, 응답자들이 선택한 방식을 바탕으로 일정한 계산방식을 거쳐 최종 SVO 지수가 계산된다(Murphy et al. 2011 참조). SVO 지수가 높을수록 친사회적(pro-social) 성향이 강하며, SVO 지수가 낮을수록 친자기적(pro-self) 성향이 강함을 나타낸다.

사회적 지배경향성(SDO)은 Pratto 등(1994)이 개발한 척도를 사용하여 측정하였다. 이 척도는 "인생을 앞서가려면 때로는 다른 사람을 짓밟아야 한다.", "모든 사람이 평등한 조건을 누리도록 노력해야 할 것이다"(역문항) 등의 16문항으로 구성되어 있으며, 응답자들은 '전혀 동의하지 않는다'(1점)에서부터 '매우 동의한다'(5점) 까지의 5점 척도를 통해 응답하였다.

(2) 인구통계학적 변수

정치적 성향은 "귀하께서는 자신의 정치 성향이 어디에 위치한다고 생각하십니까?"라는 1개 문항을 통해 측정되었으며, 연구 대상자들은 '매우 진보'(1점), '중도'(4점), '매우 보수'(7점)로 구성된 7점 척도를 사용하여 응답하였다. 사회계층은 MacArthur 주관적 지위 척도(MacArthur Scale of Subjective Social Status)를 사용하였다. 이 척도는 사람들이 주관적으로 인식하는 본인의 사회계층을 측정하는 것으로, 응답자들은 주어진 10단 사다리(1단: '가장 못 사는 사람들', 10단: '가장 잘 사는 사람들')를 보고, 본인이 속해 있다고 여겨지는 사다리 단에 표시하였다. 이어서 연구 대상자들은 연령과 성별을 보고하였다.

(3) 사회적 가치와 경제적 가치의 관계 인식: 상생 관계 vs 상충 관계

연구 1에서는 "사회적 가치와 경제적 가치의 관계를 어떻게 생각하십니까?"라는 1개 문항에 대하여 7점 척도를 통해 응답하게 하는 방식으로 측정하였다(1점: '사회적 가치를 추구/창출하다 보면, 경제적 가치는 제대로 창출되기 어려울 것이다', 7점: '사회적 가치를 추구/창출하다 보면, 경제적 가치는 저절로 창출될 것이다'). 연구 2에서는 상생 관계와 상충 관계 인식을 구분하여 각각 독립된 문항으로 측정하였다. 상생 관계 측정은 "사회적 가치를 추구/창출하다 보면, 경제적 가치는 저절로 창출될 것이다"라는 문항을 사용하였으며, 상충 관계 측정은 "사회적 가치를 추구/창출하다 보면, 경제적 가치는 제대로 창출되기 어렵다"라는 문항을 사용하였다. 응답자들은 7점 리커트 척도를 통해 응답하였다(1점: '전혀 그렇지 않다', 7점: '매우 그렇다')

(4) 사회적 가치 추구에 대한 지지

연구 1에서는 "우리 사회가 사회적 가치를 추구/창출하는 것에 동의한다.", "사회적 가치를 추구/창출하는 정책을 지지한다" 2개 문항을 통해 사회적 가치 추구에 대한 사람들의 지지도를 측정하였다. 연구 대상자들은 7점 척도를 사용하여 응답하였다(1점: '전혀 그렇지 않다', 7점: '매우 그렇다'). 연구 2에서는 사회적 가치를 추구하는 행동 경향성을 측정하기 위해 시나리오 기반의 질문을 사용하였다. "현재 정부는 사회적 가치를 추구/창출하는 정책(A)과 경제적 가치를 추구/창출하는 정책(B)에 필요한 예산을 편성 중입니다. 현재 2개의 정책에 배분 가능한 정부의 예산은 100입니다. 본인이 예산을 배분하는 권한을 가진 정부의 고위관계자라면, 각 정책에 얼마의 예산을 각각 배분하겠습니까? (예산의 총합은 반드시 100이 되어야

합니다)"라는 시나리오 문항을 제시하였으며, 사람들의 사회적 가치 추구 경향성을 정책 A에 배분한 예산으로 측정했다.

III 결과

1. 사람들은 사회적 가치와 경제적 가치의 관계를 어떻게 인식하는가? 상생 관계인가 아니면 상충 관계인가? (연구 문제 1)

그림 7-1 사회적 가치와 경제적 가치의 관계 인식(연구 1)

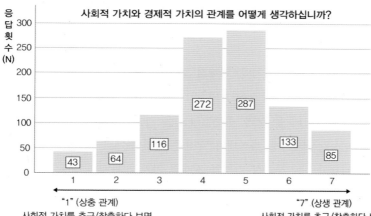

그림 7-2 사회적 가치와 경제적 가치의 관계 인식(연구 2)

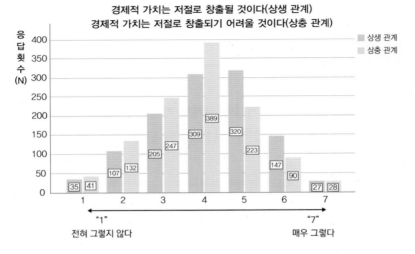

사회적 가치를 추구/창출하다 보면...

경제적 가치는 저절로 창출될 것이다(상생 관계)

경제적 가치는 저절로 창출되기 어려울 것이다(상충 관계)

사람들이 사회적 가치와 경제적 가치의 관계를 인식하는 경향성은
<그림 7-1>과 <그림 7-2>와 같다. 연구 1의 데이터를 기반으로 작
성한 <그림 7-1>을 보면, 중간값(4점)을 기준으로 좌측은 상충 관계로
인식하는 사람들의 수를 나타내며, 우측은 상생 관계로 인식하는 사람들의
수를 나타낸다. 즉, 사회적 가치와 경제적 가치의 관계를 상생 관계로 인
식하는 사람들(505명)이 상충 관계로 인식하는 사람들(223명)이 약 2배 정
도 더 많음을 알 수 있다. 전체 평균값은 4.43점(SD = 1.47)으로 나타났으
며, 이 값은 중간값인 4점보다 유의하게 큰 것으로 나타났다.[1] 다시 말해,
사람들은 대체로 상충 관계보다는 상생 관계로 인식하는 경향이 강함을
알 수 있다.

연구 2의 데이터를 시각화한 <그림 7-2>를 보면, 주황색은 상생
관계로 인식하는 사람들의 수, 분홍색은 상충 관계로 인식하는 사람들의

---

1) 단일 표본 T검정 결과(4점 기준): $t(999) = 9.369$, $p < .001$.

수를 나타낸다. 중간값인 4점을 기준으로 우측 그래프를 보면, 주황색의 값이 분홍색의 값보다 큰 것을 알 수 있는데, 이는 상생 관계로 인식하는 사람들이 상충 관계로 인식하는 사람보다 더 많음을 나타낸다. 상생 관계 인식 정도의 평균값은 4.15(SD = 1.34)이며, 상충 관계 인식 정도의 평균값인 3.87(SD = 1.31)보다 큰 것으로 나타났으며 이 차이는 통계적으로 유의하였다.[2] 다시 말해, 각 개인 내에서도 대체로 상충 관계보다는 상생 관계로 인식하는 경향이 더 강함을 알 수 있다.

연구 1과 연구 2의 데이터를 통해 분석한 결과, 사람들은 대체로 사회적 가치와 경제적 가치의 관계를 상충 관계보다는 상생 관계로 인식하는 경향이 강한 것으로 나타났다. 일반인들의 인식이 전문가들의 인식과 어떻게 다른지를 알아본다면 매우 흥미 있는 연구가 될 것이라고 보인다.

2. 누가 사회적 가치와 경제적 가치의 관계를 상생 관계 혹은 상충 관계로 더 인식하는가? (연구 문제 2)

사람들이 대체로 사회적 가치와 경제적 가치를 상생 관계로 인식하는 경향이 있는 것으로 나타났으나, 이러한 경향성은 개인에 특성에 따라 다를 수 있다. 이를 검증하기 위해 인구통계학적 변수에 따라 관계 인식이 어떻게 달라지는가를 알아보았다. 우선, 연구 1의 데이터를 분석하였다. 분석 결과, 남성보다는 여성이, 연령이 증가할수록, 그리고 정치적으로 진보적일수록, 상충 관계보다 상생 관계로 인식하는 경향이 강한 것으로 나타났다. 흥미롭게도, 사회계층과 관계 인식의 연관성은 없었다.[3]

연구 2의 데이터를 통해서도 분석을 실시하였다[4]. 분석 결과, 여성들

---

2) 대응 표본 T검정 결과: t(1149) = 4.812, p < .001.

3) 회귀분석 결과: 성별(남성 1, 여성 2; β = .066, p = .030), 연령(β = .169, p < .001), 사회계층(β = −.020, p = .500), 정치적 성향(β = −.231, p < .001).

4) 분석은 반복측정 분산분석을 통해 실시되었으며, 사회계층을 제외한 인구통계학적 변수(성별, 연령, 정치적 성향)와 관계 인식(상생 vs 상충)의 상호작용효과는 모두 유의하였다(ps < .010).

은 상충 관계보다 상생 관계로 인식하는 경향이 강한 반면, 남성들은 비슷한 수준으로 상생 및 상충 관계로 인식하는 경향이 있었다. 30대를 제외한 20대, 40대, 50대는 상충 관계보다 상생 관계로 인식하는 경향이 강했다. 진보 및 중도 성향의 사람들은 상생 관계로 인식하는 경향이 강한 반면, 보수적인 사람들은 상충 및 상생 관계를 비슷한 수준으로 바라보는 것으로 나타났다(그림 7-3).5) 반면, 사회계층은 관계 인식과 관련이 없었다.

즉, 연구 1과 연구 2 모두에서 사회계층을 제외한 성별, 연령, 및 정치적 성향에 따라 사회적 가치와 경제적 가치의 관계를 인식하는 방식이 다른 것으로 나타났다. 대체로, 남성보다는 여성이, 연령이 증가할수록(30대 제외), 그리고 정치적으로 진보적일수록 사회적 가치와 경제적 가치의 관계를 상충 관계보다는 상생 관계로 인식하는 경향이 강했다. 특히, 성별과 연령의 효과에 비해 정치적 성향의 효과가 더 강했다.

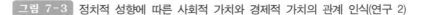 그림 7-3 정치적 성향에 따른 사회적 가치와 경제적 가치의 관계 인식(연구 2)

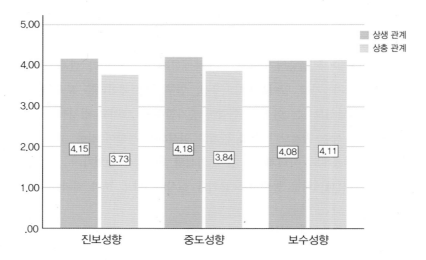

---

5) 정치적 성향 문항에 1, 2, 3으로 응답한 사람들을 진보성향(347명), 4로 응답한 사람들을 중도성향(531명), 5, 6, 7,로 응답한 사람들을 보수성향(272명)으로 구분하였다.

3. 사회적 가치와 경제적 가치의 관계 인식은 사회적 가치에 대한 지지도에 어떠한 영향을 미치는가? (연구 문제 3)

앞서 기술한 바와 같이, 연구 1에서는 사회적 가치에 대한 태도를 측정하였고, 연구 2에서는 행동 경향성을 측정하였다. 연구 1 분석 결과, 상충관계보다 상생 관계로 인식할수록 사회적 가치에 대한 지지를 더 많이 하는 것으로 나타났다.[6] 연구 2에서도 비슷한 경향성이 나타났는데, 상생 관계로 더 인식할수록 그리고 상충 관계로 덜 인식할수록 사회적 가치 정책에 더 많은 예산을 배분하는 것으로 나타났다.[7]

즉, 사회적 가치와 경제적 가치의 관계를 인식하는 방식은 사회적 가치에 대한 지지도에 있어 매우 중요한 변수임을 나타낸다.

그림 7-4 사회적 가치와 경제적 가치의 관계 인식에 따른 사회적 가치에 대한 지지도(좌측: 연구 1, 우측: 연구 2)

---

6) 회귀분석 결과: $\beta = .361$, $p < .001$.
7) 회귀분석 결과: 상생 관계 인식($\beta = .121$, $p < .001$), 상충 관계 인식($\beta = -.177$, $p < .001$)

4. 개인의 가치관, 정치적 성향, 관계 인식(상충 vs 상생), 및 사회적 가치에 대한 지지도의 관계는 어떠한가? (연구 문제 종합)

지금까지, 사람들이 일반적으로 사회적 가치와 경제적 가치의 관계를 어떻게 인식하는가? (연구 문제 1), 누가 더 상생 혹은 상충 관계로 보는가? (연구 문제 2), 이러한 관계 인식은 사회적 가치에 대한 지지도에 어떠한 영향을 미치는가? (연구 문제 3)에 대한 답을 탐색하였다. 지금부터는 연구 문제 1, 2, 3을 통합함과 동시에, 개인의 가치관인 SVO와 SDO가 정치적 성향[8] 및 관계 인식을 통해 사회적 가치에 대한 지지도에 어떠한 영향을 미치는가를 종합적으로 분석해보고자 한다.

연구 1과 연구 2의 종합분석 결과가 각각 <그림 7-5>와 <그림 7-6>에 제시되어 있다.

그림 7-5 종합모형(연구 1)

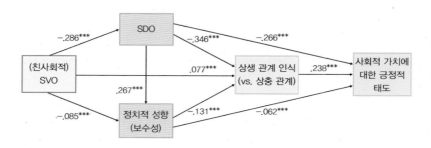

주석. 각 숫자의 크기가 클수록 영향력이 강함을 의미함. 양(+)의 부호는 예측 변수의 값이 커질수록 결과변수의 값이 커짐을 의미하며, 음(-)의 부호는 예측 변수의 값이 커질수록 결과변수의 값이 작아짐을 의미함. 별표(*)는 통계적으로 유의함을 나타내며, 모든 경로는 유의수준 .001에서 통계적으로 유의함.
***p<.001..

---

8) 인구통계학적 변수 중 관계 인식에 가장 큰 영향을 미치는 변수인 정치적 성향에 초점을 두었다.

<그림 7-5>를 보면, 친사회적 성향이 강한 사람일수록(SVO↑), 사회 내 불평등과 지배계층과 피지배계층의 구분을 옹호하는 경향성이 약하며(SDO↓), 정치적 성향은 더 진보적이며(정치적 보수성↓), 사회적 가치와 경제적 가치의 관계를 상충보다는 상생 관계로 보는 경향이 강하며(상생 관계 인식↑), 결과적으로 사회적 가치를 더 지지하는 경향이 있음을 알 수 있다(사회적 가치에 대한 긍정적 태도↑).

특히, 화살표의 계수를 보면, 정치적 성향보다도 SDO가 상생 관계 인식은 물론 사회적 가치에 대한 긍정적 태도에 대해 더 큰 영향력을 미치는 것을 알 수 있다.

그림 7-6 종합모형(연구 2)

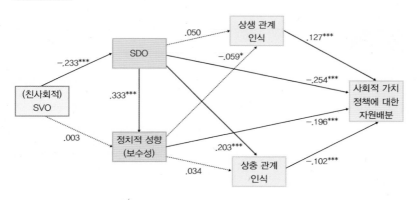

주석. 각 숫자의 크기가 클수록 영향력이 강함을 의미함. 양(+)의 부호는 예측 변수의 값이 커질수록 결과변수의 값이 커짐을 의미하며, 음(-)의 부호는 예측 변수의 값이 커질수록 결과변수의 값이 작아짐을 의미함. 별표(*)는 통계적으로 유의함을 나타내며, 파선으로 표시된 경로를 제외한 모든 경로는 유의수준 .05 에서 통계적으로 유의함. ***p<.001., * p < .05.

<그림 7-6>을 보면, <그림 7-5>의 결과와 비슷한 양상을 보이지만, 상생 관계 인식의 정도보다 상충 관계 인식의 정도가 모형의 경로 상에 더 유의한 효과를 띄고 있는 점을 확인할 수 있다. 즉, 상생 관계로

인식하는 정도는 SDO와 정치적 성향과 연관성이 없는 반면, 상충 관계로 인식하는 정도는 SDO와 유의한 연관성이 있다. 다시 말해, 친사회적 성향이 강한 사람일수록(SVO↑), 사회 내 불평등과 지배계층과 피지배계층의 구분을 옹호하는 경향성이 약하며(SDO↓), 이러한 사람들일수록 사회적 가치와 경제적 가치의 관계를 상충 관계로 인식하는 경향성이 약하며(상충 관계 인식↓), 이로 인해 결과적으로 사회적 가치 정책에 대한 긍정적인 행동 경향성을 더 보인다(사회적 가치 정책에 대한 자원 배분↑).

<그림 7-5>와 마찬가지로, 최종 결과변수인 사회적 가치 정책에 자원을 더 배분하는 경향성은 정치적 성향보다 SDO의 영향을 더 많이 받고 있음을 알 수 있다.

Ⅳ 논의

본 연구는 목적은 "사회적 가치 추구는 어떠한 가치의 반영인가?"라는 근본적인 질문에 답을 탐색하는 것이었다. 특히, 사회적 가치와 관련한 기존 연구 및 여러 담론이 다소 '전문가들의 견해'에만 치중되었다는 점을 보완하기 위해 '일반 사람들(2,250명)의 인식'을 알아보았으며, 사회적 가치의 여러 특징 중 하나인 '비화폐성'에 초점을 두었다. 이를 바탕으로 1) 사람들은 사회적 가치와 경제적 가치의 관계를 어떻게 인식하는가? 상생 관계인가 아니면 상충 관계인가? (연구 질문 1), 2) 누가 사회적 가치와 경제적 가치의 관계를 상생 관계 혹은 상충 관계로 더 인식하는가? (연구 질문 2), 그리고 3) 사회적 가치와 경제적 가치의 관계 인식은 사회적 가치에 대한 지지도에 어떠한 영향을 미치는가? (연구 질문 3)의 3가지 세부 연구 질문을 상정하여, 각 질문에 대한 답을 하는 방식으로 연구가 진행되었다.

본 연구의 주요 결과는 다음과 같다. 첫째, 사람들은 기본적으로 사회

적 가치와 경제적 가치의 관계를 상충 관계보다는 상생 관계로 보는 경향
성이 강하다(연구 질문 1에 대한 답). 둘째, 남성보다는 여성이, 연령이 증
가할수록(30대 제외), 그리고 정치적으로 진보적일수록 사회적 가치와 경
제적 가치의 관계를 상충 관계보다는 상생 관계로 인식하는 경향이 강하
다. 특히, 정치적 성향의 효과가 성별 및 연령의 효과보다 강하다. 반면,
사회계층과 상충/상생 관계 인식은 연관성이 없다(연구 질문 2에 대한
답). 셋째, 사회적 가치와 경제적 가치의 관계를 상생 관계로 더 볼수록,
상충 관계로 덜 볼수록, 사회적 가치에 대한 지지도가 높다(연구 질문 3에
대한 답). 마지막으로, 연구 질문 1, 2, 3을 포괄하는 종합모형에서는 개인
이 가지고 있는 주요 가치관인 SVO와 SDO가 사회적 가치와 경제적 가치
의 관계 인식은 물론 사회적 가치에 대한 지지도에 미치는 근원이 된다.
구체적으로, 친사회적인 성향의 사람일수록(SVO↑), 사회 내 불평등에 대
한 인정과 위계질서가 강한 사회구조에 대한 옹호를 덜 하며(SDO↓), 이
러한 사람들은 사회적 가치와 경제적 가치가 상생할 수 있다는 믿는 경향
성이 강하고, 결과적으로 사회적 가치에 대한 더 강한 지지를 보낸다. 특
히, SDO의 효과는 정치적 성향의 효과보다 강하며, SDO가 높을수록 상충
관계로 인식하는 경향이 강해지면서, 결과적으로 사회적 가치에 대한 지지
가 낮아진다.

본 연구의 결과는 여러 함의를 지닌다. 첫째, 사람들이 사회적 가치와
경제적 가치의 관계를 어떻게 인식하는가가 사회적 가치에 대한 지지에
미치는 중요한 변수라는 점이다. 이는 사회적 가치에 대한 지지도를 높이
기 위해서는 사람들에게 사회적 가치와 경제적 가치가 상충되는 가치가
아닌 상생할 수 있는 가치라는 점을 부가시킬 필요성이 있음을 시사한다.
둘째, 정치권에서 나타나고 있는 사회적 가치를 둘러싼 진보-보수의 프레
임이 본 연구에서도 확인되었다. 즉, 진보성향의 정치인들이 주로 사회적
가치와 관련한 정책을 주도하고 있는 바와 같이, 일반 사람들도 진보성향
의 사람들일수록 사회적 가치와 경제적 가치가 상생할 수 있다는 믿음을

더 강하게 가지고 있으며, 결과적으로 사회적 가치를 더 지지하는 경향이 있었다. 셋째, 그럼에도 불구하고, 본 연구는 사회적 가치가 정치적인 프레임으로만 판단해서는 안 되는 영역이라는 점을 시사한다. <그림 7-5>와 <그림 7-6>에서 나타난 바와 같이, 사회적-경제적 가치의 관계 인식 및 사회적 가치에 대한 지지도는 정치적 성향보다 개인의 가치관인 SDO의 영향을 더 강하게 받고 있으며, 특히 정치적 성향과 SDO의 근저에는 사람들이 기본적으로 자신과 타인의 자원 배분을 친사회적으로 하려는지, 친자기적으로 하려는지를 나타내는 성격적 특성인 SVO가 존재하고 있음을 알 수 있다. 이는 표면적으로는 사회적 가치가 정치화된 이슈로 보이지만, 그 근저에는 사람들의 성격과 가치관이 중요한 변수로 작동하고 있음을 나타낸다. 따라서 사회적 가치와 관련한 논쟁을 하기 전에, 왜 어떤 사람들은 더 친자기적이며, 더 사회 내 불평등과 위계질서를 더 옹호하는가에 대한 근본적인 물음을 우리 사회가 던질 필요가 있어 보인다.

사회적 가치가 우리 사회의 합의된 가치가 되려면, 법적 제도적 장치의 마련이나 기업의 다양한 노력도 필요하지만, 더 근본적으로는 개인과 개인의 관계를 보는 사람들의 기본적인 시각이 변화되어야 함을 본 연구는 시사한다. 다시 말해, 이기적인 자원 배분보다 자신과 타인의 공존을 추구하는 친사회적 배분에 대한 가치가 높아질 때, 그리고 개인과 개인의 평등한 관계가 경쟁을 통한 지배와 우월의 관계보다 중시될 때, 사회적 가치의 실현이 수월해질 수 있음을 시사한다.

<참고문헌>

강경민. 2021. 8. 2. 10조 창출한 최태원의 '新사회적 가치'. 한경ESG. https://www.hankyung.com/economy/article/2021080133881

기획재정부. 2019. 2019년도 공공기관 경영평가편람(수정).

김용회·한창근. 2020. "'사회적 가치' 이슈를 다룬 언론기사의 의미연결망 분석－2006년부터 2019년까지 국내 중앙지 언론보도를 중심으로". *한국사회복지학*, 72(2), 201－229.

김은희·이용재. 2017. "사회적 기업 근로자의 사회적 가치와 경제적 가치에 대한 태도". *한국콘텐츠학회논문지*, 17(5), 602－612.

김정우. 2018. 3. 16. '사회적 가치'가 뭐지?… 혼란에 빠진 공공기관들. 매거진 한경.

https://news.naver.com/main/read.nhn?mode＝LSD&mid＝sec&sid1＝101 &oid＝050&aid＝0000047006

남궁근. 2019. "사회적 가치 실현을 위한 성과 거버넌스: 문재인 정부 국정과제의 성과평가를 중심으로". *한국행정연구*, 28(3), 35－71.

라준영·김수진·박성훈. 2018. "사회성과인센티브(SPC)와 사회적 기업의 사회적 가치 측정: 사회성과의 화폐가치 환산". *사회적기업연구*, 11(2), 133－161.

이종재. 2020. 7. 2. [이종재의 가치여행] 공공기관의 화두, 사회적 가치 실현 기본법(상). 미디어SR.

https://www.mediasr.co.kr/news/articleView.html?idxno＝60626

Brickson, S. L. 2007. Organizational identity orientation: The genesis of the role of the firm and distinct forms of social value. *Academy of management review,* 32(3), 864－888.

Chirumbolo, A., Leone, L., & Desimoni, M. 2016. The interpersonal roots of politics: Social value orientation, socio－political attitudes and prejudice. *Personality and Individual Differences,* 91, 144—153.

Cotterill, S., Sidanius, J., Bhardwaj, A., & Kumar, V. 2014. Ideological Support for the Indian Caste System: Social Dominance Orientation, Right—Wing Authoritarianism and Karma. *Journal of Social and Political Psychology,* 2(1), 98—116.

Craig, M. A., & Richeson, J. A. 2014. Not in my backyard! Authoritarianism, social dominance orientation, and support for strict immigration policies at home and abroad. *Political Psychology,* 35(3), 417—429.

Dohrmann, S., Raith, M., & Siebold, N. 2015. Monetizing social value creation-a business model approach. *Entrepreneurship Research Journal,* 5(2), 127—154.

Duckitt, J., & Sibley, C. G. 2009. A dual—process motivational model of ideology, politics, and prejudice. *Psychological Inquiry,* 20(2—3), 98—109.

Gärling, T., Fujii, S., Gärling, A., & Jakobsson, C. 2003. Moderating effects of social value orientation on determinants of proenvironmental behavior intention. *Journal of Environmental Psychology,* 23(1), 1—9.

Harnish, R. J., Bridges, K. R., & Gump, J. T. 2018. Predicting economic, social, and foreign policy conservatism: The role of right—wing authoritarianism, social dominance orientation, moral foundations orientation, and religious fundamentalism. *Current Psychology,* 37(3), 668—679.

Kee, Y. 2020. Major Issues in the Concept of Social Value. *사회적경제와 정책연구,* 10(4), 1—25.

Kroeger, A., & Weber, C. 2014. Developing a conceptual framework for comparing social value creation. *Academy of Management Review,*

39(4), 513−540.

Martin, R. L., & Osberg, S. 2007. Social entrepreneurship: The case for definition. *Stanford Social Innovation Review,* 29−39.

Mulgan, G. 2010. Measuring social value. *Stanford Social Innovation Review,* 8(3), 38−43.

Murphy, P. J., & Coombes, S. M. 2009. A model of social entrepreneurial discovery. *Journal of Business Ethics,* 87(3), 325−336.

Murphy, R. O., Ackermann, K. A., & Handgraaf, M. 2011. Measuring social value orientation. *Judgment and Decision making,* 6(8), 771−781.

Pratto, F., Sidanius, J., Stallworth, L. M., & Malle, B. F. 1994. Social dominance orientation: A personality variable predicting social and political attitudes. *Journal of Personality and Social Psychology,* 67(4), 741−763.

Sheldon, K. M., & Nichols, C. P. 2009. Comparing democrats and republicans on intrinsic and extrinsic values. *Journal of Applied Social Psychology,* 39(3), 589−623.

Van Lange, P. A. 1999. The pursuit of joint outcomes and equality in outcomes: An integrative model of social value orientation. *Journal of Personality and Social Psychology,* 77(2), 337−349.

Van Lange, P. A., Bekkers, R., Schuyt, T. N., & Vugt, M. V. 2007. From games to giving: Social value orientation predicts donations to noble causes. *Basic and Applied Social Psychology,* 29(4), 375−384.

Whitman, J. R. 2009. Measuring social values in philanthropic foundations. *Nonprofit Management and Leadership,* 19(3), 305−325.

CHAPTER 08

알고리즘의 사회적 가치

CHAPTER

08 알고리즘의 사회적 가치

김수민(서울대학교 언론정보학과 박사)
이준환(서울대학교 언론정보학과 교수)

인간이 컴퓨터와 알고리즘을 활용하는 것을 넘어 알고리즘과 긴밀하게 교류하며, 상호 영향력을 행사하는 인공지능의 시대가 도래하고 있다. 관계 맺음, 협업, 교육을 포함한 일상의 모든 영역에서 인간과 알고리즘은 긴밀하게 상호작용한다. 우리 일상 전반에 컴퓨터 알고리즘이 도입된 시스템이 사용됨에 따라, 정확도나 성능과 같은 기계 중심의 객관적인 지표를 넘어, '사회적 가치', '공정성', '설명 가능성'과 같은 인간 중심의 요소들이 주목받고 있으며, 이런 가치들은 알고리즘 시스템의 지속가능성을 가늠하는 결정적인 요인으로서 작용한다. 전통적인 컴퓨터 알고리즘에서 발전된 최근의 인공지능은 인간의 지능으로부터 영감을 받아 탄생하였는데, 인공지능 알고리즘은 인간이 생성한 데이터에 통해 더 강력해지며, 궁극적으로 인간과 사회에 긍정적인 효과를 발휘할 때 유의미하다. 최근 인공지능이 인류의 가치와 일치하도록 설계하는 얼라인먼트(Alignment) 연구가 주목받고 있는 것도 이러한 맥락에서 이해될 수 있다.

개인의 발전을 넘어 공동체와 사회의 발전과 변화를 지향하는 '사회적 가치'는 2000년대 초기부터 국내에서 논의되기 시작되었다. 앞서 나열한 알고리즘의 인간 중심적 요소들은 개인과 사회 차원에서의 인간 중심 가치의 실현을 추구하는 '사회적 가치'와 맞닿아 있다. 사회적 가치는 제도와 도덕적·윤리적 기반은 물론 과학기술이라는 기술적 토대를 근간으로 이루어지는데(김경동 2019), 현대사회에서 알고리즘은 기술을 구성하는 주요 축으로 기능하고 있으며 사회적 가치를 구성하는 많은 부분에 영향력을 행사하기 때문이다. 이에 본장에서는 알고리즘이 '디지털 정보 격차의 해소', '지역사회 활성화와 공동체 복원', '민주적 의사결정과 참여의 실현'이라는 사회적 가치에 어떻게 기여하고 있는지에 대해 서술하고자 한다.

Ⅰ   디지털 정보 격차와 알고리즘

디지털 기술의 발전으로 인한 디지털 혁신은 사회에 수많은 기회를 제공한 반면, 동시에 예상하지 못한 부작용을 초래했다. 특히 디지털 혁신은 기술에 쉽게 접근 가능한 사람과 그렇지 못한 사람 사이의 격차를 더 분명하게 만드는 불평등을 야기하기도 했다(Dewan & Riggins 2005). 디지털 기술이 금융, 전자상거래, 소비, 교육 등 일상에 활용되면서 이에 적응하지 못하는 소외계층의 발생이 불가피한 사회적 문제로 떠오른 것이다. 이렇게 디지털 불평등이 기술의 격차로부터 기인하였음에도 불구하고 알고리즘은 디지털 불평등의 해소의 실마리를 제공하는 강력한 해결책으로 각광받고 있다.

초기의 디지털 컴퓨터 알고리즘의 작동 방식이 프로그래머에 의해 설계된 방식으로만 작동하였다면 이제 알고리즘은 인간 두뇌의 신경망 구조를 모방하는 형태로 발전되며 어느 때 보다 더 명민하게 작동한다. 그래서 딥러닝으로 대표되는 인공지능으로 야기된 최근 알고리즘의 발전은 개인들의 사회경제적 수준과 무관하게 정보에 접근하고 사용할 수 있게 도움으로써 디지털 정보 격차(Digital Divide)를 극복하고 사회적 약자에 대한 기술적 기회를 제공하고 있기도 한다.

1. 정보 접근성 증진으로 인한 디지털 격차의 해소

디지털 정보 격차는 "ICT에 접근할 기회와 다양한 활동을 위한 인터넷 사용과 관련하여 다른 사회경제적 수준을 지닌 개인, 가정, 기업 및 지리적 영역 사이의 격차"를 의미한다(OECD 2001, p. 4). 디지털 정보 격차에 대한 정의는 모든 사람이 접근 가능해야 마땅한 ICT 정보에 인구의 일부분이 접근할 수 없는 현상을 의미하며 정보 격차라고 번역되기도 한다. 따라서 디지털 정보 격차는 정보와 기술 모두에 대한 격차로 이해된다. 정보와 기술에 대한 접근성의 차이는 개개인의 능력의 차이로 이어질 수 있으며, 나아가 이는 삶의 여러 부분에서의 차이를 만들어내는 결과를 야기한다. 디지털 정보 격차로 인해 기술적으로 높은 접근성과 능력을 갖고 있는 개인과 그렇지 못한 개인 사이의 삶의 질과 기회에 간극이 존재할 수 있기 때문에, 이를 극복하기 위한 사회적 및 정책적 시도들은 정보사회의 발전과 함께 이루어지고 있다.

그러나 디지털 사회 초기에 우려했던 것과는 달리 최근의 디지털 기기의 확산과 정보 통신 기술의 발전으로 디지털 정보 사용자의 물리적, 환경적 접근성 격차는 감소하고 있다. 한국지능정보사회진흥원(2021)의 2020년 디지털정보 격차 실태조사에 따르면, 정보취약계층의 컴퓨터 및 모바일 기기 보유 및 인터넷 사용 가능 여부를 의미하는 '디지털정보화 접근 수준'은 93.7%를 기록했는데(장애인 95.4%, 고령층 92.8%, 저소득층 98.3%, 농어민 94.8%), 이는 물리적 접근성 측면에서 디지털 정보 격차가 많은 부분 해소되었음을 의미한다.

한편 일반 국민 평균(100) 대비 정보취약계층의 컴퓨터 및 모바일 기기의 기본 이용 능력을 의미하는 '디지털정보화 역량 수준'은 60.3%(장애인 74.2%, 고령층 53.7%, 저소득층 92.5%, 농어민 69.0%), 컴퓨터 및 모바일 기기의 양적 및 질적 활용 정도를 의미하는 '디지털정보화 활용 수준'은 74.8%(장애인 81.4%, 고령층 71.4%, 저소득층 96.1%, 농어민 76.9%)로 나타났다. 이는 물리적인 디지털정보화 수준에 비해 낮은 수치이지만, 이전 연도에 비하면 증가하고 있는 추세이다. 특히 '디지털정보화 활용 수준'은 2019년 68.8% 대비 6.0% 증가한 74.8% 수준인데, 이는 '디지털정보화 접근 수준(2019년 91.7%, 2020년 93.7%)'의 상승폭보다 크다. '디지털정보화 활용 수준'은 유선 및 모바일 인터넷 이용 여부를 포함해, 인터넷 서비스 이용 다양성과 인터넷 심화 활용 정도를 기반으로 측정되었다. 해당 결과를 해석하자면 정보취약계층이 이전보다 더 다양한 목적으로 인터넷을 이용하고 있으며, 인터넷을 정보생산 및 공유, 네트워킹, 사회참여, 경제활동 등의 심화된 목적을 위해 활용한다는 것을 의미한다.

그림 8-1 인터페이스를 통한 디지털 취약계층의 디지털 리터러시 향상의 대표적 사례인 신한은행의 시니어 고객 맞춤형 ATM 서비스

이렇게 여러 방면에서 디지털 정보 격차가 줄어드는 배경에는 놀랍게도 디지털 기술의 발전이 있다. 정보기기의 가격이 하락하고 인공지능을 필두로 한 컴퓨터 알고리즘이 발전하면서 디지털 취약계층의 정보 접근성이 상당히 개선되었기 때문이다. 특히 일반인들의 정보 접근성 개선을 위한 사용자 인터페이스(user interface) 연구는 일반인들의 디지털 리터러시(digital literacy)를 향상시켰다. 인공지능이 정보의 소비과정에 보편적으로

적용되면서 개인화된 정보의 제공과 소비를 통한 정보의 질적 사용의 증진과 다양화가 이루어졌다. 특히 디지털 정보 역량 및 활용 수준이 낮은 취약계층은 자신에게 적합한 서비스를 찾고 소비하는데 많은 제약이 존재한다. 하지만 인공지능 기반의 ICT 서비스를 통해 디지털 정보 격차가 야기한 문제점을 일정 수준 해소할 수 있게 되었다. 신한은행이 시니어 사용자들이 편리하게 금융 서비스를 사용할 수 있도록 개발한 '시니어 고객 맞춤형 ATM'서비스는 인터페이스를 통한 디지털 리터러시 향상의 대표적인 사례이다. 또한 많은 기업의 서비스들이 사용자와 자연어를 통해 인터랙션하는 챗봇 기술을 활용하여 경제 및 사회적 배경과 상관없이 서비스의 손쉬운 사용이 가능한 서비스를 출시하였다.

2. 인간-컴퓨터 상호작용(Human-Computer Interaction)의 등장

인간-컴퓨터 상호작용(HCI)이라는 연구분야는 1960년대에 등장했다. 1940년대에 처음 등장한 컴퓨터는 매우 복잡한 조작방법에 의해 운용될 수 있는, 전문가를 위한 정보 기기였다. 그러나 컴퓨터를 구성하는 여러 디지털 부품의 가격이 저렴해 지면서 컴퓨터를 '소수의 교육받은 전문가'가 아닌 대다수의 일반인들이 사용할 수 있게 하는 노력이 이루어졌다. 주목할만한 초기의 시도들은 1960년대에 이루어진 마우스(mouse)의 개발과 윈도(window)와 하이퍼텍스트(hypertext) 개념의 연구라고 볼 수 있다. 현재의 그래픽사용자 인터페이스(Graphical User Interface)의 기본 개념이 이때에 연구가 되었다. 그 이전의 컴퓨팅 환경은 기억해야 하는 수많은 명령어의 조합으로 컴퓨터의 조작이 이루어졌지만 비로소 마우스와 키보드를 이용해 클릭 몇 번만으로 컴퓨터를 조작할 수 있게 된 것이다. 디지털 정보 격차를 해소하기 위한 연구의 첫 걸음이라고 볼 수 있다.

그러나 HCI 연구가 학문으로서 본격화된 것은 1980년대 초부터이다.

ACM SIGCHI라는 학회가 발족되어 손쉽게 컴퓨터를 사용할 수 있는 여러 기술들의 연구가 활발하게 이루어지게 되었다. 당시 ACM(Association for Computing Machinery)은 HCI를 "사람들이 편리하고 즐겁게 사용할 수 있는 시스템을 개발하는 원리 및 방법을 연구하는 학문"이라고 정의하였다. 좀 더 구체적으로는 "사람(human)과 컴퓨터(computer) 시스템 간에 주고받는 상호작용(interaction)에 대해 연구하여, 궁극적으로 사람과 시스템이 좀 더 조화를 이룰 수 있도록 시스템을 개발하는 분야(Nickerson and Landauer 1997)"이고, "시스템을 사용하는 사람에 대한 학문(Carroll 1997)"으로 정의된다.

HCI의 등장으로 디지털 정보 격차를 해소하기 위한 여러 기술들의 연구가 이루어졌다. 앞서 언급한 마우스나 윈도의 개발은 물론이고, 언제 어디서나 정보의 탐색을 가능하게 한 유비쿼터스 컴퓨팅(ubiquitous computing) 환경의 개발과 이를 위한 모바일 인터랙션(mobile interaction) 기술 등이 주요한 연구 성과이다. 또한 인공지능의 발전에 바탕을 둔 대화형 에이전트(conversational agent)의 등장은 친밀한 개인화된 소통의 가능성을 높여 디지털 정보 격차의 장벽을 더욱 낮추었다. 최근에 많이 이용되는 챗봇(chatbot)이 대표적인 사례이다.

한편 컴퓨터가 일상의 모든 분야에서 주요한 도구로 사용됨에 따라 사람들의 행동을 예측하고 사회적 행위를 지원하고자 하는 연구 또한 활발하게 수행되었다. 소셜컴퓨팅(social computing)이라고 부르는 연구들은 사람들이 컴퓨터를 이용할 때 필연적으로 남기는 빅데이터(big data)의 분석에 바탕을 두고 있다. 디지털 알고리즘이 데이터에 기반해 상황에 따라 필요한 정보와 행위를 판단할 수 있어 우리 사회는 점점 더 알고리즘에 의존하고 있다.

3. 대화형 에이전트(Conversational Agent)

대화형 에이전트의 대표적 사례인 챗봇은 자연어 처리(natural language processing) 기술에 바탕을 두고 사용자와의 대화를 통해 사용자의 의도에 부합하는 정보와 답변을 제공하는 컴퓨테이셔널 에이전트(computational agent)를 일컫는다. 챗봇을 사용하는 사용자는 복잡한 정보 검색 과정을 거치지 않고도 비정형화 된 메시지를 통해 원하는 정보를 획득할 수 있는데, 이는 디지털 정보화 역량과 활용 수준이 낮은 사용자에게 매우 유용한 기술이다. 텍스트 기반의 챗봇 뿐 아니라, 음성 인식(voice recognition) 기술을 기반으로 하는 아마존(Amazon)의 알렉사나(Alexa) 구글 홈(Google Home)과 같은 음성 인식 비서 역시 사용자가 원하는 정보를 대화를 통해 습득이 가능하다.

SK텔레콤은 2019년부터 인공지능 스피커 및 홈 IoT(Internet of Things) 기기를 독거 어르신 등 취약 계층에게 제공하는 인공지능 돌봄 서비스를 지원 중이다. 인공지능 돌봄 서비스로 인해 고령층의 자기 효능감 증가는 물론, 데이터 사용량과 신체 활동량도 증가한 것을 확인할 수 있었다(IT조선, 2021). 이렇듯 알고리즘 기반의 서비스는 디지털 역량과 활용 수준이 떨어지는 사용자가 용이한 방식으로 정보를 검색하고 습득하는 것을 가능하게 도움으로써 디지털 정보 격차를 해소하고 있다.

II 알고리즘, 지역사회 활성화와 공동체 복원

퍼트넘(Putnam)이 지적한 것처럼 "서로 연결되지 못한 고립적 개인들"로 이루어진 현대사회에서 공동체 의식의 약화는 새로운 이야기가 아니다. 퍼트넘은 사회적 연대의 약화를 그의 대표적인 저서 『나 홀로 볼링(Bowling Alone)』에서 언급한 바 있다. 책의 제목이 암시하는 것처럼 그는 현대사회의 자화상을 미국인들이 무리를 이루어 동료들과 함께 볼링경기에 참여하기보다 개인적으로 참여하는 모습에 비추어 묘사했다(Putnam 2000). 이 책을 통해 그는 미국 사회에서 사라져가는 공동체 의식을 비판하며 다음과 같이 서술한다.

> "미국인은 이제 선거에도 무관심하고 지역사회의 학교 운영회의나 공공 업무 관련 회의는 물론 교회에도 잘 참여하지 않게 되었으며 심지어 타인에 대한 믿음, 정직성과 상호 신뢰, 그리고 개인의 일상적 사교까지 줄어들어 사회적 자본이 크게 감소하였다. 그 결과를 나타난 현상이 사회적 유대의 해체를 상징적으로 보여주는 '나 홀로 볼링'이다." (Putnam 2000, 699p)

이런 참여문화 및 공동체 의식의 약화는 사회적 자본(social capital)의 손실로 이어진다. 물적 자본 그리고 인적 자원과 구별되는 사회적 자본은 "사회조직의 특성으로 신뢰(trust), 규범(norm), 수평적 네트워크(horizontal network)로 이루어진 공공재(public goods)이며 협력적 행동을 촉진함으로써 사회의 효율성을 향상시키는 것"이다(Diamond 1999). OECD는 사회적 자본을 집단 협력을 촉진하는 기준, 가치관, 이해를 공유하는 네트워크로 정의하기도 했다. 사회적 자본에는 대인 관계, 공유된 정체성, 공유된 이해관계, 공유된 규범, 공유된 가치, 신뢰, 협력 및 호혜성을 통한 사회집단의 기능들이 포함된다. 이러한 기능을 내포한 사회적 자본은 지역 사회는 물론 국가의 협력과 상호 관계를 촉진함으로써 범죄와 불신 같은 현대 사회에 내재된 많은 사회적 장애물들을 퇴치하는 가치 있는 자원으로 기능할 수 있다.

1. 하이퍼로컬(hyperlocal)이 구축하는 새로운 공동체

정보통신기술의 발달로 우리는 지역과 시간의 경계를 초월하여 타인과 상호작용한다. 과연 이런 기술은 약화된 공동체 의식을 회복하고 사회적 자본을 강화할 수 있을까? 최근 많이 회자되는 하이퍼로컬이 이와 관련한 좋은 사례를 제시하고 있다. 하이퍼로컬은 '지역사회'를 의미하는 로컬(local)과 '극도의, 초월한' 등을 의미하는 하이퍼(hyper)가 결합된 단어로 '아주 작은 단위의 지역에 밀착된' 것이라는 뜻을 가지고 있다. 최근에는 지역이라는 개념이 과거와 같이 물리적이고 지리적인 형태에 국한되지 않고 논리적이고 개념적인 형태로 만들어지고 있어 '지역'을 세분화하고 그 안에서 이루어지는 관계, 정체성, 규범, 신뢰들을 구축하는 일은 과거의 지역에서 이루어지는 것과는 매우 다르다. 알고리즘은 이 과정에 적극적으로 개입하여 새로운 밀착형 지역을 만들어낸다.

국내에서는 "당근마켓"이 알고리즘과 기술을 통해 지역사회의 연결의 가치를 구현하는 대표적인 사례로 알려져 있다. 당근마켓은 런칭 시기부터 철저히 지역 생활 커뮤니티를 지향했으며, 신뢰 구축을 위해 사용자가 실제로 거주하는 '동네'에서만 거래를 하고 소통할 수 있게 설계되었다(이코노미조선 2021). 인공지능 기술을 통해 구현된 로컬 기반 서비스로 지역 공동체의 신뢰를 구축하고 21세기형 커뮤니티가 부활하고 있는 것이다.

당근마켓은 신뢰할 수 있는 커뮤니티를 만들기 위해 중고거래 콘텐츠 관리에 있어서 머신러닝 기술을 적극 도입하고 있다. 안전한 거래와 믿을 수 있는 커뮤니티를 만들기 위해 술, 모조품, 유해물질 판매 등의 부적절한 게시글은 물론 사기꾼이나 개인의 사적 이익을 목적으로 하는 전문 판매업자들의 도배글을 필터링하는 것이 필요하다. 하지만 매일 수십만 건의 게시글이 업로드 되는 상황에서 이를 사람 운영자가 일일이 감시하고 검열하는 것은 불가능하다. 당근마켓은 부적절한 게시글을 필터링함에 있어

그림 8-2 당근마켓의 머신러닝 기술 활용 예

이미지 출처: https://www.joongang.co.kr/article/23583203#home.
당근마켓은 전문 판매업자에 의해 작성된 게시글, 주류 및 가품판매글 등 부적절한
콘텐츠를 머신러닝 기술을 활용해서 예측하고 검열한다.

서 머신러닝 기술을 활용하였다. 한 예로 머신러닝 모델은 전문 판매업자
나 장사꾼들이 자주 업로드하는 게시글과 이미지 데이터의 패턴을 학습하
여, 해당 게시글이 업자에 의해 업로드되었을 확률을 0부터 1.0 사이의 수
치로 알려준다. 비슷하게 술과 가품의 경우도 상품 설명과 사진, 가격 등
게시글의 특성을 종합적으로 분석하고 확률을 계산하여 부적절한 콘텐츠
를 필터링한다. 머신러닝은 수많은 사진과 게시글 데이터를 학습하면서 유
해한 게시글을 분류하기 때문에, 부적절한 게시글을 작성하는 사용자들의
수법이 달라져도 이를 감지하는 것이 가능하다. 덕분에 많은 인력을 감축
할 수 있으며, 더 효과적으로 게시글을 관리할 수 있다. 머신러닝에 의해
게시글을 관리하면 실시간으로 빠른 판단이 가능하기 때문이다. 부적절한
게시글이 올라올 경우, 인간 관리자가 검열하면 일정 시간 동안 해당 글이
노출되어 부적절한 결과를 낳기 쉬운 반면, 머신러닝 모델은 즉각적으로

해당 게시글의 노출을 막을 수 있기 때문에 소비자들이 사기성 거래로 피해를 입는 상황을 사전에 방지한다. 이는 나아가 안전하고 신뢰 가능한 커뮤니티 운영을 가능하게 하는 원동력으로 작동한다. 이러한 장점은 얼마 전 "요소수 부족 사태"에서도 여실히 드러났다. 요소수 부족이 사회적 문제로 대두되었을 때 일부 상인들은 온라인을 통해 요소수를 비싼 가격으로 거래하고자 시도하였다. 그러나 당근마켓의 머신러닝은 이를 원천적으로 차단하여 매점매석(買占賣惜)이 이루어지는 것을 효과적으로 방지했다.

그러나 당근마켓을 지역주민들을 위한 중고거래 서비스로만 간주하는 것은 한계가 있다. 머신러닝 알고리즘은 지역주민들 간의 안전한 중고거래가 이루어지는 근간을 제공하였지만 당근마켓의 성공의 배경에는 지역주민 간의 소통이 존재한다. 최근의 당근마켓은 중고거래 서비스보다는 주민들 간의 정보교류, 구인구직 혹은 부동산 등의 정보를 거래하는 지역 커뮤니티로 자리매김하고 있다. 퍼트남이 우려한 공동체 의식 약화의 문제는 전 세계에 나타나는 현상이지만 오히려 온라인 공간에서는 알고리즘에 기반하여 지역 유대감 중심의 소통이 이어지고 공동체가 재건되고 있는 것이다.

2. 온라인에서 오프라인으로

기술은 이처럼 신뢰할 수 있는 지역 커뮤니티 설립을 가능하게 함과 동시에, 온라인 시대의 도래로 불가능할 것만 같았던 오프라인에서의 사회적 응집을 도모하기도 한다. 위치 기반 증강현실 비디오 게임 "포켓몬고(Pokémon GO)"는 게임은 온라인에서 진행된다는 고정관념을 탈피했다. 포켓몬고의 플레이어들은 오프라인에서 모여 협력하고 경쟁하며 공동의 목표를 달성한다. 포켓몬고는 실제로 온라인과 실생활 커뮤니티 구성원들 사이의 정보 공유와(Wang et al. 2018) 신체활동은 물론(Althoff, White, & Horvitz 2016) 웰빙에 이르기까지(Zach & Tussyadiah 2017) 다양한 사

회적 가치에 긍정적인 영향을 미치는 것으로 나타났다. 하지만 포켓몬고의
협공(raid) 네트워크는 더 높은 이동성과 시간 자원을 지니고 더 큰 사회
적 자본에 대한 접근 권한을 가진 플레이어들을 선호한다는 한계도 연구
에 의해 밝혀진 바 있는데(Bhattacharya et al. 2019), 이는 개인의 특성과
소유 자원의 차이가 기술적 차별로까지 이어질 수 있음을 의미한다. 공동
체를 지원함에 있어서 더 다양한 사회구성원들을 포용하고, 소수의 구성원
들이 차별받지 않기 위해 기술과 알고리즘은 더 섬세하게 디자인 되어야
할 필요가 있다.

그림 8-3 위치기반 증강현실을 활용한 오프라인 상호작용

출처:https://www.wsj.com/articles/pokemon-go-surged-by-building-
    community-1469419260.
위치기반 증강 현실 게임 포켓몬고의 사용자들은 오프라인에서 만나 상호작용하며 공동의
목표를 달성한다.

　　알고리즘은 지역 공동체와 취미 공동체를 넘어 비영리 단체와 지역 사
회에도 긍정적인 변화를 가져왔다. 특히 트위터와 같은 소셜 미디어는 다
양한 이해관계자와 소통할 수 있는 새로운 창구로써 기능한다. 러브조이와
색스턴(Lovejoy & Saxton 2012)은 가장영향력 있는 미국 100개의 비영리
단체의 트위터를 분석했다. 비영리 단체들은 소셜 미디어를 활용하여 그들

의 단체와 단체의 활동에 대한 정보를 공유했으며, 트위터에서 팔로워들과 상호작용을 통하여 새로운 네트워크를 구축했다. 2016년 미국 대통령 선거 기간에도 민간비영리기구인 이민자 비영리 단체는 트위터를 적극 활용했다(Li, Dombrowski, & Brady 2018). 해당 단체는 트위터를 통해 이민 관련 문제 및 정책에 대한 정보를 배포함은 물론, 정치적으로 영향력 있는 운동에 참여할 것을 사람들에게 권장 했다. 더불어 정치 당사자, 미디어 및 기타 조직을 포함한 외부 이해관계자와의 대화를 시도함으로써 그들의 영향력을 보다 효과적으로 발휘할 수 있었다. 이들 사례는 소셜 미디어에서 커뮤니티를 구축하는 것이 전통적 웹사이트를 활용하는 것보다 다양한 이해관계자들과 효율적으로 소통할 수 있다는 것을 암시한다.

더불어 알고리즘은 전통적인 일방향적 전달을 전환했다. 주류 미디어와 같은 정보의 주도권을 쥐고 있는 계층이 일반 수용자에게 일방적으로 정보를 전달하던 공식이 알고리즘의 발전으로 깨진 셈이다. 이는 정보의 소비자가 정보의 생산자로 탈바꿈한 것을 의미한다. 제품이나 서비스 개발에서 소비자가 직접적 혹은 간접적으로 참여하는 '프로슈머'를 넘어 유튜브는 '1인 크리에이터' 혹은 '창작 기업가'라는 새로운 직업을 창조했다. 2020년 유튜브 창작 생태계로 인해 국내 GDP는 약 1조 5970억 원 증가하였으며, 약 8만 6천 개의 일자리가 창출되었다. 경제적 효과뿐 아니라 유튜브와 같은 알고리즘 기반의 콘텐츠 플랫폼은 문화적 그리고 사회적으로 새로운 가치를 창출하고 있다. 크리에이터들은 누구나 쉽게 개인의 채널을 설립할 수 있음은 물론, 기술적 장벽을 극복하고 전 세계의 사용자들에게 다양한 주제의 콘텐츠를 만들고 전파할 수 있는 기회를 얻었다.

그림 8-4 유튜브의 경제적 및 사회적 영향력

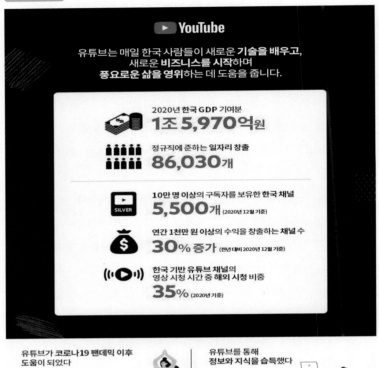

출처: YouTube Impact Report, Oxford Economics, 2020년.

출처: 유튜브 코리아 블로그.

III   알고리즘을 통한 민주적 의사결정과 참여의 실현

이전 사례들을 통해 알고리즘이 사회적 약자에 대한 기회를 제공하고 사회 통합과 공동체 복원에 기여하는 것을 확인할 수 있다. 인공지능 기술은 인간과 사회에 긍정적인 영향을 행사할 때 그 가치가 있으며(Amershi et al. 2019), 실제로 스탠포드 대학의 Human-Centered Artificial Intelligence(HAI) 센터, 구글의 People + AI Research(PAIR) 등의 AI 관련 세계의 유수 기관들은 인간 중심적 AI의 중요성을 강조하고 있다. 그렇다면 알고리즘은 사회적 가치의 마지막 지향점이라고 할 수 있는 민주주의의 가치 실현에 어떻게 공헌할 수 있을까? 민주주의를 구성하는 중요한 요소는 참여와 숙의다. 첫째로 시민들은 공동체 구성원으로서 정치와 의사결정 과정에 적극적으로 참여해야 하며, 둘째로, 이들은 다양한 견해를 듣고 자신의 의견을 표명할 수 있는 숙의의 자세를 갖춰야 한다(Mutz 2006). 의사결정 과정에서 시민들의 참여와 숙의를 이끌기 위해서는 구성원들이 논의할 수 있는 공간의 마련이 선행되어야 한다.

그림 8-5 공론형성 시스템을 통한 전자민주주의

대의 민주주의를 보완하고 국민의 의견을 반영하기 위한 전자민주주의의 제도화의 일환으로 운영되고 있는 국민청원 시스템. 정치, 외교, 일자리, 보건복지, 인권 등 다양한 현안에 대해 시민들이 직접 청원을 등록한다. 국민청원 시스템은 문제 해결을 위한 시스템이라기보다는 공론 형성의 장으로 기능한다.

이러한 측면에서 디지털 기술과 알고리즘은 온라인 공론장(online

public sphere)을 형성함으로서 민주주의에 힘을 싣고 있다. 온라인을 통한 민주주의가 이루어지 위해서는 특정 현안에 대한 논의가 이루어지기에 앞서서 해당 사안에 대한 공론화가 필요한데, 청와대의 국민 청원 시스템은 이런 공론화을 가능하게 하는 대표적인 온라인 채널이다. 온라인 국민 청원은 국민참여형 정치 실현은 물론 시민과 정부 사이의 실질적인 소통의 장을 제공한다. 국민 청원 시스템과 같은 온라인 토론 게시판은 시민 참여를 기반으로 공감대를 형성하며 여론형성을 주도하는데, 이 과정에서 온라인 공감 그리고 사회적 공유와 같은 사회·기술적 요소들이 해당 시스템의 원활한 작동을 돕는다. 현재 국민 청원 시스템은 추천순과 최신순으로 청원을 정렬 가능하다. 여기에서 나아가 다양한 사회적 가치를 반영하는 머신러닝 기반의 정렬 알고리즘이 적용될 수 있을 것이다.

이렇게 공론장이 형성된 후, 중요한 것은 시민들을 의사결정 과정에 포함하고 합의를 도출하는 것이다. 숙의 민주주의는 현대 대의민주주의의 한계를 보완하기 위한 숙의적 시민참여를 강조하는데, 특정 사안에 대한 학습과 토론 등에 사회 구성원인 시민들이 직접 참여함으로써 충분한 숙고와 논의를 통해 의사 결정을 하는 방식이다. 하지만 이 과정에서 자신의 의견이 다수의 사람들에 의해 지지되는 지배적인 의견과 반대될 경우, 고립에 대한 공포로 인해 본인의 일탈적 의견을 공개적으로 표명하지 못하는 "침묵의 나선 효과"가 발생할 수 있는데, 이는 민주주의 발전을 저해하는 대표적인 장애물이다. 여론이 합리적인 토론을 통해서가 아니라, 고립에 대한 두려움이라는 감성적이고 비이성적인 요인에 의해서 형성되는 것은 합리적인 의사결정을 저해한다. 최근 연구는 대화형 에이전트가 이러한 침묵의 나선 효과를 극복하고 구성원들이 숙의 토론에 도달할 수 있게끔 지원한다는 것을 밝혔다(Kim et al. 2021). 토론을 중재하는 중재자가 부재하며 구조화가 어렵다는 온라인 토론장의 한계는 숙의적 토론과 합의 도달의 실패를 야기한다. 이런 온라인 토론의 한계를 극복하기 위해 연구자들은 협동 학습 전략인 생각하기-짝짓기-공유하기(Think-Pair-Share)

전략에 근거해서 토론을 구조화하고 토론 참여자들의 발화된 정보량을 분석하여 방관자들의 의견 표명을 촉진하는 대화형 에이전트를 개발했다. 그 결과 에이전트에 의한 토론 구조화는 더 다양한 의견을 생성하고, 방관자를 독려하는 기능은 진정한 합의 도출에 기여하는 것을 확인할 수 있었다. 즉, 대화형 에이전트가 인간 중재자의 역할을 수행함으로써 숙의 토론에 기여한 것이다. 해당 연구 결과는 사회적 가치를 고려하여 디자인된 인공지능 기술이 민주적 의사결정 과정을 지원할 수 있음은 물론 시민적 권리 향상에도 기여할 수 있음을 시사한다.

인공지능과 알고리즘은 온라인에서의 민주주의뿐 아니라 오프라인에서의 민주주의를 지원할 수 있다는 사실이 최근 연구들을 통해 경험적으로 증명되고 있다. 공동체 협의를 위해 현재의 많은 지방 정부 시스템은 여전히 전통적인 읍사무소나 시청(town hall)에 의존하는데, 이런 전통적인 시청 시스템은 지역 주민들의 광범위한 참여는 물론 참석자들의 피드백 수집 및 기록이 어렵다는 한계가 존재한다. CommunityClick은 포괄적인 방식으로 참석자들의 피드백을 기록하고, 주최자가 보다 종합적인 보고서를 작성할 수 있도록 지원하는 커뮤니티 소싱 시스템이다(Jasim et al. 2021). CommunityClick은 지역 사회를 위한 미팅 동안 회의 오디오 정보 뿐 아니라, 침묵하는 참여자들에게 실시간 피드백을 제공하며, 이 정보는 회의록에 자동으로 보관(archive)되도록 디자인되었다. 텍스트 분석 기술에 의해 요약된 정보는 주최자가 보고서를 효율적으로 작성할 수 있도록 리포트에 통합된다. 이런 알고리즘을 활용한 기술적 지원을 통해 의사결정 과정에 더 많은 사회 구성원들의 의견이 포용될 수 있는 결과를 낳은 것이다.

나아가 최근에는 블록체인 기반의 정부 및 정책 시스템 역시 민주주의 구현을 위한 하나의 기술적 솔루션으로 주목 받고 있다. 덴마크와 호주에서는 투표의 투명성 유지를 위해 투표 진행 결과를 블록체인에 기록하는

그림 8-6 피드백 수집을 통해 구성원들의 민주주의적 의사결정을 가능하게 하는 CommunityClick 시스템(Jasim et al., 2021).

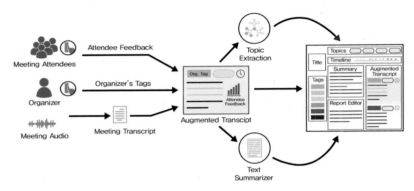

기술을 정당 투표와 상원의원 선거 등에 도입했으며, 에스토니아는 디지털 신원 확인이 가능한 블록체인 기반의 전자시민권 시스템을 구축했다. 영국의 디지털 서비스청은 정부에서 작성한 문서를 관리를 위해 블록체인 기술을 활용하고 있다. 미국의 경우 네바다, 버몬트, 애리조나 주는 블록체인 상의 서명의 법적 효력을 인정하는 법안을 통과하였으며, 텍사스 주는 블록체인 기반의 온라인 투표 시스템을 채택할 예정이다. 국내도 정부 운영과 서비스에 블록체인 기술을 도입함에 있어서, 확장성(Scalability), 보안성(Security), 분산성(Decentralization)과 같은 기술적 요소는 물론 표준화와 개인정보보호와 같은 제도적 사안들 또한 총체적으로 고려하고 있다.

이처럼 알고리즘은 산업 분야 외에도 정부 운영과 정부 서비스의 패러다임에 큰 영향을 행사 중이다. 특히 정보기술을 기반으로 한 공공업무의 전자화를 통해 행정업무의 효율성을 추구하는 전자정부는 공론장의 제공을 넘어 시민들의 의견을 조직화하는 채널로서 기능한다. 대표적으로 국민권익위원회가 운영하는 국민 정책참여 플랫폼인 '국민생각함'은 공공정책에 대한 개인의 아이디어를 교류하고 사회구성원들의 의견을 조직화하는 기능을 제공한다. 2019년에는 미세먼지 문제에 대한 해결방법을 모색하기 위한 토론회가 국민생각함에서 진행되기도 하였으며, 2022년 1월 기준으로 '코로나19 방역체계 개편', '가정의례법 존속 여부', '공공데이터 활용대회 투표' 등 다양한 사회적 현안에 대한 토론, 설문, 투표가 진행되고 있다.

Ⅳ 마치며

디지털 기술 개발 초기에 많은 사람들은 기술의 발전이 정보와 기술을 활용할 수 있는 사람과 그렇지 않은 사람을 나누게 되고 결국 그 격차가 큰 사회문제를 야기할 것으로 예상했다. 그러나 앞선 사례와 연구 결과에서 확인할 수 있듯이 디지털 기술과 알고리즘의 발전은 기술을 좀 더 많은 사람들이 활용할 수 있는 방향으로 진화하였으며 보다 많은 사회적 기회를 창출했다. 특히 알고리즘은 여러 사회문제를 해결하는데 활용되고 있으며 보다 광범위한 소통을 가능하게 하는데 기여 중이다. 나아가 민주적 의사결정에 영향을 행사하는 알고리즘 기반의 서비스와 플랫폼의 사례들은 알고리즘이 현대사회에서 보다 활발한 공론과 숙의의 장을 만들어 낼 수 있음을 시사한다.

그러나 알고리즘이 가진 가치가 항상 긍정적으로 발현되는 것은 아니다. 일례로 기술의 발전에 따른 정보접근성의 개선은 수동적인 사용자를 만들어냈다. 특히 최근의 자발적이고 양방향적인 정보의 생산과 공유의 방식은 거짓정보가 확산되기 쉬운 네트워크 구조를 야기하기도 했다. 이는 알고리즘이 가진 위험성을 의미한다. 따라서 알고리즘이 가지는 사회적 가치를 높이 평가하는 것과 동시에 사용자가 느끼는 위협요소와 알고리즘이 사회에 수용되는 과정에서 발생하는 여러 부정적인 측면 또한 면밀하게 검증되어야 할 것이다.

\<참고문헌\>

김경동. 2019. 『사회적 가치: 문명론적 성찰과 비전』. 파주: 푸른사상사.

IT조선. 2021. AI, 디지털 격차 해소 도구로 부상. URL:
http://it.chosun.com/site/data/html_dir/2021/01/05/2021010503017.html

이코노미조선, 2021. 당근마켓의 따뜻한 기술, 승자 독식 없는 동네 상권에 최적
https://biz.chosun.com/industry/company/2021/10/07/R6GFQJLVIRCN3EF
CIMJEURHFPE/

한국지능정보사회진흥원. 2021. 2020년 디지털정보 격차 실태조사.

Althoff, T., White, R. W., & Horvitz, E. 2016. Influence of Pokémon Go on
physical activity: study and implications. Journal of medical Internet
research, 18(12), e315.

Amershi, S., Weld, D., Vorvoreanu, M., Fourney, A., Nushi, B., Collisson,
P., Suh, J., Iqbal, S., Bennett, P. N., Inkpen, K., Kikin−Gil, R., &
Horvitz, E. (2019, May). Guidelines for human−AI interaction. In
Proceedings of the 2019 CHI Conference on Human Factors in
Computing Systems (1−13).

Bhattacharya, A., Windleharth, T. W., Ishii, R. A., Acevedo, I. M., Aragon,
C. R., Kientz, J. A., Yip, J. C., & Lee, J. H. 2019. Group interactions
in location−based gaming: A case study of raiding in pokémon go.
In Proceedings of the 2019 CHI Conference on Human Factors in
Computing Systems (1−12).

Carroll, J. M. 1997. "Human−computer interaction: psychology as a science
of design." Annual review of psychology 48.1 (1997): 61−83.

Dewan, Sanjeev, and Frederick J. Riggins. 2005. "The digital divide: Current
and future research directions." Journal of the Association for
information systems 6.12.

Diamond, L. 1999. Developing Democracy: Toward Consolidation. Baltimore and London: The Johns Hopkins University Press.

Jasim, M., Khaloo, P., Wadhwa, S., Zhang, A. X., Sarvghad, A., & Mahyar, N. 2021. CommunityClick: Capturing and reporting community feedback from town halls to improve inclusivity. Proceedings of the ACM on Human—Computer Interaction, 4(CSCW3), 1—32.

Kim, S., Eun, J., Seering, J., & Lee, J. 2021. Moderator Chatbot for Deliberative Discussion: Effects of Discussion Structure and Discussant Facilitation. Proceedings of the ACM on Human—Computer Interaction, 5(CSCW1), 1—26.

Li, H., Dombrowski, L., & Brady, E. 2018. Working toward empowering a community: How immigrant—focused nonprofit organizations use twitter during political conflicts. In Proceedings of the 2018 ACM Conference on Supporting Groupwork (335—346).

Lovejoy, K., & Saxton, G. D. 2012. Information, community, and action: How nonprofit organizations use social media. Journal of computer—mediated communication, 17(3), 337—353.

Mutz, D. C. 2006. Hearing the other side: Deliberative versus participatory democracy. Cambridge University Press.

Nickerson, Raymond S., and Thomas K. Landauer. "Human—computer interaction: Background and issues." Handbook of human—computer interaction. North—Holland, 1997. 3—31.

Putnam, R. D. 2000. Bowling alone: America&s declining social capital. In Culture and politics (223—234). Palgrave Macmillan, New York.

Wang, D., Wu, T., Wen, S., Liu, D., Xiang, Y., Zhou, W., Hassan, H., & Alelaiwi, A. 2018. Pokémon GO in Melbourne CBD: A case study of the cyber—physical symbiotic social networks. Journal of computational science, 26, 456—467.

Zach, F. J., & Tussyadiah, I. P. 2017. To catch them all—the (un) intended consequences of Pokémon GO on mobility, consumption, and wellbeing. In Information and communication technologies in tourism 2017 (217 – 227). Springer, Cham.

CHAPTER 09

한국인의 일 가치 지향과
사회적 신뢰

09 한국인의 일 가치 지향과 사회적 신뢰

권현지(서울대학교 사회학과 교수)
황세원(서울대학교 사회학과 박사과정 수료)

I 한국사회에서 사회적 가치의 부상

'사회적 가치'라는 개념어에 대한 공유된 정의는 아직 존재하지 않는 다. 이미 사용되고 있는 범위가 매우 넓기 때문이기도 하고 또 한편으로는 사회적 가치가 맥락적이기 때문이기도 하다. 사회과학자는 자신이 속한 사회의 맥락에서 대상의 의미를 탐구해 가는 여정에 있는 사람이고, 따라서 사회적 가치에 대한 연구도 그 과정을 거칠 수밖에 없다. 이 과정에서 '사회적인 것'(the social), '가치', 그리고 이 두 개념의 조합에 대한 탐색이 모두 필요하다. 다시 말해 사회적 가치에 대한 연구는 과정적, 구성적이다.

사회학은 그 자체가 '사회'를 연구하는 학문이지만, 1980년대 이후 유럽에서 '사회적인 것'(the social)에 대한 연구 관심이 한층 높아졌다. 자유로운 개인을 전제로 '공동체'(community) 안에서의 사회적 관계를 중시하는 '공동체주의'(communitarianism)의 부상이 그 촉발제로 작용했다(박세일, 2008). 대처리즘과 레이거니즘이 신호탄을 날린 이른바 신자유주의, 즉 탈규제적 자유시장 자본주의가 글로벌 차원에서 심화되고 이를 적극적으로 선도하는 정치와 정책은 급격한 정부 지출과 공공부문 축소, 노동자의 조직력 약화를 야기했다. 이러한 미국 자본주의의 패권적 글로벌화에 대한 견제와 반작용은 주로 유럽에서 사회적인 것, 즉 사회적 영역의 경제와 정치의 복원 움직임으로 가시화되었다고 볼 수 있다. 예컨대 1997년 6월의 암스테르담 EU 회의에서 유럽 지식인 1000여명이 발표한 '사회의 질

선언'은 경제 정책에 사회 정책이 종속되는 기존 방식으로는 '사회적으로 정의로운 유럽'을 만들 수 없다는 점을 천명하며, 경제 성장만이 아니라 사회 정의, 시민 참여가 보장되는 사회를 추구하기 위해 '사회의 질'을 높여야 한다는 주장을 담았다(Beck et al. 2001; 고동현 외 2016에서 재인용). 1990년대 중반 이후 성장, 소득, 불평등 등의 경제 지표 외에 가치지향적 지표를 통해서 사회의 질(Social Quality)을 측정하고자 하는 시도 역시 유럽을 중심으로 확산되었다.

최근 한국에서도 '사회적 가치'에 대한 관심이 높아졌고, 이를 공적·제도적 틀 안으로 넣으려는 시도가 이어졌다. 2000년대 이후 꾸준히 전개된 사회적 문제 제기, 연구, 실천을 기반으로 문재인 정부는 '사회적 가치'를 국정 기조 중 하나로 삼았다. 대표적인 예가 공공기관 경영 실적 평가(공공기관 운영에 관한 법률 48조에 따른 평가)에 사회적 가치 지표를 비중 있게 적용하도록 한 것이다.

사회적 가치를 구체적으로 제시한 기준들도 여러 가지가 있다. 그 중에서 최근 주목할 만한 것은 ESG(환경Environment·사회Social·지배구조Governance)에 대한 관심으로, 주요 경제 주체인 기업이 사회적 가치 기반 경영을 경쟁력 유지 및 확보와 연계시킬 수밖에 없는 상황이 되었다는 점에서 그렇다. 보다 포괄적인 지표로써 ESG와도 긴밀히 연계되고 있는 UN 지속가능발전목표(Sustainable Development Goals)의 사회적 영향도 커지고 있다. 특히 ESG와 관련해서는 불과 얼마 전까지만 해도 경제 성장 중심의 논리가 지배적이었던 한국에서 경제 이외의 가치에 대한 호응이 급격히 높아졌다는 점은 이례적이다. ESG 기준에 따른 투자 및 기업 거버넌스 상의 변화 흐름이 국제적으로 큰 화두라는 점, 한국 경제가 글로벌 투자 시장 및 경제에 긴밀히 통합되어 국제사회의 압력으로부터 자유롭지 않다는 점, 사회적 가치 추구를 투자 관점에서 압박한다는 점에서 한국을 비롯한 어떤 자본주의 경제도 이로부터 자유롭지 않다는 점 등을 감안하더라도 그렇다. 그 기저에는 1960년대 이래 급격한 경제성장을 통해 물질적인 풍요는 어느 정도 달성했지만 그에 비해서 결핍된 부분들이 적지 않다는 반성이 깔려 있는 것으로 보인다. 꽤 평등하다고 믿었던 한국 사회가 어느새 OECD 평균에 비해서도 불평등 정도가 높은 나라로 변해버린 데 대한 자각도 작용한 듯하다. 즉, '사회적 가치'라는 화두가 막연하게나마 우리가 잃어버리고 있었던 것에 대한 감각과 통했기 때문에 이에 대한 관심과 공감대가 높은 것이라고 해석할 수 있다.

그 의미를 다시 생각해 보면, '어떤 사회에 살고 싶은지'에 대한 희망과 염원의 표현이기도 하고 '우리 사회가 어떻게 달라졌으면 하는지'에 대한 염원이기도 할 것이다. 즉, '사회적 가치'에 대해서 탐색한다는 것은 우리 사회가 어떤 문제를 가지고 있고, 어떻게 달라져야 하는지를 탐색하는 것과 같다. 이를 위해서는 경제 성장 과정에서 결핍돼 있었던 것, 그리고 그 결핍의 누적이 결과한 제반 사회적 문제가 사람들의 삶을 어떻게 억누르고 어렵게 하는지를 살펴봐야 한다.

이 글에서는 먼저, 앞에서 언급한 것처럼 최근 관심의 대상이 되고 있는 ESG를 비롯해서 사회적 가치 기준에 해당하는 개념들을 살펴볼 것이다. 각 개념들이 부상하고 사용되는 맥락과 함께, 그 안에 가치 충돌의 가능성이 있지는 않은지 짚어보려 한다.

이어서 '사회적인 것'을 의식하고 중요시하는 사람들의 감각을 '사회적 신뢰'를 통해 가늠해보려 한다. 대체로 불특정한 사회 구성원들을 '일반적'으로 '신뢰'하고 있는지 여부로 사회적 신뢰 정도를 측정하는데, 이런 신뢰를 가지고 있다는 것은 자신을 둘러싼 세계가 단지 약육강식의 야생이 아니고, 공통의 가치 지향을 통해서 쌓아 올린 믿을 만한 구조가 있다고 여긴다는 뜻이기 때문이다. 이런 신뢰 정도는 국가 및 공동체의 제도적 환경에 따라, 연령 및 성별 등 개인의 특성에 따라 다를 수 있다. 이 글에서는 한국사람들의 사회적 신뢰가 다른 나라에 비해 어느 정도의 수준에 있는지, 어떤 특징을 보이는지를 살펴볼 것이다.

이 글의 핵심은 다음으로 논의할 일(노동)과 사회적 가치의 관계에 대한 것이다. 우리가 지닌 전제는 사람들이 자신이 하는 '일'에 대해 지닌 가치의 내용과 사회적 가치 추구 간에 커다란 연관성이 있다는 것이다. 사람들은 대부분 일을 통해 사회와 관계를 맺는다. 일은 사람들이 하루 중의 많은 시간, 일생의 상당 부분을 투입하는 대상이며, 거기서 획득한 수입이 삶의 다른 여러 부분을 좌우한다. 그러므로 일은 사람들의 생각과 지향, 그리고 행동에 큰 영향을 줄 수밖에 없다. 일을 단지 '돈을 버는 행위', 즉 도구적 가치로만 여기지 않고 다른 가치가 존재한다고 믿는 사람이 많은 사회일수록 경제 논리를 넘어서는 가치 지향의 개연성이 높다고 가정해 볼 수 있는 이유다. 또한 일터 안에서 경험하는 정당한 대우, 좋은 조직 내 사회적 관계 등을 통해 높아질 수 있는 조직에 대한 신뢰가 사회에 대한 신뢰 수준에 영향을 미칠 것이라는 가정도 가능하다. 이 연구에서는 이와 같은 가정들이 타당한지 사회조사 데이터를 통해서 살펴보고자 한다.

Ⅱ ESG 등 사회적 가치의 기준들

사회적 가치의 층위로 세 가지 차원을 생각해 볼 수 있다. 하나는 체제적 가치다. 자본주의 사회에서 사는 우리의 일과 삶은 자본주의 체제의 가치에 따른다. 대체로는 임금노동을 해서 생계를 지탱하며, 시장의 원리에 따라 선택하거나 선택을 받는다. 이 과정 자체에는 명시적인 압력이나 강제는 없다. 또한 우리는 민주주의 하에서 살고 있으므로 민주적인 의사 결정에 참여하거나 그 지배를 받는다. 두 번째 차원은 체제를 초월하는 사회의 본질적인 가치다. 자본주의와 같은 강력한 체제 하에서 살아가다 보면 그 자체가 사회인 것처럼 생각하기 쉽지만, 그보다 더 기본적인 차원에 이미 사회적인 관계가 있다. 결국 지속 가능해야 하는 것은 사람들의 삶이고 인간 사회다. 때문에 자본주의 체제의 작동방식을 넘어서는 구상을 해야 할 때가 있다. 기후위기에 당면해서 지속가능성이 무엇보다 중요해진 현재의 상황이 바로 그렇다. 또한 연대와 호혜 등 사회의 본질적 가치들에 대한 중요성도 다시 부각되고 있다. 세 번째 차원은 인간의 보다 본질적인 가치다. 사회가 관계성의 영역이라면 인간 자체에 해당하는 가치 영역도 있다. 인간의 존엄, 자유, 평등을 비롯해서 기본적인 인권에 해당하는 가치들이다.

이 세 가지 차원은 일상적으로는 중첩되거나 통합된 채로 존재할 수 있지만 체제의 균열이 일어난다거나, 사회의 기능이 제대로 발휘되지 않을 때, 또 불확실성이 심화될 때 충돌이나 공백이 생길 수 있다. 또한 사람들의 교육 수준과 사회 및 체제에 대한 인식, 추구하는 가치관 또는 삶의 질에 대한 차이에 의해서 각 층위의 가치 간에 대립 및 갈등이 생길 수도 있다. 예를 들어 자본주의의 체제적 가치는 수 세기 동안 지속되어 왔지만, 20세기 초의 자본주의와 21세기의 자본주의 체제는 매우 다르다. 끊임없는 조정이 전체적으로, 그리고 각 사회에서 진행되어 왔고, 이에 따라 학자들은 자본주의의 조정 방식과 그 결과로서 자본주의 다양성에 동의하고 있다. 충돌과 갈등을 조정할 수 있는 사회적 역량은 가치 지향 만큼이나 중요하다.

그러므로, 앞에서 강조한 바와 같이 사회적 가치는 그 자체로 완결적으로 정의된 개념이라기보다는 각 사회의 맥락 하에서, 위 세가지 차원의 상호 조정 과정에서 추구되는 구성물이다. 21세기의 사회적 가치는 '기업 사회 책임'(Corporate Social Responsibility · CSR), '공유가치창출(Creating Shared Value · CSV; Porter & Kramer 2011), UN의 지속가능개발목표 (Sustainable Development Goals · SDGs) 등으로 제시돼 왔다. 인류사회의 지속가능성이 위협받고 있는 상황에서 사회적 가치와 인간의 존재를 안정시킬 수 있는 체제적 가치의 조정이라고도 할 수 있다.

이 중 최근 국제적으로 가장 주목받고 있는 가치는 ESG[1]이다. 2018년

---

1) ESG 개념을 명확히 이해하기 위해서는 전통적인 CSR, CSV와의 차이에 대한 검토가 필요하다. 먼저, CSR(Corporate Social Responsibility)은 오래전부터 있었던 기업의 사

1월, 세계 최대 자산운용사 블랙록의 래리 핑크 회장이 CEO들에게 보낸
연례 서한에서 "시간이 지나도 계속 번영하려면, 모든 기업은 훌륭한 재무
적 성과뿐 아니라 사회에 어떻게 긍정적으로 기여하는지도 보여줘야 한
다"는 말로 ESG를 강조한 이래 이 가치는 특히 기업 투자에 있어서의 중
요한 기준으로 부상했다(전혜원 2021). 이어서 미국 바이든 대통령이 집무
시작 직후부터 각 정부 기관, 주 정부 제도 등이 ESG 기준을 따르는지 점
검하고, 이전 트럼프 정부 당시 추진된 제도들이 이 기준에 맞지 않을 경
우 되돌리는 조치를 취하자(박지영 2021) ESG의 위상은 더욱 높아졌다.

　ESG 이전에도 CSR과 같은 가치가 국제사회에서 하나의 포괄적 흐름
으로 통용된 바 있다. 그러나 국내에서는 이 CSR이 매우 협소하게 이해되
고, 제한적으로 작동했다. 반면 ESG에 대해서는 국내 기업 및 미디어의
관심이 이례적이라 할 만큼 급격히 높아졌다. 중요한 계기는 한국전력(한
전)에 대한 글로벌 투자가 중단된 일이었다. 2017년 노르웨이 국부펀드
(GPFG)는 "매출액 30% 이상이 석탄일 경우 투자를 철회한다"는 원칙에
따라 한전을 투자금지 기업으로 정했다. 네덜란드 연기금 자산운용사
(APG)는 한전이 인도네시아와 베트남에 석탄 발전소를 세우려고 한다는
이유 등으로 2017년부터 보유 지분을 매각하다가 2021년 1월 투자금 6천
만 유로의 회수를 완료했다. 2020년 6월에는 블랙록이 한전에 '투자중단

회적 책임을 의미하며 기업의 이해당사자들이 기대하고 요구하는 사회적 의무를 충족
하고자 수행하는 활동을 뜻한다. 주로 기업의 평판관리에 활용된다고 볼 수 있으며,
자선적 활동이나 기부, 환경보호 등의 사회공헌 활동으로 나타난다. 이후 2011년 미국
마이클 포터는 사회를 위해 돈과 관심을 쏟으면 더 크고 장기적인 이익이 가능하다는
공유가치 창출 개념인 CSV(Creating Shared Value)를 발표하는데, 이는 기업의 활동
자체가 사회적 가치를 창출하면서 동시에 경제적 수익을 추구하는 방향으로 이루어지
는 행위를 의미한다. 즉, 기업이 사회문제를 비즈니스모델로 만들어 사회문제를 해결
함으로써 기업의 수익을 창출하는 것을 말한다. CSV가 CSR보다 진화한 개념이며, 기
업과 지역사회가 상생하는 개념이다. ESG는 코로나19의 확산으로 인해 2020년부터
본격적으로 논의가 시작되었다, 기업과 투자자와의 관계에서 출발한 개념으로 기업 가
치를 평가할 때 철저하게 투자자 관점으로 접근하는 것을 의미한다. 투자자가 기업의
환경, 사회, 지배구조를 평가기준으로 하여 비재무적인 문제를 해결하는 기업이 장기
적으로 투자 성과가 좋을 것으로 판단하는 접근방식이다.

경고'를 보내기도 했다. 이와 같은 압력 및 조치들이 이어지자 한전은 2020년 10월 해외 석탄 발전 투자 사업 중단을 발표했고, 친환경 에너지 사업에 집중하고 이사회 내에 'ESG 위원회'를 두겠다고 밝혔다. 이후로 국내 기업들 사이에서 ESG 학습 열풍이 불고, 각종 강의 및 교육 사업들이 호황을 이룰 정도로 가치의 확산이 빨라 보였다.

이후 전개된 지금까지의 ESG의 양상이 실제로 기업의 환경, 사회, 의사 결정에 있어서의 사회적 책임을 실질적으로 강화하는 대안적 제도로 기능할지, 아니면 기업의 이윤 전략을 정당화하고 한때의 유행으로 끝날 것인지는 미지수다. 실제 국내 여러 대기업들이 ESG 위원회 혹은 전담 부서를 새로 구성하고 연간 ESG 보고서를 발간하는 등 전례 없이 민첩한 변화를 보여주고 있다. 그러나 CSR에 대해서도 제기되었던 바와 같이, 투자자들의 구미에 맞게 정형화된 이행 리스트의 점수를 높이는데 집중하는 형식화 단계에 머물고 있다는 비판도 제기되고 있다.

뿐만 아니라 ESG의 급속한 부상은 가치 간의 갈등 양상을 보여주기도 했다. 2017년부터 ESG 투자에 열심이었던 일본공적연금기금(GPIF)이 2021년 4월 이 기준의 투자 확대 속도를 늦출 수 있다는 의사를 언론에 밝혔는데 그 이유는 "기금 전체 수익률을 희생할 수는 없다"는 것이었다. 이를 단순히 '이윤 추구 우선' 원칙으로의 선회로만 간단히 해석할 수는 없다. 고령사회인 일본을 지탱하기 위해 매년 1.7% 이상의 실질 투자수익을 내야 하는 GPIF로서는 수익률 측면을 무시할 수 없다는(이정훈 2021) 점을 고려하면 그렇다. 즉, '고령자의 안정된 삶을 지탱한다'는 본연의 가치와 ESG의 새로운 가치가 충돌한 셈이다.

ESG를 구성하는 세 가지 가치 안에서의 충돌 양상도 있다. 기업들이 환경(E)에 비해 사회(S) 및 거버넌스(G)에 대해 상대적으로 낮은 관심을 보인다는 지적이 국제적으로 제기되고 있는 것이다. 특히 '사회'라는 영역에 평등하고 질적 수준이 높은 노동의 가치가 들어있다는 점은 거의 간과되고 있다. 한국사회는 기업의 사회적 책임이라는 프레임으로 노동문제를 다루어 본 경험도 없었기 때문에 노동에 대한 기업의 ESG적 접근은 찾아보기 어려운 수준이다. 최근 기업의 의사결정에 대한 노동의 제도화된 참여를 보장하는 측면에서 노동(추천)이사제의 제도화 논의가 활성화되고 있기는 하지만, 기업이 추구해야 할 본연의 가치라는 맥락에서 이해되고 있지는 않다.

UN이 제시하는 SDGs의 세부 목표들에서도 가치 충돌의 가능성이 나타난다. 일례로, SDGs의 8번째 세부 목표는 '괜찮은 일자리와 경제 성장'(Decent Work and Economic Growth)이다. 구체적으로는 '모두를 위한 지속적이고 포용적이며 지속 가능한 경제 성장, 완전하고 생산적인 고용 및 괜찮은 일자리 촉진'(Promote sustained, inclusive and sustainable economic growth, full and productive employment and decent work for all)이라는 가치를 제시한다. 문제는 '괜찮은 일자리', '경제 성장', '생산적인 고용' 등의 목표들이 서로 다른 방향으로 작동할 수 있다는 점이다. 물론 UN은 '지속가능성'을 '성장'의 전제로 두고 있기는 하다. 그러나 1960~1990년대와 달리 이제는 성장이 당연하지 않은 시대다. 성장이 정체되거나 마이너스 성장을 기록하는 것도 '뉴 노멀'로 받아들여야 한다는 주장이 나오고 있다. 이런 가운데서 계속해서 어느 정도라도 '성장'을 해야 한다는 기조를 두고서, 기존의 일자리의 질을 '괜찮은' 수준으로 끌어올리는 노력을 동시에 할 수 있을까? 또한 '생산적인 고용'이라는 고용주 관점의 목표와 '괜찮은 일자리'라는 노동자 관점의 목표가 동시에 추진될 수 있을까? 나라마다 환경마다 다르지만 최소한 한국의 상황에서는 쉽지 않아 보인다. 이전 시대에 추구되었던 성장 가치 중 일부는 내려놓아야 이 시대가 요구하는 가치를 추구할 수 있을 텐데 SDGs에는 그런 고민이 어떻게 구체화될 수 있는지의 고려나 방법론이 들어있지는 않기 때문이다.

ESG에 대한 한국 기업들의 열풍에도 불구하고 밖으로 보여주기 위한 점수 채우기나 관심이 집중되는 영역에 대한 편향된 추구는 지속가능성에 긍정적인 영향을 미치기 어렵다. ESG를 구체적으로 실천하는 주요 단위로서의 조직에 대한 사회적·제도적 영향력, 사회적 역량이 중요하다. 결국 가치 지향과 실천은 행위자로부터 나온다는 점을 고려할 때 사회구성원들의 공동체적 지향과 역량이 구체적으로 경험되고 학습되는 일터, 일 조직에 관심을 기울일 수밖에 없다.

Ⅲ 사회적 가치 기반으로서 사회적 신뢰와 그 측정

사람들이 이 사회 및 공동체를 자신들의 삶에서 가치 있는 것으로 여기는 정도를 '사회적 가치'에 대한 지향 척도로 삼는다면, 각 개인들이 이 사회를 '신뢰할 만하다'고 여기는 정도는 사회적 가치에 대한 대표적인 측정치가 될 수 있다.

후쿠야마(1999)는 신뢰의 반경(radius of trust)에 기반해 신뢰 수준(level)을 구분했으며, 가장 넓은 신뢰 반경에 해당하는 '일반화된 타자에 대한 신뢰'가 공동체적 연대 확대에 공헌한다고 했다. 후쿠야마에 따르면 가족주의가 강한 사회일수록 일반적으로 혈연의 범주 내에서의 신뢰가 높은 반면, 그 반경 너머에서는 신뢰가 상당히 낮다. 유교적 전통이 강한 동아시아 국가, 예를 들어 한국과 중국과 같은 나라는 가족의 전통이 강하므로 가족 테두리 밖에서는 신뢰가 낮다. 이와 달리 혈연에 기반을 두지 않은 자발적 조직형성이 잘 되는 미국과 일본과 같은 사회에서는 일반적 타인에 대해서도 높은 신뢰가 존재한다고 후쿠야마는 주장했다. 불특정 다수에 대한 신뢰, 사회 전반에 대한 신뢰는 일반화된 신뢰(generalized trust)로, 타자의 신뢰성, 협력에 대한 긍정적인 기대를 가진다는 것이다(Hardin 2001, p. 14; 윤민재 2004, p. 10에서 재인용). 즉, 일반화된 신뢰는 낯선 사람을 자신의 '도덕적 공동체' 안으로 포용하는 것을 뜻하며, '자신과 다른 사람이 가지고 있는 기본적 가치는 동일하다'는 기본적인 윤리적 가정에 기초한다(Uslaner 2002, pp. 18-19; 박아연 외 2018, p.30에서 재인용).

Uslaner(2002)는 실증연구를 바탕으로 낙관주의, 평등주의, 행복감, 정부 신뢰, 거주지 안전성, 우정 관계, 종교적 신념 등을 대인 신뢰 중 특히 일반 신뢰에 영향을 주는 요인으로 밝혀냈다. 그는 신뢰를 도덕적(moral) 신뢰와 전략적(strategic) 신뢰로 구분하고, 도덕적 신뢰는 자신의 보편적인 도덕적 가치에 근거한 신뢰, 전략적 신뢰는 상대방의 신뢰성에 대한 경험적 평가에 근거한 신뢰라고 설명했다. Helliwell & Putnam(2004)이 세계 가치 조사(World Value Survey), 미국 벤치마크 조사(US Benchmark Survey) 등 데이터로 분석한 결과, 사회적 자본 밀도가 더 높은 커뮤니티에서 신뢰 수준이 더 높으며, 높은 신뢰 환경에 살고 있다고 여기는 개인들은 다양한 설문 조사에서 거의 동일한 정도로 삶의 만족도와 행복도가 높다고 응답했다. 또한 일반적 신뢰는 개인 수준의 높은 주관적 웰빙과 밀접한 관련이 있었다. 그 밖에도 사회 규모와 지리적 유동성이 크고, 복합적이고 다문화적인 현대 사회에서는 잘 모르는 이질적인 사람들과의 교류와 협력이 필요하고 따라서 일반신뢰의 중요성이 강조된다는 연구도 있다 (Newton 2009; Granovetter 1973).

또한 사회에서의 신뢰는 '사회적 자본'을 만들어낸다. Putnam(1993)에 따르면 사회적 자본은 사회 네트워크, 규범, 신뢰와 같은 사회조직의 특성이며, 사회적 자본이 형성되고 나면 상호이익을 위한 협력과 조정이 더욱 쉬워진다. 사회적 자본의 원천(sources)은 자발적 결사체와 사회적 네트워크에서 비롯된 '신뢰'다. 자발적 결사체 및 네트워크 안에서는 사람들 사이의 상호작용의 빈도가 높고 지속적이므로 의사소통과 상호 교류가 활발하게 이뤄지므로 사회적 신뢰가 형성될 수 있다. 한편, Coleman(1990)은 사회적 자본을 '한 개인이 그 안에 참여함으로써 특정한 행동을 할 수 있게 만들어주는 사회 구조 혹은 사회적 관계의 한 측면'이라고 정의했다. 예로, 구성원 모두 밀접하게 연결된 폐쇄 네트워크의 경우 구성원 행동에 대한 집단 규범의 적용과 제재가 가능해 이에 근거한 구성원 신뢰가 형성될 수 있다. Portes(1998)는 사회적 자본은 '행위자가 자신이 속해 있는 사회 구조 및 네트워크의 멤버십을 통해 이득을 얻을 수 있는 능력'이며, 네트워크의 특성에 따라 긍정적인 측면과 부정적 측면을 모두 가질 수 있는 것으로 보았다. 사회적 자본이 사회 네트워크, 규범, 신뢰 등으로 구성된 것이라고 할 때 기업간 네트워크 그리고 신뢰는 상호 협력과 혁신(innovation)을 증진시켜주며 경제발전의 동인으로 작동한다(Fountain 1998). 또한 사회적 자본이 높은 사회는 정치적 민주화의 수준도 높은 것으로 알려져 있다(Fukuyama 1995; Putnam 1993; Putnam 2000; Helliwell 1996; Guiso 외 2000).

Ⅳ 한국의 사회적 신뢰 수준

2019년 통계청 사회조사에 따르면 한국 사회에 대한 사람들의 신뢰 수준은 20~30대, 고졸, 서비스판매와 기능노무직, 월수입 100만~200만 원 사이 응답자군에서 상대적으로 낮게 나타난다.

그림 9-1 한국 사회에 대한 신뢰 수준 (단위: %)

통계청 사회조사(2019) – 한국사회에 대한 신뢰 수준(단위: %)

■ 신뢰 있음   ■ 신뢰 없음

	신뢰 있음	신뢰 없음
13~19세	54.8	45.2
20~29세	45.1	54.9
30~39세	48.5	51.5
40~49세	53.3	46.7
50~59세	52	48
60세 이상	52.1	47.9
65세 이상	53.2	46.8
초졸 이하	53.8	46.2
중졸	50.3	49.7
고졸	46.3	53.7
대졸 이상	54.6	45.4
전문관리	57.1	42.9
사무	53	47
서비스판매	47.8	52.2
농어업	57.6	42.4
기능노무	47.3	52.7
월소득 100만 미만	48.2	51.8
월소득 100~200만 미만	46.4	53.6
월소득 200~300만 미만	49.8	50.2
월소득 300~400만 미만	49.8	50.2
월소득 400~500만 미만	52.4	47.6
월소득 500~600만 미만	55.1	44.9
월소득 600만원 이상	56.1	43.9

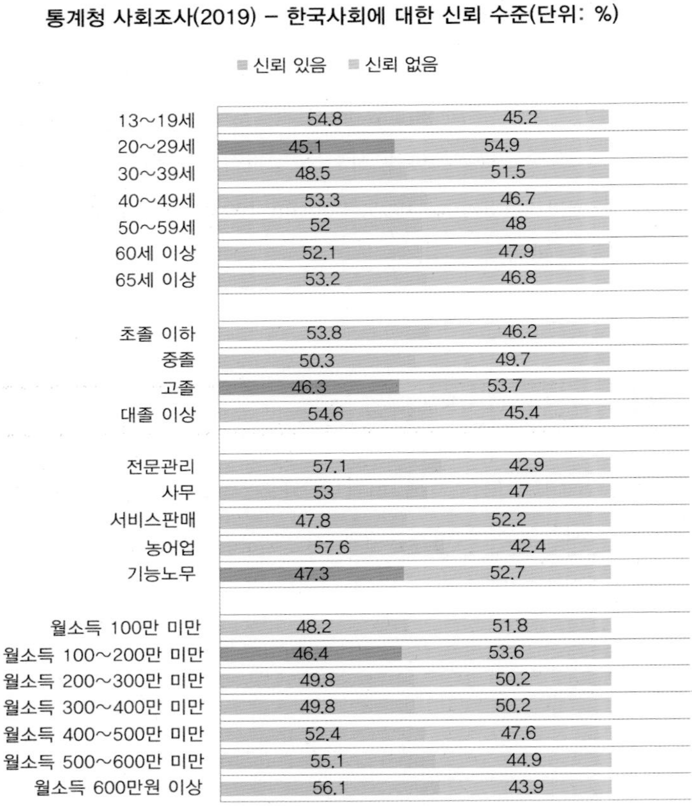

출처: 통계청, 2019 사회조사

2030세대, 특히 20대의 사회적 신뢰 수준이 낮은 점은 국제적으로도 공통된 추세다. 2018년 세계 가치 조사 결과를 보면 '대부분의 사람들에 대한 신뢰'로 측정한 사회적 신뢰 수준은 북유럽 국가들이 가장 높고, 호주가 신뢰 있음·없음이 반반 정도를 보이며, 한국은 신뢰 없음(67.07%)의 비율이 높다. 전체 데이터에서에서는 연령이 높아질수록 신뢰를 가진 비율

이 높아지는데, 유독 한국에서는 20대(25.45%)에서 신뢰를 가진 비율이
가장 낮았다.

그림 9-2 국가별 사회적 신뢰 정도 (단위 %)

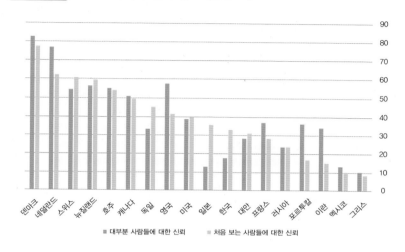

출처: 월드밸류서베이(WVS2018)

'처음 본 사람에 대한 신뢰' 역시 북유럽 국가들에서 가장 높으며 캐나
다가 신뢰 있음·없음이 반반인 선에 위치한다. 한국은 신뢰 없음(82.49%)
비율이 상당히 높다. 전체 데이터 상에서 연령이 높아질수록 신뢰 수준이
체계적인 높아지는 일반적인 경향과 다소 다른 모습이다. 한국에서는 20대
(11.36%)의 신뢰 있음 비중이 특히 낮다는 점 또한 눈에 띈다. 30대 이상
전 연령이 10대보다 낮은 신뢰 수준을 보이기도 한다. 전반적으로 20대와
30대의 신뢰 수준이 매우 낮다.

한국에서 유독 낮은 사회적 신뢰 수준을 설명하기 위해서는 다양한 요
인과 메커니즘을 고찰해야 하겠지만, 이 글에서는 앞에서 언급했듯이 하나
의 중요한 메커니즘으로 일에 대한 가치 및 일터에서의 신뢰 경험에 초점
을 맞추어 논의를 전개해 보고자 한다.

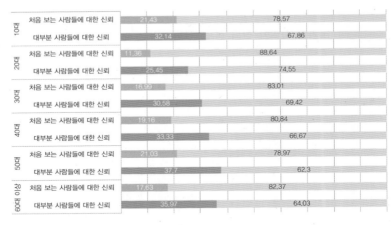

그림 9-3 한국, 연령별 '사회적 신뢰' 정도 (단위 %)

출처: 월드밸류서베이(WVS2018)

V 팽배한 도구적 일 가치와 사회적 가치

많은 사람들이 일자리를 잃거나 소득 불안을 겪고 있는 전 세계적 코로나 팬데믹 상황에서, 그럼에도 불구하고 일의 가치에 대한 사람들의 생각이 달라지고 있다는 국제뉴스가 들려온다. 예전에 비해 일의 본원적, 내재적 측면에 더 가치를 두게 되었다는 게 골자다. 비단 코로나19의 충격 때문만은 아닌 것 같다. 일의 내재적 가치 중시 성향을 국제비교한 Esser 와 Olsen(2012)에 따르면 조사 시점이 최근으로 올수록 대체로 내재적 선호도가 높아지고 있다.

그러나 한국의 통계로 보면 이러한 추세가 잘 보이지 않는다. 2021년 통계청 사회조사 자료를 보면 20대가 일자리 선택에서 가장 중요하게 생각하는 요소로 '적성과 흥미'를 꼽은 비율이 10년 전에 비해 다소 높아진 것을 볼 수 있다. 그러나 가장 높은 비율로 선택된 요소는 '수입'이며, 뒤따르는 다른 요인들보다 10%p나 높은 비율로 선택됐다. 그리고 이 비율은 10년 전보다 더 높아졌다. 도구적 가치의 중시 성향이 최근 더 강화되고 있는 것으로 해석할 수 있다.

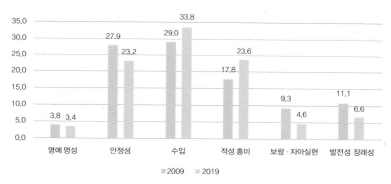

그림 9-4 한국, 20대 청년이 직업선택을 할 때 가장 중요하게 고려하는 요소: 2009년과 2019년 (단위 %)

출처: 통계청, 사회조사 2009년과 2019

이러한 추세는 필자가 최근 진행한 금융 부문 유노조 대기업 대상 조사에서도 발견된다. '좋은 일자리'의 구성 요소를 선택한 응답을 보면, 전체 응답자의 80%가 '임금·보상'을 선택했으며, 특히 2030세대는 90%가 넘는 비율로 이 요소를 택했다. 어느 연령대에서나 '임금·보상'을 최우선으로 꼽는 양상은 동일했으며, 50대가 그 다음으로 '고용 안정성'을 택한 것과 달리 20~40대에서는 '일의 재미'를 2위로 선택했다는 점 정도의 차이만 있었다.

이는 '임금'을 중시하는 추세가 비단 저임금 노동자에게만 국한된 것은 아니라는 점을 보여준다. 20~30대의 경우는 직업을 선택하는 데 있어서 임금 수준보다는 다양한 사회적 가치에 의미를 부여하는 다원적 경향을

그림 9-5 금융권 대기업 부문 노동자의 연령대별 좋은 일자리 구성 요소
인식, (1,2 순위 종합, 순위별 가중치 적용하지 않음) (단위 %)

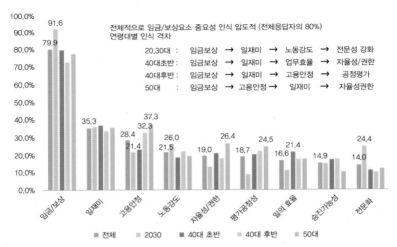

출처: 금융권 디지털 전환과 노동자 인식 조사, 2021

가진 것으로 알려져 있기도 한데, 실제로는 다른 연령대보다도 더 임금을
중시한다는 결과도 역설적이다.

　　이렇듯 많은 사람들이 일을 주로 돈벌이 수단으로 생각하고 있다는 것
에서 유추해 볼 수 있는 것 하나는, 사람들이 일하면서 경험하는 일터가
관계적, 존재적 의미를 찾거나 다른 가치를 추구하기 어려운 상황 하에 있
으리라는 것이다. 한국은 장시간 노동이 일상화되어 있고, 일과 자신의 정
체성을 일치시킬 정도로 '일 중심성'이 강한 사회다. 그런데도 이렇게 일터
에서 금전적, 도구적인 가치밖에는 찾을 수 없다면 이 영향은 일하는 사람
의 삶과 가치관 전체에 미칠 수밖에 없다.

　　일에 대한 도구적 인식과 앞 절에서 설명한 낮은 사회적 신뢰 사이에
직접적이고 논리적 관계를 바로 떠올리기는 쉽지 않다. 하지만, 고용주와
의 관계, 동료 및 상사와의 관계, 거래처나 고객과의 관계 등 가장 많은

사회적 관계를 매개하는 일터에서 신뢰를 경험하지 못한 사람들이 사회 전반에 대해 신뢰에 기반한 인식을 갖기 힘들 것이라는 점은 비교적 자연스럽게 연결된다. 관계만이 아니라 조직을 작동시키는 시스템을 신뢰하게 되는 경험을 한다면, 이는 사회 시스템에 보내는 신뢰에도 상당한 영향을 미칠 수 있다.

2021년 발표된 한국의 경제활동인구 통계에 따르면 20대에 노동시장에 나온 한국 젊은이들의 70% 이상은 1년 이내의 계약직으로 일한다. 이들을 포함해서 20대 비정규직들이 받는 월 평균 130만 원 정도의 임금은 한국인의 월 평균 임금 318만 원(2020년, 1인 이상 사업체 기준)의 절반에도 미치지 못한다.

지난 몇 년간 정부는 청년 실업을 낮추기 위해 일자리 수를 늘리려고 해 왔지만, 이 조바심은 역설적으로 질 낮은 일자리들이 대거 만들어지는 데 기여해 왔다. 고졸자 70% 가까이가 대학에 진학할 정도로 경쟁적인 교육 시스템을 거친 한국 청년들로서는 이런 일자리 현실을 마주하고 낙담할 수밖에 없다.

그뿐 아니다. 일터에 진입한 사람도 열악한 근로조건 때문에 절망하곤한다. 여기에는 제도적 차별이 일정한 작용을 한다. 한국 임금노동자의 20% 가까이가 일하는 5인 미만 사업장들이 근로기준법 적용 대상에서 제외돼 있는 것이 대표적인 사례다. 근로기준법이 일하는 사람들의 기본권을 보장하기 위한 법률이라는 점을 감안하면, 5인 미만 사업장에서 일하는 사람들은 최소한의 기본권도 보장받지 못 한 채로 일하고 있는 것이다. 또한, 최근 노동단체인 '권리찾기 유니온'이 찾아내고 알린 사례들과 같이, 법률 상 허점을 악용해서 5인 이상 사업체를 허위로 5인 미만으로 분할하는 일도 벌어진다. 이런 일 자체도 사람들에게 불신을 주지만, 정부의 개입이나 적절한 제도 개선을 통해서 이런 일이 근절되지 않고 방치된다면 사람들이 정부 및 사회 제도에 대해 가지는 불신이 더 강화될 수 있다. 즉, 일자리 질은 단지 개인과 일터의 울타리 내부에 제한된 이슈가 아니라, 사회적 신뢰와 상호 강화를 일으키는 메커니즘으로 작동할 수 있는 사안인 것이다.

한편, 일자리의 질에 대해서도 새로운 정의가 필요하다. 일자리의 질이 높고 낮은 데 대한 기준을 고용 및 소득 안정성에만 국한하면, 왜 상대적으로 고소득의 안정된 일자리에 있는 젊은 노동자들 역시 일의 도구적 가치에만 집중하고 내재적 가치에 관심이 적은지를 설명하기 어렵다. 질 낮은 일자리란 기본적으로 임금이 낮고 고용 안정성이 부족한 일자리라고 할 수 있지만, 조금 더 스펙트럼을 넓혀보면 책임, 약속, 참여와 협력, 존중, 예측 가능성, 관용, 변화를 만들어내지 못하는 일자리이다. 즉, 일자리의 질을 높이기 위해서는 고용과 임금 이외의 여러 일터의 특성들에 대해서도 문제를 제기할 필요가 있는 것이다.

그동안 한국에서 기업조직은 경제적인 측면에서는 빠른 발전을 보였지만 다양성 확보와 통합 혹은 민주화된 가치 체계로의 전환에 있어서는 상당한 지체를 보이고 있다. 성장을 위해서 발빠르게 모방하는 문화, 하방적인 의사결정 체계 하의 일사분란한 움직임, 개인보다 집단을 우선시하는 사고 등을 체질화 해 온 것이 이제는 조직 변화의 발목을 잡고 있는 것이다. 특히 이런 문화는 조직 내에서 일하는 사람들이 일을 통해서 다양한 가치를 충족시키고 일의 의미를 확대하는데 방해요인이 되며, 결과적으로 사회적 신뢰의 경제적, 비경제적 물적 기반 형성도 지체시키는 원인이 된다.

한 사회의 많은 구성원들이 이러저러한 이유로 질 낮은 일자리를 경험한다면, 사회 전반에서 다양한 가치를 증진하고 사회적 신뢰를 축적할 모멘텀을 만들어내기가 어렵다. 일에 대한 가치는 사람들이 부여하는 가치를 반영할 뿐 아니라 사람들의 삶을 살아가는 목표와 열망에 통찰을 제공하기도 한다(Goldthorpe 1968; Kalleberg 2019). 예를 들면, 일에서 공정성을 중시하는 가치와 이것이 현실화되는 데 대한 경험은 삶의 기회에 대한 믿음을 강화하는 중요한 기제로 작동한다. 기존 연구에 따르면 학력을 비롯한 인적 자본의 양이 많을수록 소득은 물론 소득 이외 일자리의 내재적 가치에 대한 선호가 높아진다. 그러나 반대로 선호와 기대가 충족되지 않거나 충족될 수 있다는 전망을 하기 힘들 때 개인들의 사회적 낙담과 냉소, 수동적 공격 성향 등은 한층 더 높아질 수 있다.

VI 일에 대한 가치와 일터 신뢰에 대한 측정

대체로 일은 소득을 얻기 위한 (생산) 활동의 개념과 일치하는 것으로 여겨져 왔다. 장기간 고등 교육을 받은 사람들이 일에 대해서 소득 이외의 가치를 중시한다는 경향(Inglehart 1977), 혹은 시간제 노동을 선택할 수밖에 없는 (주로 여성인) 사람들이 소득보다 다른 가치를 더 중시하는 현상 (Esser and Olsen 2012, 2018)이 예외적인 것으로 여겨졌을 뿐, 일은 곧 '소득을 얻기 위한 행위'로 통했다.

물론, 직업(occupation)을 선택하거나 유지하기 위한 가장 중요한 요건은 '소득'일 수밖에 없다. 그럼에도 직업은 현대 사회에서 지위(status)와 가장 긴밀하게 연관되는 두드러진 특징(Tak & Goldthorpe 2004)이며, 그 자체로만 이해되기보다는 사회적 계층을 보여주는 주된 지표로 여겨진다. 베버는 직업은 지위 그룹(status group)으로 이해되며, 단순히 소득 수준만이 아니라 그 직업으로 인해 만들어지는 특별한 '삶의 스타일'(style of life)까지 이 지위 그룹의 형성에 중요한 작용을 한다고 설명했다. 부르디외 역시 직업은 생산관계 상의 위치뿐만 아니라 특정한 집합의 아비투스와 관련되는 사회적인 개념이라고 했다.

즉, 일에는 '소득을 얻기 위한 행위' 이상의 가치가 존재한다. 개인에게 일에 있어서 소득 이외의 다른 가치를 중시하는 성향이 어느 정도 존재하는지를 측정하기 위한 시도 역시 오랜 시간 동안 이뤄져 왔다. 대표적인 방법이 일의 질적 측면(qualities)을 외재적(extrinsic), 내재적(intrinsic) 측면으로 나누는(Esser et al. 2018) 방법이다. 외재적 측면이란 소득, 보안 및 지위에 관한 것이고 내재적 측면이란 일이 본질적으로 흥미롭거나 사회에 유용하거나 다른 사람에게 도움이 되는지 등 일을 자신의 삶에서 의미 있게 만드는 내재적 질(intrinsic qualities)에 대한 주관적인 인식이다. 내재적 동기를 측정하는 가장 고전적인 연구는 Morse & Weiss(1955)가 처음 시도한 '복권 질문' 방식이다. "복권에 당첨된다면"이라는 상황을 가정하고 다음의 세 질문에 답하도록 하는 것이다.

1. 나는 일하기를 그만둘 것이다.
2. 나는 지금과 같은 일을 계속 할 것이다.
3. 나는 계속 일하겠지만, 다른 조건 하에서 할 것이다.

그러나 이 방식은 응답을 잘못 분석할 수 있다는 지적을 받아왔다. Paulsen(2008)은 2번 응답을 선택한 사람들이 내재적 동기를 중시해서라기보다는 다른 윤리적 이유 때문일 수 있다고 지적했고, Snir(2011a)는 3번 응답의 '다른 조건'이라는 표현이 모호하기 때문에 오히려 2번 응답자에 비해서 내재적 동기가 낮은 사람들이 이를 선택할 수 있다고 지적했다.

이후로 내재적 동기에 대한 연구는 국제사회조사(ISSP) 모듈이 사용하고 있는 바와 같이, 대체로 다음의 두 질문을 사용한다.

1. 직업은 돈을 버는 수단 이상이 아니다.
2. 나는 돈이 필요하지 않더라도 돈을 버는 직업을 계속 유지할 것이다.

1번에 대한 동의 정도가 낮을수록, 2번에 대한 동의 정도가 높을수록 응답자는 내재적 가치를 중시하는 성향을 가진 것으로 볼 수 있다. Esser et al.(2018)는 국제사회조사(ISSP)의 1989, 1997, 2005, 2015년 네 개 시점의 19개 국가응답 데이터를 일에 대한 8개 중심 가치에 대해 분석한 결과, 최근 시점으로 올수록 내재적 가치에 대한 중시 경향이 전반적으로 커졌다는 점과, 상대적으로 나이가 많은 사람(45-59세)이 젊은 사람(25-35세)보다, 시간제 노동자가 전일제 노동자에 비해, 불평등의 정도가 적은 국가에서 직업 선호도에 내재적 측면이 반영되는 정도가 크다는 것을 밝혀냈다. 다만, 국가의 경제 발전 정도는 유의미한 영향을 주지 않았다.

VII 사회적 신뢰와 일터에서의 신뢰 간 관계

앞에서 한국 사람들, 특히 20대의 사회적 신뢰 수준이 낮은 데에는 여러 가지 이유가 있겠지만, 일에 대한 가치관, 일터에서의 경험이 일정한 영향을 미쳤을 것으로 짐작할 수 있다. 국제사회조사(ISSP) 2015년 데이터로 분석해 보면, 직장에서 상사 또는 직장에서 관리자(상사)와 좋은 관계를 맺을수록 일에서 내재적 가치를 중시하는 성향[2]이 높게 나타난다. 또한, 직장에서 관리자(상사)와의 좋은 관계는 '사회에 기여하는 일'을 중시하는 성향에도 영향을 미친다.

이런 성향은 국가의 제도적, 문화적 환경 등에 따라서 다를 수 있으므로, 사회민주주의와 강력한 사회적 안전망이 노사관계 및 노동시장의 안정성을 떠받치고 있는 북유럽 국가들, 국가 및 산업 차원에서 노사관계가 제도화 된 독일, 오스트리아, 벨기에 등 대륙 유럽 국가들, 신자유주의 영향이 강한 영국, 미국, 호주, 그리고 한국과 일터 환경이 유사한 일본 데이

---

2) 여기서 '일에서 내재적 가치를 중시하는 성향'은 일에 있어서 소득과 안정성을 중요하게 생각하는 정도는 낮고, 발전 가능성, 재미, 시간 통제권, 독립적인 일, 다른 사람들을 돕는 일, 사회에 기여하는 일, 사람들과 만나는 일 등의 요건을 중시하는 정도는 높은 성향을 말한다. ISSP 설문 항목에는 앞에서 설명한 것과 같은, 일에 대한 내재적 가치 중시 성향을 측정하기 위한 질문(직업은 돈을 버는 수단 이상이 아니다. /나는 돈이 필요하지 않더라도 돈을 버는 직업을 계속 유지할 것이다.)이 들어있지만 이 질문은 실질적으로 외재적·내재적 요건들을 다 포괄하지는 못한다. 이 설문에는 일에서 가장 중시하는 요건 하나마다 중요성 정도를 묻는 질문도 있으므로, 소득과 안정성에 대해서는 덜 중요하게 생각할수록 높은 점수, 나머지(발전 가능성, 재미, 시간 통제권, 독립적인 일, 다른 사람들을 돕는 일, 사회에 기여하는 일, 사람들과 만나는 일) 항목에 대해서는 중요하게 생각할수록 높은 점수를 주도록 코딩한 후, 모든 변수의 평균값을 '일 가치성향' 변수로 만들어서 분석에 사용했다. 그리고 이 회귀분석에서는 성별, 연령, 혼인, 교육 수준, 근무시간의 길이, 직장에서의 지위(관리자인지 여부) 변수를 통제변수로 투입했다.

터를 각각 회귀분석했다. 그 결과, 직장에서의 긍정적 경험이 일 가치 성향에 미치는 영향은 어느 국가에서나 정(+)의 선형관계를 보였다. 직장에서의 긍정적 경험이 '사회에 기여하는 일'을 중시하는 성향은 역시 모든 그룹 및 국가에서 정의 선형관계를 보였으며, 특히 일본에서는 그 기울기가 두드러지게 컸다.

그림 9-6 직장에서 관리자와 좋은 관계 경험이 일에서의 내재적 가치 중시 성향에 미치는 영향(국가별)

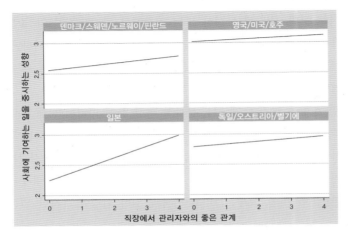

출처: 국제종합사회조사(ISSP) 원자료 2015

ISSP 2015 모듈에는 한국 데이터가 포함돼 있지 않지만 다른 조사를 통해서도 비슷한 결과를 찾아볼 수 있다. 2019년 통계청 사회조사 결과 중에서 직장에서의 긍정적인 경험에 대한 항목들에 대한 평균값을 '직장에서의 신뢰 경험'[3] 변수로 만들어서 '사회에 대한 신뢰' 변수와의 관계를 회귀분석[4]한 결과, 모든 연령대에서 정의 선형관계가 나타났다.

---

3) 근로여건만족도를 묻는 항목 중에서 인사관리(승진, 배치, 이동), 인간관계(상하, 동료 간), 일·가정양립 직장문화에 대한 만족도(5점 척도)를 묻는 세 개 질문을 활용해 '직장에서의 신뢰 경험' 변수로 만들었다.

그림 9-7 직장에서 관리자와 좋은 관계 경험이 사회에 기여하는 일을 중시하는 성향에 미치는 영향(국가별)

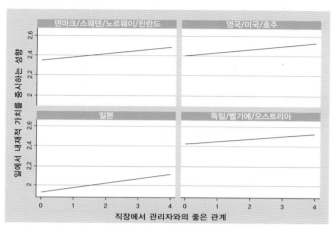

출처: 국제종합사회조사(ISSP) 원자료 2015

그림 9-8 한국: 직장에서의 신뢰 경험이 사회신뢰에 미치는 영향(연령별)

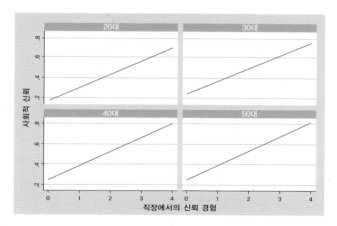

출처: 통계청, 사회조사 2019

---

4) 이하의 회귀분석에서는 성별, 연령, 혼인, 교육 수준, 상용직 여부 등 통상적 개인변수
와 노동의 질 경험에 상당한 영향을 미치는 것으로 알려진 노동시장에서의 위치를 통
제변수로 투입했다.

한편, 직업 선택에서 어떤 요건을 중시하는지와 사회에 대한 신뢰 정도의 관계를 분석해 보니, 수입(임금)을 중시하는 성향이 강할수록 사회에 대한 신뢰 정도는 낮아졌다. 그에 반해, '보람과 자아실현'을 중시하는 성향이 강할수록 사회에 대한 신뢰 정도 역시 높아졌다. 이 두 가지 분석 결과를 통해서 일의 내재적 가치를 중시하는 성향과 사회에 대한 신뢰 정도가 긍정적으로 연결된다는 점을 알 수 있다.

그림 9-9 한국: 직업 선택에서 임금을 중시하는 성향이 사회 신뢰에 미치는 영향(연령별)

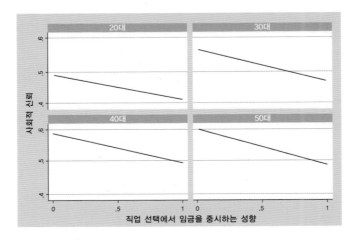

출처: 통계청, 사회조사 2019

이상과 같은 분석은 개괄적인 수준으로, 명확한 메커니즘을 밝히려면 추가적 분석이 필요하다. 예를 들면 앞에서 전개한 논의와 같이 내재적 가치를 지향하는 성향에 작용하는 인적 자원과 그에 따른 기대가 직업 경험에 의해 충족되지 않았을 때 오히려 사회적 신뢰나 사회적 가치에 대한 철회가 일어나는 상황을 생각해 볼 수 있다. 따라서 향후 분석의 한 방향은 직업 선택에 있어서 보람과 자아실현 등 내재적 가치를 중시하는 성향을 지닌 사람들의 경우, 그러한 성향이 사회적 가치에 영향을 미치는 정도

그림 9-10 한국: 연령별, 직업 선택에서 보람과 자아실현을 중시하는 성향이 사회에 신뢰에 미치는 영향

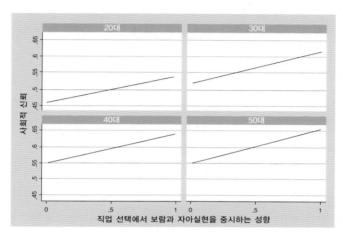

출처: 통계청, 사회조사 2019

나 방향이 일터 경험에 의해 조정되는 양상을 보여주는 것이다.

그럼에도, 이 글에 실은 몇 가지의 간단한 회귀 분석을 통해 왜 한국 사람들이 유독 낮은 사회 신뢰 수준을 보이는지에 대해 답할 실마리 정도는 찾아볼 수 있다. 대부분 사람들의 삶에서 '일'이 차지하는 비중이 상당하다는 것, 그리고 일터는 사람들이 일상적으로, 아주 가깝게 접하는 작은 사회라는 점을 상기한다면 일터의 긍정적인 경험, 이를 통해서 만들어지는 신뢰와 사회에 대한 신뢰가 연결되리라는 것도 또한 어렵지 않게 예상해 볼 수 있다. 위에서 살펴본 사회조사 데이터들은 이와 같은 생각의 방향이 틀리지 않았음을 보여준 것이라 할 수 있다.

　　사회학적 이론은 일에서 중시하는 가치에 대한 성향을 만들거나 변화시키는 사회적 맥락에 대해 강조해 왔다. 다시 말하면 사회적 가치와 노동의 가치는 국가 혹은 사회마다 다를 수 있고, 한 국가 안에서도 시간의 흐름에 따라 다를 수 있다. 이와 같은 맥락, 즉 일에 대한 가치에 작용하는 메커니즘은 일터 밖 사회적 규범과 문화를 반영하는 가족이나 교육 기관(Johnson 2001), 계층(Khon 1969) 등 사회제도와 조직에서 생성될 수도 있고, 일터 내부의 맥락, 즉 노동자들이 노동 경력을 만들어내고 노동 과정에 관여하며 겪게 되는 경험에서 비롯될 수도 있다. 마르크스가 강조했듯이 계급의식은 일터에서 착취적 계급관계를 인식했을 때 한 차원 다르게 전개될 수 있다. 1990년대 이후 미국에서 강조된 '참여적 일 조직'에 대한 경험이 노동자들의 웰빙은 물론 노동자들의 긍정적인 직업 인식, 작업장 내 민주주의에도 작용한다는 점을 밝힌 연구들이 있었다. 세대 간에 일에 대한 가치를 공유하거나, 혹은 서로 다른 가치를 가지게 되는 메커니즘 역시 사회전반, 제도와 가치의 변화와 이와 상호작용하는 일터 내부의 작동의 시대를 흐르는 지속성과 변화에 영향을 받는다. 최근 미국의 한 연구(Kalleberg & Marsden 2019)에 따르면 밀레니얼 세대의 경우 다른 세대에 비해 유연한 작업 스케줄과 일·생활 양립을 중시하는 가치를 강하게 갖고 있었다. 반면, 경력이 상승 중이거나 가족 생활에 있어 비용이 증가하는 시점에 있는 노동자들의 경우 경제적 보상에 대해 더 많은 가치를 부여했다. 상대적으로 특권적인 사회 계층적 배경을 갖는 노동자, 그리고 노동시장에서 더 많은 경제적·권력 자원을 지닌 노동자들의 경우 일의 재미와 같은 내재적인 가치를 더 추구할 가능성이 높은 반면, 상대적으로 낮은 사회·경제적 지위를 가진 노동자들의 경우 일 가치로서 경제적 보상에 대한 추구가 더 강할 개연성이 높았다.

　　한국의 상황은 이 연구 결과 중 일부와 일치하기도 하고, 사회·경제적 맥락의 차이에 따라 다른 모습을 보여주기도 한다. 일례로 강한 '남성 1인 생계부양자형' 내부노동시장의 전통을 지니고 있는 한국 노동시장에서 일 규범은 오랜기간 장시간 노동, 한 회사내에서 장기근속을 통한 일자리 안정성, 근속에 따른 보상과 승진과 교환되는 조직 로열티 등으로 압축되어 왔다. 중단 없는 지속적 경력이나 장시간 노동의 요구를 충족시키기 어려운 구조적 조건을 지니고 있는 노동력(예를 들면, 여성이나 1990년대 말 외환위기 이후 크게 확대된 임시계약직 등)은 규범을 충족할 수 없는 노동자로서 상당한 조직 및 노동시장 패널티를 감수해야 했다.

그러나 시대적 가치의 변화(예를 들면, 젠더 평등, 여러 층위 민주주의의 확산 등), 노동시장 및 노동력 구성의 변화, 느리지만 점진적으로 추구되고 있는 노동시간 단축 제도, 가속화되고 최근 디지털 전환으로까지 이어지고 있는 정보통신기술의 변화 등 외적 환경 변화, 기업의 행위 변화(노동자와의 장기적, 심리적 계약의 상당한 파기와 수량적 유연화 추구) 등 다양한 층위의 문화적, 규범적, 환경적 변화와 노동자의 일에 대한 가치가 상호작용하면서 역동적으로 변화해 왔다. 이러한 변화의 핵심 중 하나는 기존의 내부노동시장 규범이 근원적으로 파괴되기 시작했다는 점이다. 이는 내부노동시장에서 규범으로 작동하던 일에 대한 가치의 붕괴와 새로운 가치의 부상을 의미한다. 작업을 표준화하고 관리·통제하는 데 중요한 역할을 담당하던 일반 관리자형 경력은 급격히 쇠퇴하고 기술과 전문지식을 다루는 전문가, 전문가형 관리자가 급격하게 부상할 전망이다. 이들은 개별 조직보다는 자신의 직업적 경력에 더 집중하게 될 것이고 이 과정에서 잦은 이직을 근간으로 하는 짧은 근속(interruption)은 불가피할 수도 있다. 이는 다시 기존의 규범적 노동자 상을 완화해 일·가족 영역의 젠더 규범을 얼마간 변화시킴으로써 젠더 평등이라는 사회적 가치를 더 강화할 수 있다. 반면, 일의 전문화가 빠르게 진행됨으로써 결과적 평등보다는 기회의 평등, 공정성, 형평성의 사회적 가치가 강화될 가능성도 있다. 소수의 지식 노동자와 유연화된 노동환경에서 다수의 (비)지식 노동자 혹은 일반노동자 간의 격차가 커질 가능성도 존재한다. 이른바 숙련 편향적 노동자 분할이 한국사회에서도 현실화될 수 있는 것이다. 노동자에게 불리한 것으로 여겨져 온 단기 근속 경향, 이직의 증대는 소득과 고용의 불안정으로 이어지고, 제도의 사각지대 속에서 노동자들이 의도하지 않은 채로 외재적(도구적) 가치에 몰두하게 되는 결과를 초래할 수 있다.

특히 최근 코로나19 팬데믹의 충격은 이 모든 변화를 가속화하고 있다. 기술 발전으로 인한 일자리 환경 변화, 돌봄 노동을 비롯한 필수 노동에 대한 사회적 재인식, 비대면 상황의 일상화로 인한 조직의 유연화, 이동성과 단기 근속 성향의 심화, 모호한 고용 관계 하의 일자리 확산, 작업 과정의 재조직과 통제방식의 변화로 인한 노동자 자율성과 참여 및 책임의 강화 혹은 첨단 정보기술에 의한 통제의 심화 등의 양상이 사회 전반의 불확실성 하에서 복잡하게 전개되고 있다.

이러한 상황에서 노동자들이 일의 의미와 긍정적, 참여적, 사회 연대적 삶의 가치, 사회적 가치 간의 선순환을 경험하게 하기 위해서는 정책, 제도의 개입이 매우 중요하다. 정부와 법에 의한 제도적 개입은 보편적 적용, 공권력에 의한 집행이라는 강력함을 갖는 반면, 다양한 이해관계 조정과 제도적 관성 극복에는 상당한 시간이 소요된다. 빠르게 바꾸려다가 오히려 제도적 지체를 발생시킬 개연성이 높아지는 것이다. 이런 점에서 제도 및 정책의 중층적 작동은 매우 중요하다. 기업과 사회가 상호작용하는 사회적 계약의 영역을 넓힘으로써 제도적 사각지대를 줄이거나 시간을 단축할 수 있기 때문이다. 앞에서 언급한 바 있는 ESG가 비록 그 자체로 한계를 가진 기준이기는 하지만 이와 같은 가치를 통해서 사회적 책임을 재인식하고 변화를 추구하는 기업은 긍정적인 역할을 할 수 있다. 아울러 이렇게 사회적 가치를 추구하는 기업들에 우선 투자하는 '사회적 투자자 행동주의', 그리고 정부의 적절한 개입 및 제도적 뒷받침은 사회적 가치가 사회 전반으로 확산되는 데 중요한 역할을 할 수 있을 것이다.

<참고문헌>

고동현·이재열·문명선·한솔. 2016. 『사회적 경제와 사회적 가치: 자본주의의 오래된 미래』. 파주: 한울아카데미

류석춘(유석춘)·왕혜숙·박소연. 2008. 한국의 사회자본: 역사와 현실. "연고집단과 자발적 결사체의 신뢰 비교 연구: 동창회와 시민단 체를 중심으로." 서울: 백산, 462−467.

류태건. 2014. 한국·일본·미국·독일의 대인신뢰와 정부신뢰: 수준과 영향요인 비교분석. Web.

박세일. 2008. "왜 공동체 자유주의인가 – 회의론에 대한 답변", 박세일, 나성린, 신도철 공편, 『공동체 자유주의: 이념과 정책』. 파주: 나남.

박아연·강민아·김경희·정해식·최현수·신지영. 2018. 사회적 자본과 거버넌스의 상호작용이 삶의 만족에 미치는 영향.

박지영. 2021. 1. 27. 트럼프 뒤집기, 바이든 첫 행보 "노동부 은퇴연금법안 ESG 원칙 재수립", 임팩트온.

이정훈. 2021.5.6. "[이정훈의 ESG 이야기]<4>"문제는 수익률"… 식어버린 '공룡 연기금'", 이데일리.

임혜란. 2007. 한국, 일본, 대만의 사회적 자본에 관한 비교연구: 클러스터에서의 신뢰를 중심으로. Web.

전혜원. 2021. 8. 24. "ESG는 사기일 가능성이 높다, 왜냐하면...", 시사IN.

후쿠야마, 프랜시스. 1996. 트러스트: 사회도덕과 번영의 창조. 구승회 옮김. 서울: 한국경제신문사

Beck, Wolfgang, Laurent J. G. van der Maesen, Fleur Thomese and Alan Walker eds. 2001. Social Quality: A Vision for Europe, Kluwer Law International.

Chan Tak, W., & Goldthorpe, J. H. 2004. Is there a status order in contemporary British society?. *European Sociological Review,* 20(5), 383−401.

Coleman, James. 1990. *Foundations of Social Theory*. Cambridge, Mass: The Belknap Press.

Durkheim, Emile. 1893/1964. *The Division of Labor in Society*. New York: Free Press.

Esser, Ingrid, and Karen M. Olsen. 2012. "Perceived Job Quality: Autonomy and Job Security within a Multi−Level Framework." *European Sociological Review* 28(4): 443-54. doi:10.1093/esr/jcr009.

Fountain, Jane E. 1998. "Social Capital: A Key Enabler of Innovation." Lewis M Branscomb and James H. Keller, eds. *Investing in Innovation*. Cambridge: The MIT Press.

Esser, I., & Lindh, A. 2018. Job preferences in comparative perspective 1989-2015: A multidimensional evaluation of individual and contextual influences. *International Journal of Sociology,* 48(2), 142−169.

Granovetter, M. S. 1973. The strength of weak ties. *American journal of sociology,* 78(6), 1360−1380.

Guiso, Luigi et al. 2000. "The Role of Social Capital in Financial Development." *NBER working paper series.* 7563.

Helliwell, John F. 1996. "Economic Growth and Social Capital in Asia." *NBER working paper series.* 5470.

Helliwell, J. F., & Putnam, R. D. 2004. The social context of well−being. Philosophical transactions−royal society of London series B biological sciences, 1435−1446.

Inglehart, Ronald. 1977. *The Silent Revolution*. Princeton, NJ: Princeton University Press.

Marx, Karl. 1867/1963. Capital: A Critique of Political Economy, Vol.1. New York: International Pubilshers.

Marx, Karl. 1932/1964. The Economic and Philosophic Manuscripts of 1844, Dirk J. Struik (ed.). New York: International Pubilshers.

Marx, Karl, and Engels, Friedrich. 1845~1846/1970. The German Ideology, Part1. C. J. Arthur(ed.). New York: International Pubilishers.

Morris, W., & Jackson, H. 1884. Art and socialism (192−214). Imprinted for EEM and WLS.

Morse, N.L. and Weiss, R.S. 1955. "The function and meaning of work and job", *American Sociological Review,* Vol. 20, 191−198.

Newton, Kenneth. 2009. "Social and Political Trust." In R. J. Dalton and H. D. Klingemann, eds. The Oxford Handbook of Political Behavior, 342−361. Oxford, UK: Oxford University Press.

Paulsen, R. 2008. "Economically forced to work: a critical reconsideration of the lottery question", *Basic Income Studies,* Vol. 3 No. 2, Article 3.

Porter, M. E., & Kramer, M. R. 2019. Creating shared value. In Managing sustainable business (323−346). Springer, Dordrecht.

Portes, Alejandro. 1998. "Social Capital: Its Origins and Applications in Modern Sociology." *Annual Review of Sociology* 24, 6.

Putnam, Robert. 1993. *Making Democracy Work.* Princeton, NJ: Princeton University Press.

Putnam, Robert. 2000. *Bowling Alone: The Collapse and Revival of American Community.* NY: Simon and Schuster.

Snir, R. 2011a. "Non−financial employment commitment and the social desirability bias", *International Journal of Humanities and Social Science,* Vol. 1 No. 3, 130−133.

Snir, R. 2011b. "To work or not to work: the measurement of non−financial employment commitment", *International Journal of Business and Social Science,* Vol. 2 No. 16, 271−278.

Snir, R. 2014. Non−financial employment commitment: Some correlates and a cross−national comparison. *Cross Cultural Management,* 21(1), 39−54.

Uslaner, E. M. 2002. The Moral Foundation of Trust. 박수철(역). 신뢰의 힘: 신뢰의 도덕적 토대. 오늘의책.

Weber, Max. 1958. *The protestant ethic and the spirit of capitalism.* New York, NY: Scribner.

저자 소개

김의영

서울대학교 정치외교학부 교수로 재직 중이고, 사회혁신교육연구센터를 설립(2019), 센터장을 맡고 있다. 경희대학교 정치외교학과 교수(2001-2011), 서울시 서울민주주의 위원회 위원 등을 역임했다. 정치학 박사이며(미국 미시간 대학교 1997), 주요 연구 영역은 시민정치, 거버넌스, 사회혁신, 민주시민교육 등이다.

미우라 히로키

서울대학교 사회혁신교육연구센터 선임연구원이며 경희대학교 인류사회재건연구원 학술연구교수(2010-2014), 경희사이버대학교 강사(2018-20220) 등을 역임했다. 정치학 박사이며(경희대학교 2009), 주요 연구 영역은 사회혁신과 공진화, 민주적 거버넌스와 시민의 임퍼워먼트 등이다.

주병기

서울대학교 경제학부 교수로 재직 중이고 2011년 서울대 경제연구소의 분배정의연구센터를 설립하여 규범경제학, 정치경제, 불평등, 분배정의, 사회적 경제 등의 분야와 주제에 대한 교육과 연구에 매진하고 있다.

홍현우

사회적 가치와 기업에 대한 연구로 서울대학교 경제학부에서 박사학위를 받은 후, 사회적가치연구원, 서울대학교 경제연구소를 거쳐 2023년 9월부터 충남대학교 경제학과 교수로 재직 중이다.

이승철

서울대학교에서 사회학을 공부하고, 미국 컬럼비아 대학교에서 인류학 박사학위를 받았다. 미국 미시시피 대학교에서 동아시아학 및 인류학을 가르

치다, 현재 서울대학교 인류학과에 몸담고 있다. 한국 자본주의의 금융화
와 일상의 변화에 대해 연구하고 있다.

박정민

서울대학교에서 학사와 석사, 미국 펜실베니아대학교(University of
Pennsylvania)에서 박사학위를 받았다. 일리노이대학교(University of
Illinois at Urbana-Champaign)에서 종신교수로 재직하였고 현재 서울대
학교 사회복지학과 교수로 재직중이다. 연구분야는 사회서비스, 사회적 배
제와 포용이며 특히 빈곤, 가계부채, 주거, 건강의 상호작용에 관심을 기
울여왔다.

신혜란

서울대학교 사회과학대학 지리학과 교수이다. 도시계획학 박사이며
(University of Southern California) 런던대학교(University College
London) 도시계획학과 교수를 역임했다. 주요연구 분야는 정치지리, 도시
정치, 이주민 연구 등이다.

최인철

서울대학교 심리학과 교수이자 서울대학교 행복연구센터 센터장이다. 미국
미시간대학교에서 사회심리학 박사학위를 받았으며, 미국 일리노이 대학교
심리학과 교수를 역임했다. 현재 행복과 좋은 삶에 관한 연구뿐 아니라 초
·중·고등학교에 행복 교육을 전파하고 전 생애 행복 교육 프로그램을 개
발하는 등 행복의 심화와 확산에 매진하고 있다.

구자일

서울대학교 심리학과 박사과정을 수료했다. 서울대학교에서 사회심리학 석
사학위를 받았으며, 육군사관학교 심리학과 강사 및 조교수를 역임했다.

현재 행복의 원인과 결과에 관한 다양한 연구를 실시하고 있다.

김수민

삼성전자 MX사업부 UX 디자이너이며 언론정보학 박사이다(서울대학교 2022). 주요 연구 영역은 인간-컴퓨터 상호작용, 알고리즘과 사용자 경험 등이다.

이준환

서울대학교 언론정보학과 교수이며, 서울대학교 언론정보연구소장(2021~), 서울대학교 대학혁신센터장(2023~), 한국인지과학회장(2021~2022)을 역임했다. 미국 카네기멜론대학에서 컴퓨터 공학을 전공했으며 (박사, 2008) 인간-컴퓨터(AI) 상호작용과 AI 저널리즘, 소셜컴퓨팅 등의 연구를 수행하고 있다.

권현지

서울대학교 사회학과 교수로 일하고 있다. 한국노동연구원 연구위원, 영국 런던 대학교(King's College London) 조교수로 일한 바 있다. 생산 네트워크, 기술 등 산업 환경 변화의 맥락에서 노동시장 역동성과 일의 변화, 불평등을 연구해 왔다. 최근 예술 노동의 불안정성, 조직 내 다양성에 대한 연구도 진행 중이다.

황세원

서울대학교 사회학과 박사과정을 수료했다. 국민일보 기자(2002~2013), 희망제작소 선임연구원(2015~2018), 랩2050 연구실장(2018~2020)으로 일했고, 현재는 일in연구소(2020~) 대표로 활동하고 있다. 연구 영역은 노동사회학, 조직사회학 등이다.

사회적 가치 패러다임

초판발행　　　2023년 10월 30일

지은이　　　　김의영 외 12인
펴낸이　　　　안종만 · 안상준

편　집　　　　장유나
기획/마케팅　　장규식
표지디자인　　이은지
제　작　　　　고철민 · 조영환

펴낸곳　　　　(주) **박영사**
　　　　　　　서울특별시 금천구 가산디지털2로 53, 210호(가산동, 한라시그마밸리)
　　　　　　　등록　1959. 3. 11. 제300-1959-1호(倫)

전　화　　　　02)733-6771
f a x　　　　02)736-4818
e-mail　　　　pys@pybook.co.kr
homepage　　www.pybook.co.kr
ISBN　　　　979-11-303-1773-1　93330

* 파본은 구입하신 곳에서 교환해 드립니다. 본서의 무단복제행위를 금합니다.

정　가　　　　25,000원